新质课程文化丛书

林启达　王琦　杨四耕　丛书主编

面向每一个生命的课程

高俊明　主编

华东师范大学出版社
·上海·

图书在版编目(CIP)数据

面向每一个生命的课程/高俊明主编.--上海:
华东师范大学出版社,2024.--(新质课程文化丛书).
ISBN 978-7-5760-5367-8
Ⅰ.G633.202
中国国家版本馆 CIP 数据核字第 202408BH62 号

新质课程文化丛书
面向每一个生命的课程

丛书主编　林启达　王　琦　杨四耕
主　　编　高俊明
责任编辑　刘　佳
项目编辑　林青荻
特约审读　徐思思
责任校对　董　亮　时东明
装帧设计　卢晓红

出版发行　华东师范大学出版社
社　　址　上海市中山北路 3663 号　邮编 200062
网　　址　www.ecnupress.com.cn
电　　话　021-60821666　行政传真 021-62572105
客服电话　021-62865537　门市(邮购)电话 021-62869887
地　　址　上海市中山北路 3663 号华东师范大学校内先锋路口
网　　店　http://hdsdcbs.tmall.com

印　刷　者　上海锦佳印刷有限公司
开　　本　787 毫米×1092 毫米　1/16
印　　张　15.75
字　　数　166 千字
版　　次　2025 年 1 月第 1 版
印　　次　2025 年 1 月第 1 次
书　　号　ISBN 978-7-5760-5367-8
定　　价　54.00 元

出版人　王　焰

(如发现本版图书有印订质量问题,请寄回本社客服中心调换或电话 021-62865537 联系)

本书编委会

主　编

高俊明

副主编

柏庆昆　脱中菲　王鹏飞

成　员：(按姓氏笔画为序)

王　晶(物理)　王　晶(数学)　王旭影　王悦目
李海丹　李雪琴　张晓倩　陈泽浩　杨　静　富金晖
莫怡琳　黄韵豪　戴碧婷

丛书总序

走向新质课程文化

众所周知,课程与文化有着天然的联系,对学校发展而言,凡是课程变革一定是文化变革,没有文化内核的课程变革很难取得成功;文化变革需要课程建设支撑,没有课程支撑的文化变革是难以想象的。学校教育的内在目的的实现是以具有内在品质的课程文化为前提的,不赋予课程内在的文化品质,高质量的教育便很难实现。如果我们的课程是外在性的、他律性的,那么学校教育的内在目的就很难真正实现。可以说,富有丰富的、内在的文化气韵是新质课程文化的显著特征。实现由工具性课程文化向内在性课程文化转化,是当代学校课程变革的文化走向。建构新质课程文化,实现教育的内在旨趣,是时代赋予学校课程变革的使命。

怀特海在《过程与实在》一书中指出:现实存在就是合生,每一个现实存在都不是只有一种元素的简单的存在,不是原子论意义上的存在,而是由诸多要素构成的合生体系。在学校课程变革过程中,课程与文化互为现实存在和潜在实在,二者"合生"即生成课程文化。推进学校课程文化变革,可以从怀特海的"合生"哲学获得启迪。我们认为,课程与文化的合生设计,是建构新质课程文化的重要方法,在具体操作上有两条路径可供选择。

一、自上而下的演绎路径:从文化概念到课程设计

自上而下的演绎路径,从文化概念的顶层设计入手建构学校课程体系,实现从教育价值取向到课程愿景设计、从课程目标厘定到课程内容体系设计、从课程实施路径激活到课程评价推进、从课程育人体系梳理到课程支撑体系建构的全流程合生设计。

第一,提出学校教育哲学,生成学校课程理念。最关键的一点是提出文化核心概

念,即提出学校教育哲学核心概念,从文化核心概念设计出发进而确定学校教育价值观和内涵发展方法论,演绎形成学校办学理念,推理生成学校课程理念。学校教育哲学是学校共同体的教育信条,它渗透于学校教育全过程,贯穿在学校课程所有要素之中,体现于师生日常生活和学校空间环境之中。学校教育哲学包含学校使命观、价值观和愿景观,内蕴办学理念,下延课程理念。换言之,学校教育哲学、办学理念和课程理念之间的关系是由内而外的逻辑推理关系,具有逻辑一致性。

第二,确定学校培养目标,细化学校课程目标。根据教育方针关于教育目的的总体规定性要求,演绎确定学校培养目标,并根据课程方案的要求进一步细化成学校课程目标。在这里,教育目的、培养目标和课程目标是从抽象到具象的过程,是总体规定性和具体表现性之间的关系。课程目标对课程编制具有重要的导向作用,细化学校课程目标需要统筹学生的发展需要、知识的发展状况和社会的发展要求等综合影响。

第三,建构学校课程结构,设计学校课程内容。横向上,把握学校课程的内容结构。我们认为,最具育人价值的课程内容结构,包含课程内容的实质结构和形式结构。实质结构是对课程的质的规定性,反映着课程的内在价值取向,是对课程功能类别的深层理解;形式结构是按照一定标准对课程进行形式分类,并把握各类之间的关系,形成学校课程的形式结构。一般而言,课程的实质结构决定形式结构。纵向上,要把握学校课程的时间节律,科学设计学校课程的年级和学期布局,形成可供每一个年级推进的教学指南以及每一个学期落实的学程设计。如此,学校课程有几条跑道,以及每一条跑道如何设计都是明确的。

第四,激活学校课程实施,推动学习方式变革。激活课程育人方式,需要聚焦高质量发展要求,把握学校课程实施的多维路径。一般来说,学校课程实施途径主要有课堂教学、学科拓展、社团活动、项目学习、校园节日、研学旅行、家校共育、环境创设等。实现从文化概念到课程实施的合生设计,需要进一步明确每一条实施路径的内涵、做法以及相应要求,且每一条途径都应该有学校教育哲学的渗透,应该体现学校教育哲学的价值影响。

第五,创新学校课程评价,落实学校课程管理。课程评价和管理是保障课程变革顺利进行的重要条件。从新质课程文化的合生设计角度看,评价和管理既是学校课程实施的背景和场域,也是学校课程实施的手段和构成。课程评价和管理以及课程目标、课程框架、课程实施共同构成学校课程文化优化升级的内在逻辑,其逻辑起点就是立足学校教育哲学和课程理念,通过合生设计全面掌握学校课程实施情况;通过创新学校课程评价,全维度考查学校课程品质,系统描述学校课程的存在状况与实际成效;通过落实学校课程管理,提升学校内涵发展水平。

上述新质课程文化的获得是从文化概念建构开始的。从文化概念到课程设计的"合生",有利于提升学校课程的文化内涵,丰富学校课程的文化气韵。

二、自下而上的归纳路径:从课程实践到文化逻辑

从特定场景中的课程实践出发建构学校课程的文化逻辑,是学校课程文化变革的另外一条路径。在分析特定课程实践情境的基础上,提炼学校课程哲学,厘定学校课程目标,梳理学校课程框架,激活学校课程实施,巧用学校课程评价,这是自下而上的归纳道路,也是从特定课程实践入手到文化逻辑建构的"合生"道路。在这个过程中,要注意处理好传承与发展、共性与个性、整体与部分、科学与人文、认识与实践、理想与现实等多重关系。

一是学校课程情境分析要处理好传承与发展的关系。学校课程总是处于一定的情境脉络之中,是特定语境的产物。学校课程情境分析要注意把握学校课程发展的不同阶段客体和主体运动变化情况,深刻理解特定时间段的宏观、中观和微观情境,处理好传承与发展的关系,使学校课程情境的要素、联结和效应等获得系统分析和合理说明。传承与发展是相互转化的,是时间流的"合生"过程,传承的要素中往往内含着未来发展的空间,发展的要素中往往会有未来传承的可能。把握学校课程发展在连续性与非连续性之间的叠加效应,有利于推进学校课程文化变革。

二是学校课程哲学提炼要处理好共性与个性的关系。学校课程哲学属于专业的教育哲学范畴,须以制定纲领或提炼信条的方式从哲学角度确认,形成同教育有关的概念和系列观点,具有较强的专业性。在美国教育哲学家索尔蒂斯看来,专业的教育哲学包含个人的教育哲学和公众的教育哲学这两个方面。其中,个人的教育哲学指导个人的教育实践活动,具有独特性;公众的教育哲学面向公众群体,具有公众政策意

蕴,解释公众意识形态,指导许多人的教育实践活动,具有公众性。每一所学校都应该有独特的、体现时代精神的课程哲学,这一课程哲学既要具有学校的个性特征,又要体现时代的价值追求,要处理好共性与个性的关系。我们认为,新时代学校课程哲学的提炼,要基于对时代精神的整体把握和对教育改革形势的总体判断,围绕着培养什么人、怎样培养人、为谁培养人这一根本性问题,形成符合学校特定课程情境的发展理念,正确处理社会本位论和个人本位论的关系,透过共性与个性这一"合生"过程,用"自己的句子"回应时代命题。

三是学校课程目标厘定要处理好整体与部分的关系。育人目标是学校教育活动的出发点,也是学校课程的最终价值。整体与局部的关系的处理,核心在于回答"培养什么人"及其具体化的问题。一般来说,育人目标是把学生培养成什么样的人的整体要求和校本表达,课程目标是育人目标的年段要求和具体表现。育人目标反映了学校落实教育方针的特殊要求,是核心素养的校本表达;课程目标体现了学校培养学生的年段要求,是核心素养的具体细化。培养德智体美劳全面发展的社会主义建设者和接班人,这是我国各级各类学校培养目标的整体要求。结合具体情况,学校的育人目标要反映出学校的个性化要求以及全面发展的涌现性特征。我国各级各类学校培养目标作为一种整体要求,反映国家的育人规格和统一要求;学校的育人目标是学校的个性化要求,反映国家育人规格的整体要求和全面本质,二者具有鲜明的"合生"属性。同理,学校育人目标和在此基础上细化形成的学校课程目标,二者亦具有鲜明的"合生"属性。

四是学校课程内容设计要处理好科学与人文的关系。科学与人文的关系是课程内部的重要关系之一,是推动学校课程发展的矛盾焦点。当今时代,科学主义课程广泛影响了世界基础教育课程改革。2023年,教育部办公厅印发的《基础教育课程教学改革深化行动方案》就增列"科学素养提升行动",要求深化中小学科学教育改革,强化做中学、用中学、创中学,激发青少年好奇心、想象力、探求欲,提升学生解决实际问题的能力,发展学生科学素养。提升科学素养,强化科学探究,是时代赋予基础教育课程改革的使命。不过,我们在强调科学素养提升的同时,要清晰地知道:科学素养与人文修养辩证统一,科学精神与人文精神合理融通。科学要与人文有机统一,科学彰显人文特征,人文内蕴科学理性,科学与人文都是人类改造世界不可或缺的语言。因此,倡导科学精神和人文精神相结合的科学课程观,设计科学与人文整合的课程体系,以科学课程为载体,实现科学和人文的"合生"与"融通",是学校课程文化变革的重要追求。当下这一时代的科学教育理应回到充满生机活力的生活世界,理应从科学世界观、科学方法论、科学价值观等方面,帮助学生了解各领域的专家学者在过去、现在和未来是怎样看待人生、怎样认识世界、怎样理解人类社会的,进而增进学生的科学理性和人文精神,促进学生全面发展。

五是学校课程实施激活要处理好认识与实践的关系。学校课程实施的重要目标是促进学习者理解符号知识和经验知识,建立内部世界与外部世界的联系,这无可厚非。但是,实践是人的全面发展的基石,认识与实践是双向建构、合生共处的。《义务教育课程方案和课程标准(2022年版)》为此特别强调变革育人方式,发挥实践的独特育人功能。作为课程育人活动,学校课程实施不能把学生限定在书本世界,不能无视儿童与客观世界的联系。激活学校课程实施必须处理好认识与实践的关系,寻找认识与实践的"合生处"与"交融点",在实践中提升认识,在实践中增长才干。要确认实践性是学习的基本属性,提升课程育人的实践品质,彰显学习的实践属性,这是激活学校课程实施的关键所在。要丰富学习实践样态,强化真实性实践,关注社会性实践,提升实践的思维含量,激活实践体验过程,提高学生的实践理解力;要激活反思理解过程,学会处理人与自然、人与社会、人与自我的关系,提升学生的生命觉醒力,处理好认识与实践的关系,这是激活学校课程实施的基本立场。

六是学校课程评价创意要处理好理想与现实的关系。理想源于现实,是思想先导,是现实的桃源;现实立足理想,是客观存在,是理想的源泉。理想与现实之间,是你中有我、我中有你的"合生"关系。中共中央、国务院印发的《深化新时代教育评价改革总体方案》指出:"坚持科学有效,改进结果评价,强化过程评价,探索增值评价,健全综合评价","坚持统筹兼顾,针对不同主体和不同学段、不同类型教育特点,分类设计、稳步推进,增强改革的系统性、整体性、协同性。坚持中国特色,扎根中国、融通中外,立足时代、面向未来"。为此,学校课程评价应坚持全面性与专业性、科学性与客观性、稳定性与发展性,既追求理想,注重课程评价的价值引导,按照理想要求做好顶层设计,使学校课程评价具有"通天线"之智慧;同时又立足现实,秉持科学客观之精神,尊重客观现实,总结成败得失,使学校课程评价具有"接地气"之魅力。换言之,学校课程评价要在理想与现实之间找到平衡点，架设理想的课程和现实的课程之间的桥梁，为促进学生全面发展、教师专业成长和课程体系完善发挥导向作用。

深圳市坪山区立足教育规律和学生成长规律，以培养学生必备品格、关键能力和正确价值观为指向，构建了"引领性课程、普及性课程、个性化课程"三维一体的"品质课程"体系，旨在以课程改革驱动内涵建设，以教学变革促进课堂转型，以学习方式转变优化育人模式。坪山区"品质课程"系列实践表明，学校课程文化变革可以是演绎式，也可以是归纳式。演绎式可理解为"概念先行——实践验证"方式，归纳式可理解为"实践探索——归纳提炼"方式。课程是具有情境性和价值负载的文本，建构新质课程文化宜采取理论、研究与实践互动的方式。这种方式不完全依赖于概念或理论，也不脱离学校实际情境。在学校课程实践中，以学校课程情境为基础，以课程实践问题为切入点，以理论为指导，以概念为圆心，边研究边行动，在实践中总结提炼，又在实践中加以验证与改造，在理论与实践的互动互补、碰撞对话中生成学校独有的课程文化框架。

当然，新质课程文化的合生设计，不论选择哪一条路径，都必须为课程文化变革提供充分理由或理论依据，增强学校课程文化变革的认同感。在某种意义上，这也是一种文化自觉。

林启达　王　琦　杨四耕
2024 年 6 月 6 日

目 录

前言　让每一个孩子完整地成长　　　　　　　　　　　　1

第一章　立鸿鹄志，唤醒个体生命自觉　　　　　　　　1

语文，绚烂的文化瑰宝，引领着孩子们漫步文学长廊，并陶冶生命的内在"德性"。在语文的熏陶下，孩子们将聆听时空回响，对话文人墨客，品读诗词歌赋，书写锦绣文章，在此历程中发现语言的无穷力量，涵养深厚的文化底蕴，拥有独特的审美性格，体验丰富的情感世界，具备高雅的精神气质。

第一节　传承载道以文，力行培根铸魂　　　　　　　　2
第二节　立足课标为帜，舒展自主羽翼　　　　　　　　4
第三节　持续素养驱动，聚焦循道修德　　　　　　　　9
第四节　践行笃行以实，全域自主成长　　　　　　　　14

第二章　养仁爱心，滋润大爱思想种子　　　　　　　　25

道德与法治课程是义务教育阶段落实立德树人根本任务的关键课程。我们基于政治引领坚定理想信念、聚焦核心素养厚植家国情怀、注重体验探究发挥价值引领、多元课程实施促进知行合一，致力打造一门温暖的思政课程，养仁爱心，滋润大爱思想的种子。

第一节	立足政治引领，坚定理想信念	26
第二节	聚焦核心素养，厚植家国情怀	29
第三节	注重价值追求，提升生命温度	34
第四节	探究生活体验，促进知行合一	40

第三章　强身健体，享受运动健康之美　　49

健康为首，运动为魂。体育与健康课程聚焦于学生身心健康，通过多样化的教学方法，训练学生运动技能，同时激发他们对运动的热爱。我们尊重每个学生的独特性，鼓励他们积极参与，从而释放内在的活力，让他们在运动中体验快乐，增强体质，同时培养高尚的体育精神，形成终身锻炼的良好习惯。

第一节	融入运动之美，树立健康观念	50
第二节	展现体育魅力，锤炼生命韧性	52
第三节	洞察学子需求，绘就多彩图谱	57
第四节	实施多样活动，绽放体育活力	62

第四章　听自然音，悦动灵魂共鸣旋律　　67

音乐是灵魂的共鸣。通过欣赏世界经典、学习音乐文化、激发艺术创造力，跨越时间与空间，感受音乐带来的情感与享受。在音乐的世界里，带领孩子们在灵动的音符上跳跃，串联起属于他们的音乐王国，在音乐天籁的共鸣中，激发他们的音乐细胞和音乐灵感，感悟生命的成长。

第一节	谱曲美育旋律,陶醉悦音嗨成长	68
第二节	奏响素养乐章,乐享音美展风采	70
第三节	体验交响共鸣,探究音乐全过程	76
第四节	搭建艺展平台,多维参与生素养	81

第五章　品世间美,创造美妙生活映照　　89

艺术是心灵的镜子,美术是心灵的写照。在美术的海洋里,带领学生感受伟大艺术作品的诞生与魅力,学习品味美和表达美。在美术的实践中,激发学生无穷的想象力和创造力,感受创意种子萌发的乐趣,在创作实践中尽情表达自己的情感和灵感,在美的世界里各美其美,美美与共。

第一节	品创世间美好,全观美术奥秘	90
第二节	编织未来愿景,绘就梦想天地	93
第三节	构筑创作阶梯,追寻艺术之美	97
第四节	品鉴世间辉煌,探索无限可能	100

第六章　修智慧脑,延展理性推理思维　　107

数学是现实世界的理性表达,它宛如一座灯塔,照亮人们通往智慧人生的道路。数学课程,启智增慧,学生在数字与图形的交织中,领悟着逻辑的严谨和推理的美妙,培养着敏锐的洞察力和深刻的思考力。他们以睿智的思维应对挑战,用理性的眼光洞察世界,开启一段充满智慧与光芒的人生之旅。

第一节　启迪心智为志,点亮智慧心灯　　　　　　108
第二节　培养素养为本,架设思维立交　　　　　　111
第三节　依托课标为基,筑构数学广厦　　　　　　118
第四节　探索执行为舟,驶向成功彼岸　　　　　　123

第七章　用智能眼,纵览宏观微观互变　　　　131

生物学如同一幅绚丽的生命画卷,引领我们探索自然界的奥秘。在这里,学生将揭开生命的神秘面纱,领略生物的多样性和丰富活力,在生物微观世界中感受生命的起源、进化的奇迹,培养出敏锐的观察力和严谨的科学精神。生物学课程,致力于点燃孩子对生命奥秘的热情,帮助孩子更深入地探索生命的律动,彰显生命的活力。

第一节　观察生命律动,感悟活力启航　　　　　　132
第二节　探索生物奥秘,激活思维交融　　　　　　134
第三节　绽放课程样态,布局探究生态　　　　　　136
第四节　融通知能于行,凸显生长活力　　　　　　140

第八章　借科技手,探索未知揭示奥秘　　　　147

信息科技是探索数字世界的神奇之门,用精准的技术语言解码现代社会的复杂系统。每一次技术突破都极大地拓宽了人类对数字世界的理解和掌控。信息科技"融+"无界,以实际操作为基,以理论知识为辅,坚持创新与应用并重,点燃学生对未来的探索热情。

第一节　技术引领思维，培育创新英才　　　　　　　148

第二节　素养导引能力，迈向跨界先锋　　　　　　　150

第三节　融合启迪课程，构筑未知阶梯　　　　　　　154

第四节　活动激活学识，塑造突破可能　　　　　　　157

第九章　走创新路，解构万物追问机理　　　　　　161

物理学科是一门深邃唯美的科学，它用精确的数学语言揭示着宇宙的奥秘，探索着自然界的无尽规律。在这里，每一个实验都是对真理的追求，每一次发现都拓宽了人类视野的边界。物理学习是知行合一的过程，它以理论为基、实验为证，坚定追求真理之光的步伐，点燃永不熄灭的探索之火。

第一节　剖析生本律动，孕育创新机遇　　　　　　　162

第二节　畅游素养深海，追寻灵魂私语　　　　　　　164

第三节　解构实践天地，探究知识神秘　　　　　　　170

第四节　追问万物机理，播撒知行思维　　　　　　　173

第十章　用真语言，搭建英汉文化之桥　　　　　　177

学习语言，就是学习一种文化，不仅要学习语言的功能，还要体验其丰富的人文性。我们鼓励学生置身于真实的英语语境中，去品味英语的独特韵味，感受跨文化交流的深邃魅力，使他们在知识、文化、思维、情感等多维度激发创造力和想象力，增强自信心和成就感，进而培养他们的全球视野和大国情怀。

第一节	以一言为媒介,传播中国文化	178
第二节	以四力为奠基,铸就辉煌人生	180
第三节	以五原为根本,体验英语魅力	186
第四节	以六径为通道,领略世界风采	190

第十一章　溯史料源,洞察时光学史明智　　195

历史,是深邃的时光隧道,引领我们探寻人类文明的瑰宝。在探源历史中,孩子们将揭开历史面纱,领略古人的智慧与勇气,感受文明演变、民族兴衰。学习历史,如明镜照见智慧,如探索世界渊源,助力学生构建更加广阔的视野,涵养深厚的文化底蕴。

第一节	探源内蕴素养,以史为鉴明志	196
第二节	遍览古今中外,学史育人启智	198
第三节	追根发展全貌,注重思辨创新	202
第四节	谋划自我未来,力行学以致用	205

第十二章　聚万象彩,多样认知地球奥秘　　209

地理,多彩的地球画卷,它引领学生从自然与人文两个方面探索地球家园的奥秘。通过地理课程的学习,我们一起探究多彩的地理环境差异,洞察多维的区域经济联系,在地理实践中提升学生的综合思维和区域认知能力,培养他们的全球视野和对地球家园的责任感,为构建和谐共生的世界贡献力量。

| 第一节 | 纵览多彩地球,辨析地理万象 | 210 |

第二节	导航众彩素养,引领多方成长	212
第三节	谋划亮彩布局,内容多元融合	217
第四节	明晰出彩路径,探索多维提升	220

前言

让每一个孩子完整地成长

正如世上没有两片相同的树叶一样,每个孩子都是鲜活而独特的生命个体。生命有三个属性:自然生命、社会生命和精神生命。就社会群体而言,每个属性都有共性——自然生命的成长壮大,社会生命的交互影响,精神生命的价值丰富;就生命个体而言,每个属性都有其独特性——自然生命在成长但成长的方向和速度不同,社会生命在交互但交互的范畴和深度有异,精神生命在丰富但丰富的认知和价值有差异。十年树木,百年树人,教师自然承载着让每个孩子完整成长的重任;学校应当成为每一个生命完整成长的沃土;学校课程应当激发生命成长的活力和动力,引领生命成长的价值和方向,构筑生命成长的阶梯和路径。

学校秉持"尊重的教育"办学理念,尊重人、尊重理、尊重情、尊重真,尊重教育的自然规律,尊重孩子的身心发展规律,尊重孩子的独特个性,努力营造一个全面发展的教育生态,致力于让每个孩子的自然生命、社会生命和精神生命得到充分的发展,生命状态得到完整的成长。《义务教育课程方案(2022年版)》指出:"义务教育要坚定理想信念、厚植爱国主义情怀、加强品德修养、增长知识见识、培养奋斗精神、增强综合素质上下功夫,使学生有理想、有本领、有担当,培养德智体美劳全面发展的社会主义建设者和接班人。"[1]我们理解为有理想就是将个人发展融入祖国与民族发展,即立志修德;有本领与有担当就是要德智体美劳全面发展,即立身修韵、立行创新和立言修慧。让每一个孩子完整成长的课程以立志修德为先,以立身修韵为基,以立行创新和立言修慧为两翼,尊重群体发展规律和个体成长特点,让每个孩子被看见、被接纳,挖掘每个孩子更多的潜力和特长,让他们体验成功的快乐。

---

[1] 中华人民共和国教育部. 义务教育课程方案(2022年版)[S]. 北京:北京师范大学出版社,2022:3.

一、立志修正德，似松柏之挺拔

立志修正德是生命成长的引路灯。钱穆先生在对《论语》的解读中说："求道而有得，斯为德。""道"在哲学上是万物的本源，"德"则是"道"揭示的事物的本质和属性。"德语文"课程致力于全体学生核心素养的形成与发展，旨在引领学生观照德性，在语言文字的实践中探究事物的本质，发展思维能力。语文课程的内容与思想观念互为表里，课程内容丰富多彩，既有经典诗文的诵读，又有现代文学作品的欣赏，还有对中华优秀传统文化的传承与弘扬。课程着眼于通过文学作品、历史文化的熏陶，培养学生的爱国主义、集体主义、社会主义思想道德，帮助他们形成正确的世界观、人生观、价值观。

用爱启迪心灵，以文化培根铸魂。思政课是落实立德树人根本任务的关键课程，旨在提升学生思想政治素质、道德修养、法治素养和人格修养等，增强学生做中国人的志气、骨气、底气，为培养以实现中华民族伟大复兴为己任的有理想、有本领、有担当的时代新人打下牢固的思想根基。思想政治教育与学生日常生活、心灵世界中的温暖变化相结合，以此引导学生思考和感悟人生，帮助学生更好地理解和认识自己所处的社会环境和文化背景，更好地适应和融入社会生活，形成正确的世界观、人生观和价值观。

语文、道德与法治课程所传递的精神像松柏一样挺拔不屈，为孩子成长提供了肥沃的土壤和丰富的精神资源。孩子们不仅能够汲取丰富的知识智慧，还能够形成坚定的信仰和追求；不仅能感受到中华文化的博大精深和文化自信，还能够领悟到法治精神、道德规范的内涵和价值，为学生们未来的成长和发展打下坚实的基础。

二、立身修雅韵，如鲜花般绚烂

立身修雅韵是生命成长的奠基石。立身要内外兼修，以体育锻体炼心，以艺术美姿雅韵。体育，是塑造健康体魄和坚强意志的熔炉。专业化的体育活动，能提高学生的体能,使其练就基本运动技能与习得健康知识。学校尊重个体差异,提供多样化的体育活动,让学生在兴趣和特长基础上生长,享受运动的乐趣。音乐,如同情感的涓涓细流,滋养着人们的心灵。它不仅能够触动我们内心深处最柔软的地方,还能引领学生走进一个充满情感与想象的世界。美术,则是生活的调色板,它用色彩和线条勾勒出世界的多彩多姿。美术能提升学生的艺术品位,展现他们独特的创造力。品即品味美,让每个孩子在品味美中创造美,通过美术课程提高学生对美的感受力,引导学生感受美、欣赏美,提高学生的审美品位;创即创造美,通过美术课程激发学生对美术创作的兴趣,引导学生表现美、创造美,培养提高学生造型表现能力与创新意识。

艺体是相通相融的,都能外塑阳光的形象,内塑高雅的气质。为了使学生在这三个领域都能均衡而有特长地发展,学校探索了多班同上模块教学、综合学习以及跨学科融合教学。音乐与文学、历史的融合,为音乐增添了文化内涵与历史厚重,为文学与美术增添了美感旋律。美术创作与文学、历史的结合,让学生在创作中感受艺术的深邃与广阔。此外,学校利用各种节庆活动或现代技术手段组织并呈现多种艺术作品展与体育赛事,给每个孩子展示自己才华和成果的机会,让他们在实践中深化对艺术与体育的理解和热爱。

每个孩子都是一朵含苞待放的花,需要被欣赏、被看见、被滋养。在艺体活动中,他们的身姿更挺拔,笑容更灿烂,内韵更优雅,色彩更鲜艳。无数个孩子就是美丽的花园,在艺术与体育的殿堂中各美其美,美美与共。

三、立行修创新,若磐石之坚毅

立行创新是生命成长的助推器。生命的成长是一个不断量变与质变的突破过程,要在知行交融中不断积累,打破固有的认知屏障,实现拔尖式成长。在未知世界探索与创新受多种因素影响,并可能受多次失败打击,所以需要磐石般坚强意志,一点点观察、归纳、一点点创新、突破。

读万卷书,行万里路。以数学、信息技术、物理、生物等学科为基础,着重培养学生的实践操作能力与创新思维。首先,强调知识与实践相结合,在"慧思数学"中,将惰性知识转化为活性知识,打通现实世界与数学世界的壁垒,强调在生活中学习和应用数学。在"知行物理"中,结合地域特色和企业、自然资源优势,引入具有时代性和地域性的案例,使学生能够将所学知识与实际情境相结合,从而深化理解和应用。其次,重视跨学科的学习与实践。在"融+信息科技"课程中,将数据、算法、网络等内容与航天科学、生命教育等相结合,形成系列化跨学科教学模块,拓宽学生的知识视野,培养他们的综合素养和创新实践能力。再次,注重培养创新能力,运用启发式教学方法,引导学生主动参与学习,鼓励他们提出问题和质疑,培养他们的主动思索习惯。这种教学方式有助于激发学生的思维活力,提升他们的独立思考和解决问题的能力。最后,注重实践应用,在"知行物理"和"活力生物学"中,通过选取独立性与发展性的主题活动或项目,让学生在实践中学习和探索。通过实际操作和问题解决,学生能够深化对知识的理解,培养他们的创新思维和实践能力。

每个孩子对未知世界充满好奇与探索,我们要帮助孩子们保持这份好奇心与探索欲,并创造平台帮助其发展好奇心与探索欲,使孩子在不断探索中应用知识、在不断实践中融合知识、在不断创新中成就自我成长。

四、立言修慧语,如明镜般清澈

立言修慧语是生命成长的催化剂。语言是人类文明的载体,承载着传承历史、沟通思想、表达情感的重要使命。语言是沟通的主渠道,与现实世界沟通认知现实与发展趋势,与历史世界沟通汲取前人的智慧、明了时代的变迁,进而立言修慧语,让自己的表达更加清晰、深刻。

英语是国际学习的重要语言之一,通过学习和运用英语,学生可以培养跨文化沟通与交流的意识和能力,了解不同文化的特点和精髓,从而更好地理解和欣赏不同文化之间的差异。这种跨文化交流的能力有助于学生形成客观、理性的世界观,扩展国际视野,培养家国情怀,坚定文化自信,为其终身学习和社会适应奠定坚实的基础。历史是一部人类的经验宝库,每一个历史事件都蕴含着深刻的经验教训。通过深入剖析历史事件,我们可以理解当时的社会背景、文化背景,进而体会到前人的智慧与勇气。

同时，历史学习也可以培养我们的批判性思维，让我们在面对复杂问题时能够独立思考、理性分析。

现在处于信息爆炸时代，信息垃圾无处不在，我们要帮助孩子学会智慧地甄别信息并获取信息。在历史学习中增长智慧，在交流中拓宽视野，在信息交融中头脑风暴，激荡出质变的灵光火花。

总之，中国是世界大国，有大国的底气与担当；中国是四大文明古国之一，有古国的底蕴与智慧。生逢盛世，每个孩子都应得到完整的成长，成长为最好的自己。我们在课程方案和课程标准指引下，致力于使国家课程校本化、生本化，编写各学科课程实施方案，将有理想、有本领、有担当融于课程中，将德智体美劳全面发展融于课程中，以此指引教师教学、引领孩子成长，愿每个孩子都能和时代发展同频共振，成为独特而又美丽的自己。

第一章
立鸿鹄志，唤醒个体生命自觉

  语文，绚烂的文化瑰宝，引领着孩子们漫步文学长廊，并陶冶生命的内在"德性"。在语文的熏陶下，孩子们将聆听时空回响，对话文人墨客，品读诗词歌赋，书写锦绣文章，在此历程中发现语言的无穷力量，涵养深厚的文化底蕴，拥有独特的审美性格，体验丰富的情感世界，具备高雅的精神气质。

第一节 | 传承载道以文，力行培根铸魂

一 学科课程性质

作为一门载道以文的学科，语文课程需要把语言文字、语言文学、语言文化转化为生命之树成长的养料，具有培根铸魂的功能。

二 学科课程理念

钱穆先生在对《论语》的解读中说："求道而有得，斯为德。""道"在哲学上是万物的本源，"德"则是"道"揭示的事物的本质和属性。基于此，我们提出"德语文"学科课程理念。"德语文"课程旨在引领学生观照德性，在语言文字的实践中探究事物的本质，发展核心素养，唤醒生命自觉。课程以"德"为体，以语言文字为用，充分尊重教育教学规律和人才成长规律，扎根语言文字的丰厚土壤，为学生创造真实语用情境，使学生在学科任务群的实践中全面深入地探究事物本质，培育求真创新的精神，形成正确的世界观、人生观、价值观，发展核心素养，最终实现学而有"得"。

（一）"德语文"是立德树人的语文

"德语文"课程以"德"为根基，围绕立德树人根本任务设定目标，充分发挥语文课程独特的育人功能和奠基作用。在工具性方面，"德语文"课程立足语言文字的运用，从识字与写字、阅读与鉴赏、表达与交流、综合性学习等范畴设立显性目标；在人文性方面，"德语文"课程强调实践与创新，以期实现提升思想文化修养、建立文化自信、发展核心素养等隐性目标。

（二）"德语文"是以文载道的语文

"德语文"课程以德为领，以文为纲，融入古今中外优秀文化成果，使学生在丰厚的汉字文化气场中认识汉字、理解汉字，沉浸式感受灿烂的汉字文明；在汉字文化中陶冶

身心，涵养德性，修持身性；学生在阅读中启迪智慧，开阔思维，拓展视野，提升修养，树立德行；学生在创作中树立正向价值观，在语言文字的认知与实践中培养求真创新精神，最终实现学而有"得"。

(三)"德语文"是知行合一的语文

"德语文"课程尊重真实的客观存在，尊重教育教学规律和教育对象的身心发展规律，注重学段的衔接性及贯通性，依据学段特征构建语文学习任务群，使学生在符合学情的语言文字中启智修德。"德语文"课程重视开展项目式学习，以问题驱动创造真实的语用情境，促进学生自主学习、合作学习、深度学习，在活的课程中使"德"的意蕴内化于心、外化于行。

(四)"德语文"是落实素养的语文

"德语文"课程注重核心素养的落实，强调德育在五育中的导向作用，注重考查学生的语言文字运用能力、思维过程、审美情趣和价值立场，关注学生的学习过程和学习进步，并充分利用现代信息技术促进评价方式的变革。

总之，德是"德语文"的发端与源泉，也是目的与归宿——学生积极投身语言实践，发展自身语言文字运用能力，提升思维品质，积淀丰厚的文化底蕴，继承和弘扬中华优秀传统文化、革命文化、社会主义先进文化，全面提升核心素养，最终达到厚德载物、止于至善。

第二节 ｜ 立足课标为帜，舒展自主羽翼

我们从课程标准出发，梳理出符合我校校情的学科课程目标。

一　学科课程总体目标

我们依据核心素养的内核和语文课程总目标，结合工具性和人文性特征，将"德语文"学科课程总目标确定为语文应用方面的基础夯实目标和思维拓展目标、语文情感方面的审美涵养目标和文化践行目标。

（一）基础夯实目标

能阅读会书写，能分析会表达。能够熟练识记、书写汉字；能够欣赏书法艺术；能够有条理地写作常见文体；能够在抒情文中表达真情实感；能够发挥想象创编、改编或叙写故事，并表达自己的阅读感受；能够有感情地朗读，恰当使用默读、泛读等阅读技巧；能够理清内容思路，提取关键信息，并针对内容提出自己的看法；能够在不同场合合理、自信发言，做到声音响亮、仪态大方；能够把握讨论的焦点，有理有据地发表自己的看法与主张，有一定的说服力。能够收集、整理活动信息，对活动信息内容进行简要分析；积极参与学习活动的策划与组织，能够运用多种方式寻找问题解决的方法。

（二）审美涵养目标

培养审美能力，涵养高雅情操。能够从传统经典文化与革命文化中汲取精神能量，初步培养发现美、感知美、欣赏美的能力，领略古今中外文化之高妙，能够有感情地吟唱或朗诵中外经典诗歌；能够初步通过语言文字的方式表达美，围绕仰慕的先贤、追忆的先烈，进行简单的戏剧创作、小说改编、诗词仿写、新闻采写等写作；逐步涵养高雅情操，拥有健康的审美意识与正确的审美观念。

（三）思维拓展目标

激发创新思维，引领想象翱翔。能够发现问题、提出问题，并拥有解决问题的意

识,通过"榜样在身边""公益好少年"等系列活动关注社会问题,能够通过联想、想象、分析、比较、归纳、判断等方式剖析问题,并通过多种途径去解决问题。拥有质疑与批判意识,敢于大胆想象,勇于探索创新。

(四) 文化践行目标

传承经典文化,内化立德修身。能够认同中华文化,熟练背诵、引用相关传统经典篇目;热爱优秀传统文化、革命文化、社会主义先进文化,拥有强烈的文化传承与发扬责任感,通过读书分享、戏剧展演等方式传承德之精神。能够汲取优秀文化内涵,内化为立德修身之本。在立德基础上,勇于实践,从身边小事做起,通过持续性志愿活动,躬行实践德之精神。

二 学科课程具体目标

根据"德语文"课程总目标与我校学生学情,设置了我校课程的各年级具体目标。我们以一年级为例说明(见表1-1)。

表1-1 "德语文"课程学年目标(以一年级为例)

单元	上学期	下学期
第一单元	【共同目标】 1. 识字、写字、会写基本笔画; 2. 初步了解汉字的文化内涵,产生主动识字的愿望; 3. 大声说,让别人听得见,注意听别人说话; 4. 和大人一起阅读,感受阅读的快乐,并乐于和大家分享故事内容。 【校本要求】 1. 在识字、写字基础上,初步养成良好的书写习惯; 2. 双手捧书、声音响亮地朗读课文。	【共同目标】 1. 了解形声字的构字规律,感受音形义之间的联系; 2. 运用已学过的方法尝试自主识字; 3. 了解传统姓氏文化,激发学生对中华优秀传统文化的喜爱之情; 4. 能借助图片讲故事,讲出故事的主要内容,声音响亮。 【校本要求】 初步养成自主阅读绘本、短小文章(有注音)的好习惯。
第二单元	【共同目标】 1. 认识四线格并正确书写6个单韵母、	【共同目标】 1. 正确朗读课文,读准字音,能读好带

(续表)

单元	上学期	下学期
	2 个隔音字母、21 个声母； 2. 认识"爸、妈"等 16 个生字，会拼读 13 个音节词； 3. 了解课程表中的课程名称，认识"文、数"等 5 个生字； 4. 能通过多种方式摆字母，记忆拼音的形。 【校本要求】 1. 观察拼音情景图，能够看图说话； 2. 有自主借助拼音朗读儿歌的愿望。	有感叹号的句子； 2. 了解革命传统故事，激发对革命领袖的敬爱之情； 3. 复习巩固《汉语拼音字母表》，能将大小写字母一一对应； 4. 通过独体字加部件成为新字的练习，巩固已学的字。 【校本要求】 自主阅读课外革命故事，并把故事讲给身边的人。
第三单元	【共同目标】 1. 认识并正确书写 8 个复韵母、1 个特殊韵母、5 个前鼻韵母、4 个后鼻韵母和 6 个整体认读音节； 2. 在四线格中正确书写 5 个音节词； 3. 认识"妹、奶"等 15 个生字，会拼读 15 个音节词； 4. 能区分读音相近的音节，读准音节。 【校本要求】 能借助拼音自主阅读注音绘本故事。	【共同目标】 1. 正确、流利地朗读课文，读好"不"的变调； 2. 学习联系上下文了解词语的方法，知道"孤单、快乐、独自、有劲"等词语的意思； 3. 分角色朗读课文，读好角色的语气； 4. 学习用音序查字法查字典。 【校本要求】 理解课文内容与人物情感，出演课本剧。
第四单元	【共同目标】 1. 识字、写字，正确朗读课文； 2. 仿照例子，积累和拓展带叠词的偏正短语； 3. 背诵《秋天》《小小的船》《江南》《四季》； 4. 能向他人进行自我介绍，增强主动交往的意识。 【校本要求】 1. 开始朗读《弟子规》章节； 2. 开始积累五言唐诗背诵。	【共同目标】 1. 正确、流利地朗读课文，读好长句子及问句； 2. 积累与身体部位有关的词语，归类识记月字旁的字； 3. 正确朗读并积累带有轻声的词语； 4. 了解端午等传统节日的习俗。 【校本要求】 1. 探究古人如何过节，收集节日背后的故事； 2. 背诵与节日相关的古诗词； 3. 清明时节为烈士扫墓。
第五单元	【共同目标】 1. 认识会意字，进一步了解汉字偏旁表	【共同目标】 1. 学习用不同的节奏朗读不同形式的

（续表）

单元	上学期	下学期
	义的特点； 2. 辨析易混淆的音节，读准平舌音、翘舌音、鼻音和边音； 3. 了解汉字"从左到右""先撇后捺"的笔顺规则，能按规则正确书写； 4. 正确朗读课文，背诵《画》《大小多少》《升国旗》。 【校本要求】 简单了解汉字的象形、指事、会意和形声四种基本造字方法。	韵语； 2. 理解形声字的造字规律，借助声旁推测读音； 3. 能在语境中辨析形近字和同音字； 4. 积累歇后语，感受歇后语的特点。 【校本要求】 举一反三，熟练运用归类识字、比较识字、看图识字、韵语识字等多种方法自主识字。
第六单元	【共同目标】 1. 课文朗读得正确、通顺； 2. 初步了解汉字的上下结构和左右结构，将汉字按结构进行归类； 3. 学会用"前、后、左、右"四个方位词说话； 4. 知道在不同场合用不同的音量。 【校本要求】 1. 能够借助古诗学习读好停顿，把握朗读节奏； 2. 知道升旗仪式上要肃穆。	【共同目标】 1. 读好带有"呢、呀、吧"的问句和感叹句； 2. 读好课内古诗的节奏，并背诵积累； 3. 能正确使用逗号、句号、问号、感叹号； 4. 朗读、积累气象谚语。 【校本要求】 1. 基本完成本学年古诗文背诵目标——背诵《弟子规》和课外五言诗歌30首； 2. 参加学校古诗吟唱展演。
第七单元	【共同目标】 1. 尝试初步找出课文中的一些信息； 2. 发现日字旁、女字旁所代表的意思，进一步了解汉字偏旁表义的构字规律； 3. 能区分弯钩和竖钩、竖提和竖折、竖弯钩和竖弯、斜钩和卧钩的不同，并正确书写； 4. 朗读、背诵谚语，初步了解谚语蕴含的道理。 【校本要求】 能够分享绘本故事中的精彩片段。	【共同目标】 1. 借助插图、故事情节反复的特点读懂长课文； 2. 根据课文信息作简单推断； 3. 了解左上半包围和右上半包围的字"先外后内"的笔顺规则，并能在田字格中正确书写； 4. 初步养成乐于交往、友善待人的交往意识和行为习惯。 【校本要求】 能够给阅读过的童话故事改编不同结尾，并说出自己的理由。

(续表)

单元	上学期	下学期
第八单元	【共同目标】 1. 借助图画，猜读不认识的字，自主阅读不全文注音的课文； 2. 通过学习课文，了解一些自然常识，产生观察自然、观察生活的兴趣； 3. 了解汉字"先中间后两边""先外后内"的笔顺规则，能按规则正确书写； 4. 与人交流，能大胆说出自己的想法。 【校本要求】 与人交流，发言有先后，能够安静聆听他人讲话，完整地表达自己的观点。	【共同目标】 1. 正确、流利地朗读课文，读好祈使句； 2. 借助图画复述课文或进行角色表演； 3. 发现反犬旁、鸟字边、虫字旁所代表的意义，进一步感知形声字形旁表义的构字规律； 4. 联系生活体会四种不同心情，并练习说话、写话。 【校本要求】 选择《三字经》或其他古诗文中的人物，合理想象人物应有的语言、语气和动作，打造"名人传"小剧场，在班级演出。

第三节 ｜ 持续素养驱动，聚焦循道修德

一 "德语文"课程结构

我们围绕落实"立德树人"根本任务，紧扣培养学生核心素养，设计了"字镜"浸德课程、"书香"立德课程、"文心"修德课程、"思辨"明德课程，综合构建素养型课程体系（见图1-1）。

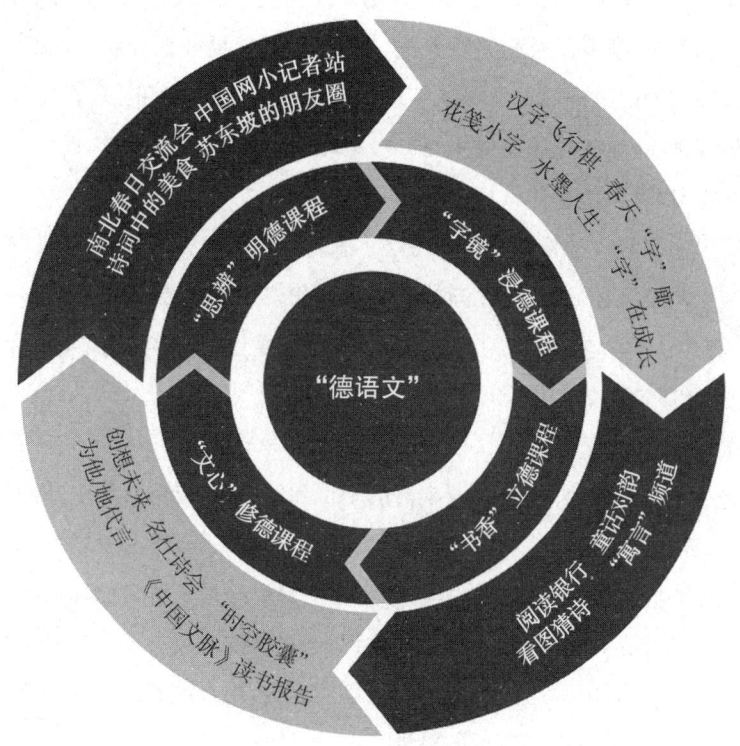

图1-1 "德语文"课程框架

在图1-1中,各板块内容如下:"字镜"浸德课程——以字为镜,立基浸德,针对语言文字的积累与梳理;"书香"立德课程——以书为本,启智立德,包含四个阅读:实用性阅读、文学阅读、思辨阅读和整本书阅读;"文心"修德课程——以文为法,循道修德,培养学生的表达能力、创作能力,提升文学素养;"思辨"明德课程——以研为力,创思明德,结合语文知识进行相关的语文实践活动、跨学科综合性学习,学以致用并明向立志。

(一)"字镜"浸德课程

汉字是由形、音、义组成的,每个字都蕴含着深刻的文化内涵和情感寓意。学习汉字,不仅要学习笔画、笔顺,还要学习蕴含在一撇一捺中的文化渊源和中华传统文化,在丰厚的汉字文化气场中认识汉字、理解汉字,陶冶身心、涵养德性、修持身性。

汉字作为支撑学生进行听、说、读、写的基本单位,是发展学生语言智能的基础。通过学习字的起源、演变以及相关的典故、典籍等,能够更好地理解字的意义,提升对词语的理解和用词的准确性。学习汉字也可以从中学习、借鉴和汲取汉字文化中优秀的品德和价值观,让学生浸润在诚实、善良、正直、宽容等美德之中,以此来夯实学生的汉字知识基础,提升学生修养,培育学生的高雅品位。

"字镜"浸德课程一是强调通过学习汉字来打好学习语文的基础,激发学生对经典文学作品产生浓厚兴趣,让学生逐渐能欣赏并理解其中的深层含义和美感;二是通过学习汉字,能够让学生在汉字文化中浸润德行、浸润美德,通过学习汉字审视自己的言行,努力塑造积极向上的人生态度和品德风范。

(二)"书香"立德课程

书籍是人类智慧的结晶,蕴含着丰富的知识和经验,可以帮助学生开阔思维、拓宽视野、提升修养。在书中,学生可以接触到各种不同的观点、理论和思想,从而学会辨别真伪,培养独立思考的能力。通过阅读,学生能够更好地了解自己和他人,认识到不同背景和观点的存在,增强包容与尊重的意识;通过阅读可以激发学生对祖国、社会的责任感、使命感;通过阅读,可以汲取道德优良的养分,用来滋养自身的品格,塑造积极向上的价值观,传承自觉弘扬正道的精神。

"书香"立德课程强调以书籍作为基础,通过阅读启迪智慧并树立德行。它展现了知识对于人的成长和道德发展的重要性——通过阅读书籍培养智慧、塑造良好的品德和道德观念。

(三)"文心"修德课程

"文",指由学生撰写的文学作品,通常体现了学生的思想、情感和观点,既是学生个人创作能力和文学素养的展示,也是培养学生创造力和表达能力的重要途径。在文学创作中,通过文本梳理和思考钻研,探寻优秀文化成果,如正义、善良、诚实等道德价值观,即"循道",并以此为契机改进和提升自己的品德素质和行为表现,即"修德"。

鼓励学生在创作中保持诚实和正直的态度,不抄袭他人的作品,不夸大事实或编造虚假信息,诚实正直,养正初心;鼓励学生尊重他人的观点和作品,避免恶意批评或诋毁他人;鼓励学生关注社会问题,并通过文学创作表达对不公正现象的批评和关怀,促进社会意识和责任感的培养;通过文学作品的创作和阅读,引导学生理解和体验他人的情感、经历和困境,培养同理心和包容性;鼓励学生在创作中探索和表达正确的价值观,如友善、勇气、坚持、宽容等,以及对美、真理和善良的追求。

"文心"修德课程强调学生在文学创作中培养出良好的品德,并将其融入自己的作品中,传递积极正面的价值观,达到"循道修德"的目的。

(四)"思辨"明德课程

思辨是指学生对问题进行深入思考、分析和推理的能力,有助于学生培养批判性思维、逻辑思考和问题解决的能力,使他们在面对各种情景时具备独立思考和判断的能力。通过将语文知识与实际应用相结合,促进学生开展自主性学习、合作性学习、研究性学习,培养学生的语言综合能力、思辨能力。我们鼓励学生对问题进行深入的调查和分析,了解相关的因素和限制,与小组成员协作制定符合实际条件的解决方案。

"思辨"明德课程能够培养学生的批判性思维、逻辑推理、创造力和想象力,培养学生团队协作能力和求真创新的精神,最终实现学而有"得"。

二 "德语文"课程设置

"德语文"课程体系设置以"立德树人"为根本任务,聚焦学生德行涵养,以"读写结合、多维开发、注重实践"为原则,将教学目标落实到不同年级,突出基础性、综合性和实践性,让学生在大语文环境中不断探索,在提升学生文化修养的同时,建立文化自信,让学生德智体美劳得到全面发展。具体课程设置如下(见表1-2)。

表1-2 "德语文"课程设置一览表

学段		"字镜"浸德	"书香"立德	"文心"修德	"思辨"明德
一年级	一上	遨游拼音王国 ——拼音认读	阅读银行 ——阅读习惯	小小"故事王" ——讲绘本比赛	探秘百家姓
	一下	汉字飞行棋 ——组词识字	"词语"迷宫 ——词语积累PK	我用"故事"找朋友	我爱冬天
二年级	二上	笔画找朋友	"成语"长城 ——阅读角设计	谜语大会 ——谜语创作	南北春日交流会
	二下	"字"有道理 ——字形猜字	童话对韵 ——经典背诵	故事盲盒 ——创编故事	推荐我的家乡
三年级	三上	印刷小匠人 ——活字印刷术	看图猜诗 ——古诗积累	创想未来 ——续写故事	清明诗会
	三下	彩绘汉字 ——绘画、书写	中国诗词大会	童话超市 ——编写童话	中华传统节日
四年级	四上	春天"字"廊 ——书写评比	"寓言"频道	名仕诗会 ——现代诗创作	皮影戏台
	四下	"字"如其人 ——书写评比	"寓言"专栏	金牌导游 ——推荐一个好地方	中国网小记者站
五年级	五上	"书签"达人	"一站到底" ——文学常识赛	"时空胶囊" ——写给20年后的自己	诗词中的美食
	五下	遨游"汉字"王国	"一站到底" ——文学常识赛	为他/她代言 ——描写人物	红色旅游团
六年级	六上	花笺小字	飞花令(上)	妙笔生花 ——现场习作赛	苏东坡的朋友圈
	六下	水墨人生	飞花令(下)	经典快闪 ——课本剧展演	《鲁滨逊漂流记》名著空间设计
小初衔接		墨香节气	人物说 ——传记阅读	我眼中的鲁迅先生	金牌辩手养成记

(续表)

学段		"字镜"浸德	"书香"立德	"文心"修德	"思辨"明德
七年级	七上	画说汉字——汉字的起源与发展（字源、字理、动植物、食物篇）	成雅言典蕴，语中华智慧（饮食、服饰、住行、山水篇）	"脑洞大开，写作尽兴"创意写作——我话明月	中华古典诗词诵读与赏析
	七下	画说汉字——汉字的起源与发展（身体、自然、建筑篇）	成雅言典蕴，语中华智慧（动植物、仪态、动作、情绪篇）	"脑洞大开，写作尽兴"创意写作——最精彩的一幕	经典名著影视欣赏人人演
八年级	八上	"书"写芳华，"字"在成长	"古诗词诵读大比拼"	"脑洞大开，写作尽兴"创意写作——我最喜爱的角色	"科创未来之城，奋进新坪山"
	八下	书浩然之气，展汉字之风	"读《艾青诗选》，颂家国情怀"——现代诗朗诵活动	"脑洞大开，写作尽兴"创意写作——我来做考官	"探索太空，逐梦航天"
九年级	九上	翰墨飘香"粽"情仲夏——端午节专题书法展	"古诗词诵读大比拼"——班级展演	"腹有诗书气自华，韵中有慧笔留香"——《西游记》主题作业	走向诗圣——"视域融合"下的杜甫诗歌
	九下	一笔一画一世界，落墨千秋香如故	大展宏"兔"，"语"你同行	"腹有诗书气自华，韵中有慧笔留香"——《水浒传》主题作业	"文字留声，毕业记忆"——毕业季主题作业
初高衔接		墨笔丹心	苍翠竹林，青青我心——品竹文化	《中国文脉》读书报告	"走进名校课堂"——我心中的名校

第四节 ｜ 践行笃行以实，全域自主成长

我们通过创设真实情境，聚焦评价任务，构建了"立德课堂""明德课程""行德活动""润德社团""育德节日"的五德实施体系，促进学生语文核心素养提升。

一 建构"立德课堂"，提升学科教学质量

（一）"立德课堂"的内涵

"立德课堂"把立德树人作为语文课堂教学的总目标，深入挖掘和拓展语文学科的育人功能，尊重学生的创造力和人格，使学生的主动性、能动性、创造性得到充分发展，精心地向学生传授基础知识和基本技能，注重情感态度与价值观的培养，提升学生的语文核心素养，提高教师教学质量。

"立德课堂"包括四个方面："读写养德"修身教育、"实践寓德"生活教育、"知识润德"多元教育和"素养蕴德"思辨教育。在课堂中，教师将学科教学上升到文化高度，将学科内容挖掘出文化的深度，带领学生感受语言文字的文化内涵，利用经典作品进行群文阅读，设置真实情景，开展丰富多彩的实践活动，巧妙设置思辨性问题，激发学生学习语文兴趣，促进学生思维多元发展，促使学生自主学习、主动发展，提高学生的思想道德水平和语文核心素养。

（二）"立德课堂"的实施

感受文字魅力，注入文化内涵。在"读写养德"修身教育中，教师要根据学生年龄特点确定语言文字积累与梳理课程的内容，帮助学生循序渐进地积累字词、成语、谚语等语言文字知识，将中华优秀文化与民族精神渗透于语文教学、识字教学之中。教师采取从汉字文化蕴涵突破的方法增强汉字教学的形象性、生动性，激起学生对汉字和传统文化的浓厚兴趣；引导学生掌握造字法，溯本求源，获得汉字知识，理解汉字内涵，从而在积淀民族文化底蕴中积累字词。如：学生学习"人"时，指导并要求学生一撇一

捺要写舒展,撇和捺之间的夹角要适当,表示端端正正"人"才能站直,同时教育学生做人就要堂堂正正。学生既记住了字形,又理解了字义,同时还明白了做人的道理,使立德树人悄无声息地渗透在语文教学之中。

联系生活实际,注入生活元素。教师在实践寓德的生活教育中,以用为核心,学用结合,基于情境任务创造性地使用文本语言,目标指向学生核心素养的培养,用情境任务引导学生开展自主、合作、探究性的语文学习活动,并综合运用语文知识解决实际问题。如:八年级下册第四单元学习中,举办"超级演说家"的主题活动,以学习演讲词、撰写演讲稿和举办演讲比赛三大任务为轴心,形成一个综合性的学习体系——先整体感知四篇演讲稿,熟悉教材内容;再从针对性、条理性、鼓动号召性出发,掌握演讲稿的基本框架;然后以"我的梦想"为话题,撰写演讲稿,举办"超级演说家"演讲活动。在整个活动过程中,"阅读"与"交流"贯穿始终,活动中的阅读是多次的,且每次的目的都是明确的,阅读的内容也是多样的;活动中的交流也是多次的,且每次交流的对象、目的都有所不同,从而有效激活并调动学生的已有知识和能力,促进学生实用性阅读经验的转化与积累。

多元整合文章,注入人文情怀。教师在"知识润德"的多元教育中,积极引导学生通过整体感知、理解、品读文学语言,通过联想想象、角色体验等多种方式,领悟文学语言所传达的情感,从而获得审美体验,积累审美经验,形成初步的感受美、发现美的能力。与此同时,教师要为学生指明正确的阅读方向,组织多样的思维训练活动,引导学生在讨论过程中实现思维的深度碰撞,有效营造充满活力且积极向上的教学氛围,推动学生学习热情和逻辑思维的全面提升。以走向诗圣——"视域融合"下的杜甫诗歌专题学习为例:整合七至九年级教材中 10 首诗歌组成历时性的杜甫诗歌阅读专题。按照"诗歌印象——诗歌探微——主题思辨——创作表达"的逻辑脉络设计四个课段,分别为印象杜诗——生平·诗韵·称号(1课时)、探微杜诗——品读·比读·联读(2课时)、思辨杜诗——幸运与不幸(2课时)、沉淀杜诗——前世与今生(1课时)。引导学生在学习过程中完成对杜甫其人与其诗的深度认知,鉴赏和解读杜甫诗歌,形成较为系统的杜甫专题框架,并且学以致用,进一步激发对伟大诗人和优秀传统文化的敬仰之情。

开展思辨活动,塑造价值取向。教师在素养蕴德的思辨教育中,将思辨性问题作为"思辨性阅读与表达"学习任务群的设计线索,通过提出有层次的思辨性问题,有效架构起整个学习任务群,学生在完成学习任务的过程中解决问题。在思考和探讨问题时,要求学生摒弃简单化、情绪化的认知,破除"经验"的执念和"直觉"的欺蒙,提出有质量、有意义、有现实针对性、指向事物精髓和本质的问题。如:五年级下册第六单元选编了文言文《自相矛盾》、改写自《史记·孙子吴起列传》的《田忌赛马》,以及俄国作家列夫·托尔斯泰的《跳水》,安排了习作训练《神奇的探险之旅》,充分体现出思维对人的生活产生的巨大力量,细化了思维训练的落脚点,学生的分析性思维、创造性思维、批判性思维得以发展。

二 开发"明德课程",丰富学科课程体系

(一)"明德课程"的内涵

"明德"的核心是从"育人"出发,涵养"大人格",从方法入手,重构语文教学内容,抓好主题切入,找准材料的思想价值和精神内涵,帮助学生增强价值辨识能力,掌握科学和人文精神,学会明辨是非美丑,自觉践行社会主义核心价值观。"明德课程"建构的关键点在于先提炼教学过程的共同规律、共同要素,然后基于教学目标、教学对象、教学内容和教学时间将不同要素灵活组合。教师要探究学习某部分知识,用怎样的要素组合是最适宜的,什么程度的学生用怎样的要素组合方式辅导,才能使其学习效果达到最佳。

"明德课程"构建学校社会双开放场域。社会向学生打开大门,学生走进社会,建构开放的语文活动课程。活动过程是学生深入生活、了解社会的过程,是学生语文学习、语言运用的过程,也是学生提升语文素养的过程。

作为拓展型学习任务群之一的"整本书阅读",是对语文课程中单篇阅读、群文阅读的必要补充与提升,是培养学生终身阅读能力的必由之路,也是全面提升学生语文课程核心素养的必然要求。

(二)"明德课程"的实施

立足整本书阅读,开发名著阅读校本课程。小学整本书阅读以学生学习经验、学科能力为基础,开发导读、体验、讨论等三类课型。

教学中以"可见的学习"为理论基础,关注学生学习方式的变革,在"表层学习""深层学习""迁移学习"的完整学习过程中,注重学生提取信息、整合解释和反思评价等阅读能力的培养。初中项目实践式整本书阅读以学习项目为载体,帮助学生高质量通读全书,围绕关键问题展开深入讨论。项目实践式整本书阅读起点是整本书的教学价值分析,关注知识积累、能力提升、策略建构和精神成长四个方面,再根据学生需求确定教学目标,规划自读指导方案,确定学习项目的基本要素、学习项目的类型。项目实践式整本书阅读教学的实施其关键是目标导向的评价方案设计,根据学习项目、阶段成果、学业表现开发过程性、诊断性、总结性评价工具,其实施策略为评价导向的学习项目设计和工具支持下的学习项目推进。

立足地方性资源,开发区域特色校本课程。积极探索将优秀传统文化和地方人文特色有机融合,通过全方位、立体式、体验式的学习活动,开发具有传统文化内涵、时代发展方向和地方区域特点的研学校本课程。我们依托深圳市坪山区地域文化特色,探索开发"探索大万世居,领略古风韵味"等校本课程,通过完善课程目标、教学设计、课程评价等,构建完备的课程体系,特色化实施地域文化教育,进一步提升育人效果。

立足研究性学习,开发专题研究校本课程。专题校本课程目标定位不仅要重视学生(跨)学科知识的学习、技能目标的达成,还要关注学生信息搜集能力、分析能力和合作能力的提升,以及在此基础上相应必备品格的养成。专题研究校本课程强调学习资源的整合与生成,着眼于语文学习的综合性、实践性,重视学生"学"的过程。如"油画笔下的深圳"是一门基于项目式学习方式研发的专题研究校本课程,重在引导学生在问题解决过程中掌握油画艺术的构成元素及创作法则,在了解深圳城市文化历史知识的同时,提升图像识读和文化创意表达能力,以及搜集、分析资料和合作解决问题的能力,最终能用油画进行深圳城市文化之美的创意表达。

立足跨学科学习,开发学科融合校本课程。跨学科素养是核心素养的重要组成部分,学校教育不仅要培育学习者的"学科素养",还要培育学习者的"跨学科素养"。基于学生的基础、体验和兴趣,围绕真实问题,运用并整合多学科相关知识和方法开展的跨学科主题学习,不再局限于某一学科精准的学科知识体系,而是能够还原复杂的真实情境,打破学科间的"壁垒",把学生放在真实的生活世界里,为学生营造更好的主动交流、团队协作、知识构建、问题解决的学习环境,使学生在聚焦问题解决的创新实践中探寻知识的价值和意义,有助于培养学生的批判与创造、社会责任、合作能力等应对未来生活的跨学科素养。

三 聚焦"行德活动",拓宽语文学科学习维度

(一)"行德活动"的内涵

"行德活动"积极践行大语文观,以学生为主体引导学生学会学习,在语文学科实践活动方面不断探索和实践。在积极的语文实践活动中,学生能融入真实的语言情境中,从中获得丰富的语言知识,夯实自己的语言知识基础,完成相关语文知识的积累,提升自己的语言知识建构与运用能力。

课堂上,学生在积极的语文实践活动中尝试解决真实的语言运用情境中的问题;课堂外,语文学习要打破学科界限,实现跨学科学习,让语文学习紧密联系生活,在生活中学语文,用语文服务生活。通过实践,学生能够更好地理解和掌握语文知识,提高自己的语言表达能力和创新思维。这些活动不仅能够丰富学生的课余生活,还能够培养学生的团队合作精神和竞争意识。同时,教师也要注重对实践环节的设计和管理,确保实践环节的质量和效果。

(二)"行德活动"的实施

依托教材内容,开发语文探究类活动。以涵养学科核心素养为目标,以教材内容为蓝本,在瞄准学生学习内容与学科探究活动契合点的基础上,依据学生的知识能力基础和认知特点,围绕单篇课文、单元主题、名著阅读、写作专题、古诗词诵读等挖掘教材中综合实践活动的要素,进行实践探究、项目式学习、主题阅读等语文学科综合实践活动。如:"奋斗——最美的姿态"新闻大比拼活动,引导学生在小组合作的基础上,选定采访对象,撰写采访提纲,完成人物采访和拍摄,最终形成一则展现奋斗姿态、弘扬奋斗精神的新闻稿,参与学校新闻大比拼活动。

依托节日文化,开发语文实践类活动。学习,是知识的传递,更是文化的传承。节日和纪念日文化蕴藏着无限的德育资源,以法定节日、传统节日、历史人物和重大历史事件以及专门事件的纪念日等具有特殊意义的重要日子为依托,有计划地组织开展形式多样的综合实践活动,让课文与生活相连接、知识与文化相融合、学习与做人相兼

并,真正实现课堂内外无缝对接,学以致用运转自如。带领学生进行相关文学的阅读,如《三字经》《论语》《道德经》等。通过个人诵读、课间齐诵等方式,加强学生的爱国之心、感恩之心,以达到传承中华优秀传统文化的目的。成立书法小组,每周开设书法课并举办书法比赛,激发学生的兴趣。在《三字经》的学习过程中,教师可结合日常实际培养学生的行为举止,并配合读书活动使行为与艺术相互渗透,培养学生举止端庄、行为优雅的良好习惯。因此,教师在传道授业的同时,也要引导学生进行传统文化的传承,深刻意识到中华优秀传统文化的精神内核。

依托社会资源,开发语文特色类活动。语文学习走向更为广阔开放的生活世界,不断拓展语文学习的空间和领域。充分利用本地资源的优势,结合地方特点,引导学生在这个富有特点的大课堂中观察、发现、探索、获取信息,根据学生的兴趣、特点、爱好,开展内容丰富、形式多样的语文实践活动。如开展"探寻华夏根脉,体悟耕读传承——南泥湾耕读小镇研学活动",小镇以弘扬红色劳动精神为核心,将劳动教育与"生活""艺术""技术"三大模块结合,围绕"日常劳动、生产性劳动、服务性劳动、智慧性劳动"等四个维度,设有南泥湾农场、蔬菜森林、瓜果世界、红星广场等区域,劳动实践课程丰富翔实,是开展校外实践活动的最佳选择场地。

四 打造"润德社团",点燃语文课程学习兴趣

(一)"润德社团"的内涵

"润德社团"以人为逻辑起点,以语文学习为载体,从人的成长需要出发,将文学放在大语文背景下研究。它既关注文学的发展,又关注语文的发展;既关注学生的发展,又关注教师的发展;既关注人对语文的影响,又关注语文对人的作用,将人和语文融为一体,让教师、学生和语文一起成长。

"润德社团"能够提高学生的自主管理能力,丰富学生的课余生活,在活动实践中润物细无声地提高学生的实践创新能力,提高学生的语文核心素养。学生社团可以根据学校的不同情况利用学生的课余时间开展各种形式的活动,以交流思想、切磋技艺、互相启迪、增进友谊。

(二)"润德社团"的实施

深挖校本资源,汲取传统力量。我们充分利用、开发本校资源,深挖课本资源,结合深圳坪山当地特色,汲取传统文化,融合现当代因素,激发学生的创造欲和探究欲,培养学生的组织能力、创造能力、审美情趣和良好的道德情操,提升他们的伦理观念、增强他们的文化判断力。文学社团通过"课文编剧"形式开展文学创作实践和教育活动。学生在编演课本剧时通过人物形象的塑造,实现对课文的再创造,促进语文素养的提高。课本剧社团以社团活动为载体,强化中华传统文化的教育和普及,在潜移默化之间,让学生对中华传统文化有一个更为深入的认识和学习。

开展文学讲坛,丰富校园文化。为创设沉浸式的校园阅读文化,唤起学生的阅读兴趣,培养学生的阅读习惯,通过"文学讲坛"开展文学创作、研究和教育活动:一是开展读书活动。组织师生开展诵读诗歌、散文活动,通过诵读表达自己对文章的理解和感悟。二是开展导读活动。组织师生开展阅读指导活动,让他们研讨如何阅读某一部作品,通过阅读推介课、阅读指导课、阅读成果展示课、阅读赏析课、阅读评价课等形式对读书情况进行指导和展示。三是开展文学流派介绍活动。组织师生开展文学鉴赏活动,让他们根据文学史,对某一流派作家和作品进行系列介绍。四是开展评书活动。组织师生开展讲说"文章"活动,通过叙述情节、描写景象、模拟人物、评议事理等艺术手段,表演历史及现代故事,探求创作的思想性、学术性、知识性和艺术性。让师生根据自己的生活经验对原文学作品进行再加工,促进其形成"新的文学作品"。

拓展学生视野,培养实践能力。以"趣"为饵,培养学生综合素质;以"动"领头,培养学生动手能力;以"活"开放,传承传统文化;"出"拓展,培养学生实践能力,"激"评价,张扬学生个性,让学生能想、会想、敢想,能看、会看、敢看,能做、会做、敢做,能学自己想学的东西。我校成立中国网小记者站,旨在提高学生与人沟通和交往的能力,增强自信心,拓展视野,帮助学生认识社会,了解时事,融入社会。为此,小记者站开展了一系列活动,如"小记者探校——校史学习",此活动帮助学生深入了解东北师范大学校史和东师坪实发展历程,感受学校的深厚底蕴,激发全体学生的爱校热情,培养学生对学校的自豪感和认同感。东师坪实全面开展了校史教育周活动。

五 举办"育德节日",营造语文学科学习氛围

(一)"育德节日"的内涵

"育德节日"以优秀的传统文化为核心,注重夯实基础教育,弘扬传统文化;注重朗读教学,引发学生共鸣;借助节日环节,创新课堂形式;关注文化传承,深挖课堂容量。

"育德节日"倡导学生通过参与节日活动全过程的策划、组织、实施与评价,通过梳理、提取、分析、解释、评价,生成自己对人生的独特感受和对文化的深层次了解;另外,丰富多彩的系列活动,拓展了学生学语文、用语文的途径,并为学生搭建起了展示的舞台,促进学生渴望找到文化归属感和情感共鸣,追求文化质感,提高自身审美。由此带来的精神的愉悦、全新的情感体验,能更好地促进学生文化欣赏品位的提升,促进学生审美鉴赏能力的发展,并对"文化"有更深层次的认识。

(二)"育德节日"的实施

巧创氛围似过节。《礼记》云:"春诵,夏弦,秋学礼,冬读书。"在古人看来,冬天正是读书的好时节。为打造书香校园,引导学生勤于读书,在读书中弘扬传统文化,坚定文化自信;在读书中坚定信念,树立志向;在读书中走进科普,认识世界。我们开展了"文墨冬月,语你相逢"读书月系列活动,包括"纸笔传情·时空对话""念念不忘·红色家书""声入人心·经典诵读""亲子共读·相伴成长""阅读科普·探索世界"等,为学生营造了浓厚的语文节日氛围。

巧设内容激兴趣。"知之者不如好之者,好之者不如乐之者。"兴趣一旦与意志力相结合将会有无穷的潜力,教师注重巧设活动内容,最大限度地激发学生参与和探索的积极性。如在情景剧活动《木兰诗》中,播放潮剧唱段《木兰巡营》,一个英姿飒爽的英雄人物立刻进入学生的脑海中,学生学习的兴趣马上被调动起来,他们津津有味地阅读课文,很快掌握了人物形象。让学生收集有关木兰代父从军的故事以及其他巾帼英雄故事,如穆桂英、梁红玉、樊梨花等的故事,同学们热情高涨。活动情境的核心在于激发学生的情感,启发学生发现问题,调动思维的积极性,促进师生之间及学生之间的多边互动,让课堂教学变得有活力。

巧建支架促成效。我们以设计思维导图助推名著阅读。思维导图易于打破思维

障碍,突破常规教法,开发学生的逆向思维,激发学生的创造思维和联想、想象能力,将烦琐的文本情节结构和复杂的人物关系生动形象化、简约立体化。如:名著导读《简·爱》,如果以一般的外国文学作品教学的方法教学,学生不易理解把握,主要原因在于主人公简·爱从童年到青年的成长经历时间脉络长、转换地点频繁、接触的人物众多且关系复杂,而以完成思维导图形式则可助力学生的学习。教师引导学生以地点为线索制作思维导图:找出简·爱生活过的不同场所,补充其接触的人物及相关故事情节,完成故事情节的梳理(见图1-2)。

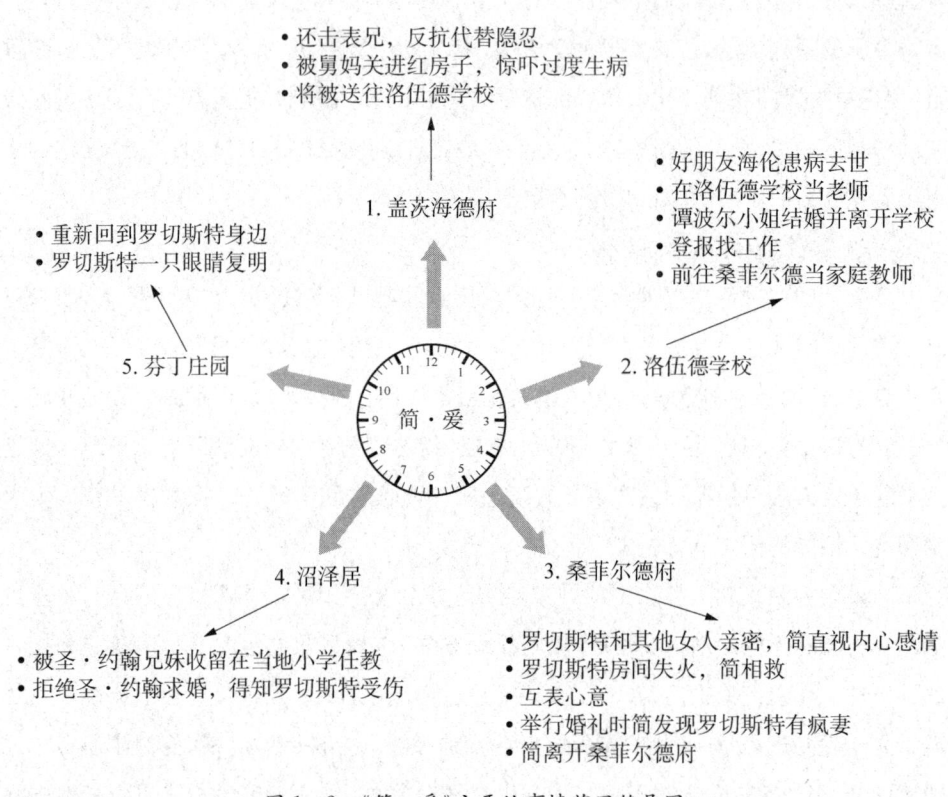

1. 盖茨海德府
- 还击表兄,反抗代替隐忍
- 被舅妈关进红房子,惊吓过度生病
- 将被送往洛伍德学校

2. 洛伍德学校
- 好朋友海伦患病去世
- 在洛伍德学校当老师
- 谭波尔小姐结婚并离开学校
- 登报找工作
- 前往桑菲尔德当家庭教师

3. 桑菲尔德府
- 罗切斯特和其他女人亲密,简直视内心感情
- 罗切斯特房间失火,简相救
- 互表心意
- 举行婚礼时简发现罗切斯特有疯妻
- 简离开桑菲尔德府

4. 沼泽居
- 被圣·约翰兄妹收留在当地小学任教
- 拒绝圣·约翰求婚,得知罗切斯特受伤

5. 芬丁庄园
- 重新回到罗切斯特身边
- 罗切斯特一只眼睛复明

图1-2 《简·爱》主要故事情节思维导图

巧搭平台拓视野。我们关注学生全面发展,搭建各类多元化平台,能够有效拓宽学生大视野,培养学生大格局,厚植学生大情怀。开展有"名作家进校园"活动,涵盖五个板块,分别是名家讲座、名家签书会、"我与名家面对面"沙龙、名家参观校园以及名

家讲坛。其中,名家讲座以全球视野和家国情怀为坐标,为学生的阅读之旅掌舵航向。"我与名家面对面"沙龙活动以切身写作心得体会为依托,为学生的创意写作提灯引路。我们开展"直通附中"名家大讲堂,积极发挥"小初高"12年一贯制培养的优势,引进师大附中深圳学校的优质资源,邀请不同学科的名师为初中阶段的学生开展讲座,以期通过系列讲座帮助学生拓宽视野,打开新的天地,让学生心中有方向、眼里有光芒。

(执笔人:王旭影　叶子建　刘雪柯　刘　倩　胡姗姗　朱舒雅　李　潇)

第二章
养仁爱心,滋润大爱思想种子

　　道德与法治课程是义务教育阶段落实立德树人根本任务的关键课程。我们基于政治引领坚定理想信念、聚焦核心素养厚植家国情怀、注重体验探究发挥价值引领、多元课程实施促进知行合一,致力打造一门温暖的思政课程,养仁爱心,滋润大爱思想的种子。

第一节 ｜ 立足政治引领，坚定理想信念

一　学科课程性质

"思政课是落实立德树人根本任务的关键课程，道德与法治课程是义务教育阶段的思政课，旨在提升学生思想政治素质、道德修养、法治素养和人格修养等，增强学生做中国人的志气、骨气、底气，为培养以实现中华民族伟大复兴为己任的有理想、有本领、有担当的时代新人打下牢固的思想根基。课程具有政治性、思想性和综合性、实践性。"[1]

二　学科课程理念

基于思政学科特点，结合"尊重的教育"理念，我们提出"温暖思政"的课程理念。"温暖"可以被视为一种象征性的符号，代表着不同的情感、态度和价值观。"温暖思政"寓意用爱启迪心灵，以文化培根铸魂，即将思想政治教育与学生日常生活和心灵世界中的温暖变化相结合，以此引导学生思考和感悟人生，帮助学生更好地理解和认识自己所处的社会环境和文化背景，更好地适应和融入社会生活，形成正确的世界观、人生观和价值观。

（一）"温暖思政"是思想引领的思政

以立德树人为根本任务，发挥课程的思想引领作用。在人生观方面，学会正确看待并应对生活中各种问题，理解生命、尊重生命、珍惜时间，追求健康、和谐和有意义的生活，树立正确的人生目标，努力实现自己的价值，为社会作贡献；在价值观方面，培养

---

[1] 中华人民共和国教育部. 义务教育道德与法治课程标准（2022年版）[S]. 北京：北京师范大学出版社，2022：1.

诚实守信、尊重他人、团结友爱、勤奋进取的价值取向,学会分辨是非善恶,抵制不良风气,形成健康的人格品质;在世界观方面,学会尊重不同的文化和观点,积极参与国际交流,增进对世界的了解和认识,用理想之光照亮奋斗之路、用信仰之力开创美好未来。

(二)"温暖思政"是生活世界的思政

遵循育人规律和学生成长规律,强化课程一体化设计。我们以"成长中的我"为原点,将学生不断扩大的生活和交往范围作为建构课程的基础,立足于发展学生核心素养,按照大中小学德育一体化的思路,依据我与自身,我与自然、家庭、他人、社会,我与国家和人类文明关系的逻辑,以螺旋上升的方式组织和呈现教育主题。以社会发展和学生生活为基础构建课程体系,主要包括文明为主的"温暖道德"课程、以健康为主的"温暖生命"课程、以法规为主的"温暖法治"课程、以文化为主的"温暖文化"课程、以国家为主的"温暖国情"。

(三)"温暖思政"是价值建构的思政

遵循道德修养和法治素养的形成规律,坚持教师价值引导和学生主体建构相统一,建立校内与校外相结合的育人机制。我们发挥教师主导作用,从学生主体价值建构方面设计实施路径,充分考虑学生的生活经验,晓之以理、动之以情、导之以行,强调以课堂内情境化体验为主的"体验式学习"。通过设置议题,创设多样化的学习情境,引导学生开展自主、合作的探究和体验活动,帮助学生形成正确的价值观,涵养必备品格,增强规则意识,发展社会情感,提升关键能力,使他们在感悟生活中认识社会,学会做事,学会做人。坚持校内教育和校外教育相结合,设计"行走的思政课"引导学生走出课堂、走出校园,积极参与社会实践活动,把知识运用于社会,服务于人民,强化学生的社会责任感,提高他们的实践创新能力。

(四)"温暖思政"是知行合一的思政

综合运用多种评价方式,促进知行合一。我们围绕发展学生核心素养,强化过程评价,改进结果评价,探索增值评价。过程评价关注发挥评价的激励和改进功能;结果评价全面关注知识、情感和行为的发展,关注学生在学校、家庭和社会生活中的日常品行表现;增值评价关注学生思想品行的发展和进步,注重对学生的激励。坚持以学生自我评价、教师评价为主,同伴评价、家长评价和社区评价相结合,借助信息技术探索和优化纸笔测试、学生成长记录袋、日常行为表现记录卡等定性和定量多种评价方式，提升课程评价的科学性、专业性、客观性。

总之，"温暖思政"通过具体的活动来提高学生的社会实践能力和责任感，增强师生之间的情感联系和信任，通过讲述感人的故事或者分享亲身经历等寓教于乐的教育方式，引起学生的情感共鸣，在理解生命、感受生命温度的基础上铸魂育人。

第二节 ┃ 聚焦核心素养,厚植家国情怀

我们从课程标准出发,梳理出符合我校校情的学科课程目标。

一 学科课程总体目标

我们依据课程标准和学科特点,将国家、个人、社会和与他人角度的目标,进一步具体化,从政治认同等五个方面确立课程总体目标,形成"温暖思政"目标体系。

(一) 政治认同目标

我们从中国人、接班人、社会人三个方面确定政治认同目标。做温暖的中国人,要知祖国、爱集体,为是中国人而骄傲,为中华民族伟大复兴而自豪。做温暖的社会主义接班人,爱党,了解革命历史,认识伟大成就,热爱中国共产党。做温暖的社会人,热爱社会,了解国情,关心时政,感受国家制度带来的优越性,心怀天下,具有国际视野。

(二) 道德修养目标

我们从"知、行、传"三个方面确定道德修养目标,"知"即知荣辱、明善恶,具有明辨是非的能力,有礼仪、尚美德,有正确的世界观、人生观、价值观;"行"即感恩、诚信、自律、文明,自觉践行社会主义核心价值观;"传"则是在团结同学、尊师敬长、助人为乐、志愿公益的点滴中,传递道德温暖。

(三) 法治观念目标

我们从学法、知法、守法、用法、遵法五个方面确定法治观念目标。在学法上,要了解宪法的主要内容,明确宪法的地位与作用;知道民法典与生活中相关的内容;了解相关法律对未成年人的特殊保护,体会法律的温度。在知法上,要了解生活中的规则,形成法治意识,理解法律在社会规范中的重要作用;能够辨析生活中的法、理、情。在守法上,要维护课堂秩序,服从校规校纪,自觉遵守社会生活中的相关法律法规。在用法上,要掌握常用的法律求助方式,利用法律保护自己的合法权益;尊重他人的合法权益

和自由,在维护公平正义中体会社会的温度。在遵法上,要有规则意识,形成守法观念,发自内心地敬畏法律。

(四) 健全人格目标

我们从自己、朋友、队员三个方面确定健全人格目标。要做一个温暖的"自己",热爱生命,远离伤害,懂得自我保护;热爱生活,懂得生命的意义和价值,确立正确的人生观。做一个温暖的"朋友",能够建立同学间的友谊;理解他人,体会他人的心情和需要,有同情心。做一个温暖的"队员",乐于倾听他人的意见,具有良好的沟通能力,树立团队意识。

(五) 责任意识目标

责任是人一辈子都不可脱离的,我们从自我、家庭、社会、国家四个方面确定责任意识目标。帮助学生自主调节自身的情绪,提升自己的素质和能力,承担相应的责任;参与家庭决策,为父母分忧,感念父母养育之恩、长辈关爱之情,承担家务劳动,化解家庭矛盾;爱护公共设施,遵守公共秩序,关心社会,主动参与社会公益活动和志愿者活动;承担维护国家利益和安全的责任,了解社会主义先进文化和革命文化,坚定文化自信、道路自信。

二 学科课程具体目标

基于核心素养培养的要求,根据"温暖思政"课程总目标与我校学生学情,结合教学内容和学段特点,我们设置了我校课程的各年级具体目标。下面以八年级为例说明(见表2-1)。

表2-1 学科课程具体目标(以八年级为例)

单元	上学期	下学期
第一单元	【共同目标】 1. 能够了解个人生活和公共生活中基本的道德要求和行为规范,形成初步的道德认知和判断,能够明辨是非善恶;通过体	【共同目标】 1. 知道宪法的基本原则、国家的各项制度与组织机构,理解国家尊重和保障人权;

(续表)

单元	上学期	下学期
	验、认知和践行,养成良好的道德品质; 2. 初步具备依法参与社会生活的能力;能够辨别媒体中的不良信息,了解网络环境中如何保护未成年人隐私等合法权益; 3. 理解个人与社会的关系,学会处理社会中的关系;热爱社会、热爱生活;在团队合作互动中增强合作精神和领导力; 4. 关心社会,服务社会,主动参与志愿服务活动、社区服务活动,具有奉献精神、担当精神。 【校本要求】 1. 绘制自己的社会关系图谱,了解自己在社会生活中的作用; 2. "我与网络"主题班会或主题讨论,交流自己在使用网络过程中遇到的问题,并谈谈对问题的认识,辨析网络在生活中的作用; 3. 开展一次社区志愿服务活动,体会自己在社会中可以发挥的作用,发现自己的温度。	2. 理解宪法规范权力运行的原因与方式、坚持依宪治国的意义; 3. 增强学习宪法、捍卫宪法的意识,树立宪法权威,自觉践行宪法。 【校本要求】 1. 阅读宪法读本,感受宪法尊严;了解宪法中对未成年人的特殊保护,体会法律的温度; 2. 借助宪法日等契机,通过手抄报等形式,深入了解宪法具体内容及运行方式; 3. 通过志愿服务活动,进行社区宣讲,宪法由理入心化为行动。
第二单元	【共同目标】 1. 理解中华优秀传统文化中诚信的传统美德;理解社会主义核心价值观诚信的内涵及其重要意义,在日常生活和社会活动中自觉践行; 2. 遵守基本的社交礼仪;理解诚信是做人的基本要求,做到言行一致;团结同学,宽容友爱;维护公共秩序,讲社会公德,爱护公共财物,遵纪守法,在公共生活中做一个文明的社会成员;形成初步的道德认知和判断,能够明辨是非善恶; 3. 了解民法典中的诚信原则;了解法律对个人生活、社会秩序和国家发展的作用;认识违法行为及其法律责任,理解犯罪的特征及后果,主动预防未成年人犯罪;	【共同目标】 1. 知道公民基本权利和义务的内容,以及行使权利、履行义务的做法与意义; 2. 理解行使权利有限制,自觉履行义务的要求; 3. 增强权利与义务意识,依法行使权利、履行义务捍卫宪法尊严。 【校本要求】 1. 了解公民常见的权利义务; 2. 知道学生应该有的权利义务,形成小宣传稿。形成守法观念,发自内心地敬畏法律。

(续表)

单元	上学期	下学期
	4. 能够自主调控情绪波动,逐步形成自我控制、约束自己不良行为的能力; 5. 能够遵守社会规则和社会公德,依法依规有序参与公共事务,具有公共意识和公共精神。 【校本要求】 1. 通过礼仪小课堂,学习中国传统礼仪文化,并在实际演练互敬礼仪过程中体验礼仪带来的身心感受; 2. 与语文课跨学科融合教学,知中华传统诚信典故,感诚信力量。坚定文化自信,传递文化温暖; 3. 在法治案例中了解违法行为,预防未成年人犯罪。	
第三单元	【共同目标】 1. 理解社会主义核心价值观的内涵及其重要意义,在日常生活和社会活动中自觉践行; 2. 具有主人翁意识、责任感,主动承担对自己、家庭、学校和社会的责任;自觉关心社会,能够主动参与志愿者活动、社区服务活动,具有为人民服务的奉献精神,勇于担当。 【校本要求】 1. 进行一次家务劳动记录; 2. 进行一次社会志愿服务活动,在公益活动中传达自己的温暖。	【共同目标】 1. 知道社会主义初级阶段基本经济制度的内容与形式,识记我国人民代表大会制度的内容、职权,知道我国基本政治制度内容与重要性; 2. 理解各个国家机构的构成、职责与重要性,以及其他国家机构与人大的关系; 3. 通过对中国特色社会主义制度体系的学习和掌握,增强对党和社会主义的热爱之情,体会社会主义制度的优越性。 【校本要求】 1. 通过小组合作调查,分组对所在地区的各个国家机关进行了解,形成调查报告; 2. 课堂小组展示汇报调查成果。感受国家制度带来的优越性和幸福感。

(续表)

单元	上学期	下学期
第四单元	【共同目标】 1. 认识国家主权的内涵,树立国家利益至上的观念,理解总体国家安全观,在生活和学习中自觉维护国家主权、尊严和利益; 2. 了解法律对国家安全的保障作用,知道维护国家安全是每个公民的义务,自觉维护国家安全,自觉履行维护国家安全的义务; 3. 增强维护国家利益的责任感、使命感和爱国情感;具备国家利益高于一切的观念,能够以实际行动捍卫国家主权。 【校本要求】 1. 借助家长进课堂,通过不同视角了解国家安全的相关内容; 2. 开展有关国家利益的课前专题演讲。	【共同目标】 1. 知道自由与平等的内涵并理解如何践行自由与平等,知道公平的含义、内涵、作用,理解正义的内涵和价值; 2. 理解法律面前人人平等,反对特权,在现实生活中敢于抵制不平等、不公正的行为,面对不平等、不公正的现象能够依法维权; 3. 增强法治意识,树立自由平等观念,培养热爱自由的感情,尊重国家、社会、集体的利益和其他公民的合法权利; 4. 做有正义感的人,以实际行动维护正义。 【校本要求】 1. 绘制社会主义核心价值观手抄报,制作宣传板; 2. 依法维权案例分享。在公平正义中体会社会的温度。

第三节 ┃ 注重价值追求，提升生命温度

一 学科课程结构

我们按主题分类，主要从"温暖道德""温暖生命""温暖法治""温暖文化""温暖国情"五个方面构建课程体系（见图2-1）。

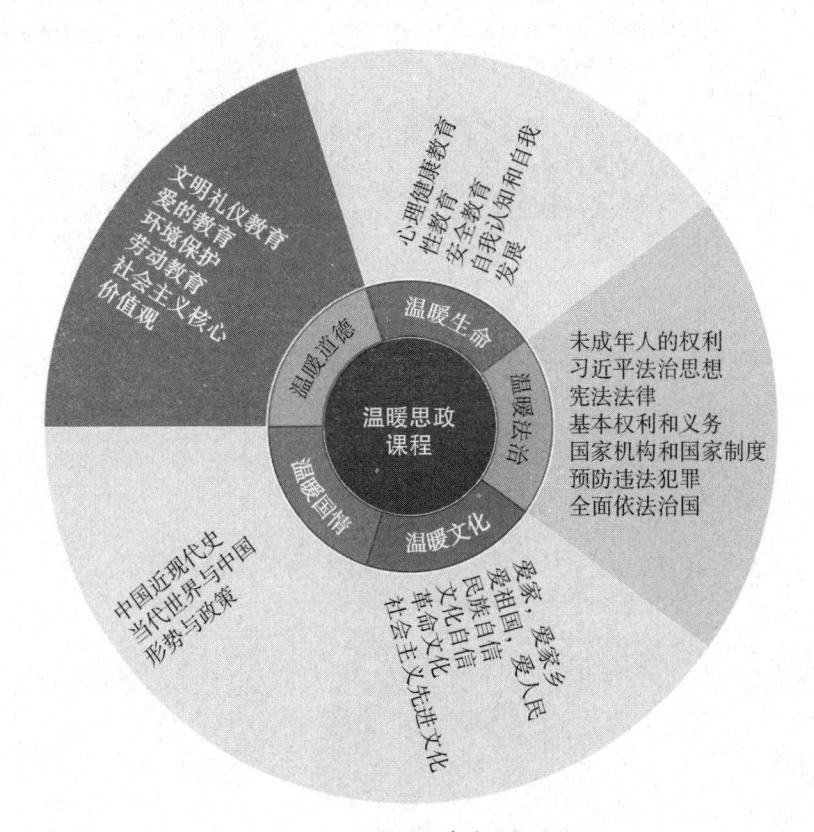

图 2-1 温暖思政学科课程结构

课程体系各板块内容如下。

(一)"温暖道德"课程

"温暖道德"课程旨在通过创设角色体验、道德感悟,发掘学生道德生活中最温暖的人性力量,形成道德自觉。道德教育是对学生进行思想、政治、道德、法律教育,该课程主要包括文明礼仪教育、爱的教育、环境保护教育、劳动教育与社会主义核心价值观教育。

(二)"温暖生命"课程

"温暖生命"课程旨在通过体验和感悟,增强安全感、焕发生命的觉醒,激发生命的力量、创造生命的价值。开展生命教育使每个孩子创造性地、富有个性地发展,引导孩子建立健康的人格和正确的生命观,使学生以良好的心态面对学习、面对生活、笑对人生。课程主要包括心理健康教育、性教育、安全教育以及自我认知和自我发展教育。

(三)"温暖法治"课程

"温暖法治"课程重在让学生感受到法律平纷止争、惩恶扬善、维护社会公平的作用,感受法治的温度。该课程旨在培养学生们的法治观念,明确自身权利和义务的关系,树立正确的价值观和行为准则,增强自我保护意识,培养法治思维和法治素养,适应法治社会发展的需要。主要内容有未成年人的权利、习近平法治思想、宪法法律、基本权利和义务、国家机构和国家制度、预防违法犯罪和全面依法治国。

(四)"温暖文化"课程

"温暖文化"课程对学生进行中华优秀传统文化和革命传统教育,增进青少年文化认同和文化自信。对学生开展中华优秀传统文化和革命传统教育,增进青少年文化认同、文化自信,在深入了解中国革命历史,理解革命精神的内涵的基础上,培养爱国主义精神和社会责任感,形成正确的世界观、人生观、价值观。

(五)"温暖国情"课程

"温暖国情"课程旨在丰富学生对于祖国国情和社会的认知,增强社会责任感和参与意识,增进认同感和自豪感。开展中国近现代史教育、当代世界与中国教育和形势与政策教育,旨在培养学生们的爱国情怀,增强社会责任感和参与意识,增进认同感和自豪感。

二 学科课程设置

依据《义务教育道德与法治课程标准(2022年版)》,将"温暖思政"学科课程五大板块内容进行分类,具体设置如下(见表2-2)。

表2-2 思政课程设置

道德与法治国家课程框架						
		"温暖道德"课程	"温暖生命"课程	"温暖法治"课程	"温暖文化"课程	"温暖国情"课程
一年级	上	1. 开开心心上学去 2. 手拉手交朋友 3. 我认识您啦	1. 上学路上吃饭有讲究 2. 别伤着自己 3. 早睡早起	1. 校园里的号令 2. 课间十分钟	1. 美丽的冬天 2. 健康过冬天 3. 快乐过新年 4. 新年的礼物	了解国家全称
	下	1. 我想和你们一起玩 2. 请帮我一下吧 3. 分享真快乐	1. 风儿轻轻吹 2. 花儿草儿真美丽 3. 可爱的动物 4. 大自然,谢谢您	我们都是少先队员	1. 中国少年先锋队 2. 人民解放斗争	统一多民族国家
二年级	上	1. 我爱家乡山和水 2. 家乡物产养育我 3. 可亲可敬家乡人 4. 家乡新变化	大家排好队	1. 这些是大家的 2. 我们不乱扔 3. 大家排好队 4. 我们小声点	1. 欢欢喜喜庆国庆 2. 团团圆圆过中秋	拥护党的领导

(续表)

		"温暖道德"课程	"温暖生命"课程	"温暖法治"课程	"温暖文化"课程	"温暖国情"课程
	下	1. 挑战第一次 2. 学做"快乐鸟" 3. 试种一粒种	健康安全玩游戏	校规、班规、游戏规则	1. 英雄模范人物 2. 英雄人物	了解主要领导人
三年级	上	1. 父母多爱我 2. 爸爸妈妈在我心中 3. 家庭的记忆	1. 生命最宝贵 2. 安全记心上 3. 心中的"110"	1. 交通法规 2. 通信法规	1. 感恩父母、了解家史 2. 革命英雄人物故事	中国地理位置、领土面积
	下	1. 我是独特的 2. 不一样的你我他 3. 我很诚实	认识自我	1. 大家的"朋友" 2. 生活离不开规则	1. 中华传统美德 2. 没有共产党就没有新中国	中国名山大川和名胜古迹
四年级	上	1. 少让父母为我操心 2. 这些事我来做 3. 我的家庭贡献与责任	1. 健康看电视 2. 网络新世界 3. 正确认识广告	1. 我们班四岁了 2. 我们的班规我们订 3. 我们班,他们班	1. 感激、尊敬、关心父母 2. 革命英雄人物故事	了解家乡的发展
	下	1. 我们的好朋友 2. 说话要算数 3. 当冲突发生	同伴与交往	生产生活中的法律	1. 我们当地的风俗 2. 多姿多彩的民间艺术 3. 家乡的喜与忧	生态文明意识

(续表)

		"温暖道德"课程	"温暖生命"课程	"温暖法治"课程	"温暖文化"课程	"温暖国情"课程
五年级	上	1. 自主选择课余生活 2. 学会沟通交流	烟酒有危害，毒品更危险	1. 选举产生班委会 2. 民主决定班级事务	1. 美丽文字 民族瑰宝 2. 古代科技 耀我中华 3. 传统美德 源远流长	1. 我们神圣的国土 2. 中华民族一家亲
	下	1. 读懂彼此的心 2. 让我们的家更美好 3. 弘扬优秀家风	家庭成员间的健康交流	1. 我们的公共生活 2. 建立良好的公共秩序 3. 我参与我奉献	1. 不甘屈辱，奋勇抗争 2. 推翻帝制，民族觉醒 3. 中国有了共产党	社会主义核心价值观
六年级	上	关心集体	维护自己的合法权益	1. 感受生活中的法律 2. 知法守法依法	1. 中华民族创造的文明成就 2. 封建专制政治向人民民主的伟大飞跃	改革开放
	下	1. 学会尊重 2. 学会宽容 3. 学会反思	1. 地球——我们的家园 2. 应对自然灾害	日益重要的国际组织	1. 探访古代文明 2. 多元文化 多样魅力	1. 科技发展造福人类 2. 我们爱和平
七年级	上	1. 友谊与成长同行 2. 交友的智慧	1. 发现自己 2. 探问生命 3. 珍视生命 4. 绽放生命之花	行走的法治课——"法院参观"	1. 走近老师 2. 师生之间 3. 亲情之爱	行走的思政课——"改革开放展览馆参观"

(续表)

		"温暖道德"课程	"温暖生命"课程	"温暖法治"课程	"温暖文化"课程	"温暖国情"课程
八年级	下	美好集体有我在	1. 揭开情绪的面纱 2. "我"和"我们" 3. 共奏和谐乐章	1. 法律在我们身边 2. 法律伴我们成长	1. 青春的证明 2. 青春飞扬	行走的思政课——"家乡调研"
	上	社会生活讲道德	1. 丰富的社会生活 2. 社会生活离不开规则	1. 网络生活新空间 2. 做守法的公民	1. 诚实守信 2. 建设美好祖国	天下兴亡,匹夫有责
	下	尊重自由平等	珍视自由、践行平等	1. 维护宪法权威;保障宪法实施 2. 我国基本制度	1. 维护公平正义 2. 党的主张和人民意志的统一	人民当家作主
九年级	上	凝聚价值追求	共筑生命家园	1. 追求民主价值 2. 建设法治国家 3. 建设美丽中国 4. 中华一家亲	1. 延续文化血脉 2. 创新驱动发展 3. 追求民主价值 4. 共圆中国梦	1. 踏上强国之路 2. 走向共同富裕
	下	少年当自强	1. 少年的担当 2. 我的毕业季 3. 从这里出发	1. 同住地球村 2. 构建人类命运共同体	1. 少年当自强 2. 我的毕业季	1. 构建人类命运共同体 2. 与世界共发展 3. 多彩的职业

第四节　探究生活体验，促进知行合一

依据课程理念、课程目标和课程设置，本着政治性、人文性、体验性和实践性的原则，从构建"温暖课堂"、开发"温暖社团"、激活"温暖研学"、融合"温暖德育"四个方面入手，由浅入深，分年级、分学期实施。

一　建构"温暖课堂"，激发情感

(一)"温暖课堂"的内涵

让思政课成为有现实关怀和人文温度的课，成为一门有温度的课，是我们的追求。"温暖课堂"立足核心素养，坚持教师主导性与学生主体性的统一，坚持说理教育与启发引导的有机结合。具体而言，从真实的社会生活和学生生活实际出发，通过角色扮演、情境体验、模拟活动、讲述故事、时政播报、热点分析等方式，引导学生开展自主与合作探究，参与体验，主动学习，积极思考，在体验中思考、在思考中成长，引发情感共鸣，增强课堂感染力、说服力与亲和力，力求达到"以透彻的学理分析回应学生，以彻底的思想理论说服学生，以真理的强大力量引导学生，以情感激发学生，以文化熏陶学生"[①]。

(二)"温暖课堂"的实施

"温暖课堂"旨在创造一个充满人文关怀和情感交流的教育环境，其核心在于促进学生的全面发展，包括情感、社会和道德方面。"温暖课堂"实施应"根据每个地区、学校、班级及学生的生活实际，依据课程标准的要求，精选教学材料，优化教学案例，灵活运用多种方法"[②]。

---

① 中华人民共和国教育部. 义务教育道德与法治课程标准(2022年版)[S].北京:北京师范大学出版社,2022:48.
② 彭虹斌,袁慧芳,陈婉君.道德与法治课程一体化的实施研究[J].教育理论与实践,2023(29): 48—52.

设定有温度的学习目标,导引优化主题的整合。在确立学习目标时,重点关注培养学生的同理心、责任感和正义感等核心情感和道德素养,深化情感和道德教育的融合。例如,在探讨历史事件时,引导学生不仅理解事件的事实,还要深入分析其中的道德冲突和情感影响。鼓励学生根据自身经历和兴趣设定学习目标,同时将这些目标与课程中的道德与法治国家课程标准相结合,个性化和综合性设定目标。例如,结合学生对信息技术的兴趣,引入信息素养教育,讨论数字时代的伦理和责任问题。在教学中融合国情教育、生命安全与健康教育、中华优秀传统文化教育等多个领域,选择紧贴学生实际生活的案例和素材,主题整合与跨学科连接。例如,在讨论中华优秀传统文化时,可以结合当前的社会热点问题,探讨传统价值观在现代社会中的应用。

创建有体验的课堂开展,贯穿学生真实的生活。我们开展情境模拟和角色扮演,设计与学生实际生活密切相关的情境,如社区环境问题、学校日常冲突等,通过角色扮演和情境模拟来加深学生对不同社会角色和观点的理解。例如,在讨论环保问题时,学生可以扮演不同的社会角色,如政府官员、环保人士、工矿企业代表等,以此理解多方利益和立场。组织学生参与社区服务、环保项目等实践活动,让他们将课堂所学与实际社会问题相结合,如通过社区调查了解当地环保状况,提出改善方案。在课堂上安排小组讨论和合作项目,如围绕社会正义、公民权利等议题进行讨论,增强学生之间的互动和合作能力。

利用教学媒介和技术,综合运用多种教学方法。计算机技术的应用在课堂实施中必不可少,运用视频、动画、音频等多媒体工具使课堂内容更生动有趣。例如,使用动画来解释复杂的法律概念或历史事件。使用在线教育平台和互动白板来提升学生的参与度和交互性。例如,在线平台上组织讨论、投票和互动式学习活动。还可以借助技术手段设计围绕特定社会议题的项目式学习活动。如研究当地的环境问题或历史事件,让学生通过实际研究和分析来深化理解。

建立良好的师生关系,加强家校社区合作。作为一名老师,要注意倾听学生的意见和感受,尊重他们的个性和背景,通过共同的探索和学习来建立良好的师生关系;鼓励家长和社区成员参与教育过程,如邀请家长参与课堂活动,或组织学生参与社区服务项目,加强学校、家庭和社区之间的合作。通过这些策略的实施,在课堂上创造一个充满温暖、促进学生全面发展的教育环境,使学生在学习知识的同时,也能在情感、社会和道德方面得到成长。

二 开发"温暖社团",丰富体验

(一)"温暖社团"的内涵

我们将理论性的道德法治内容融入真实的社团活动中,运用真实的情境与案例帮助学生理解道德与法治的内涵。"温暖社团"主要包括党史研修社团、礼仪社团、辩论社团、时政社团等。党史研修社团注重理论与实践相结合,通过多种形式的教学活动,帮助学生了解党的发展历程,增强爱国主义情感和社会责任感。礼仪社团将礼仪文化与实际生活相结合,通过倾听、交流、端行等活动教学传统的礼仪文化,培养学生做一个有礼貌、懂感恩的人。辩论社团通过实践与理论相结合的方式,提升学生逻辑思维能力、辩证分析能力、公众演讲能力和团队合作精神。时政社团讨论世界或国家热点问题的背景成因、后果等,通过开展讨论、新闻播报、时政述评等,提高学生的参与度,落实核心素养。

(二)"温暖社团"的实施

党史研修社团从确定选点开始,采用课堂教学、实地考察、参观展览馆等方式组织活动,选取各地合适的红色景点及背后的党史故事;再组织教学活动,根据教学内容和学生情况,设计各种形式的教学活动,如纪录片鉴赏、红色故事宣讲、红色文化主题设计等,以激发学生的学习兴趣和提高教学效果。在知识上,我们通过知识竞赛,考查学生们对基本党史知识的掌握程度。通过提交关于学习红色党史课程的报告,考查学生对课程内容的学习和理解以及自己的思考和感悟。通过学习报告,我们可以了解学生的学习情况和思想状况,也可以帮助学生深入理解所学知识,提高其分析和解决问题的能力;在能力上,我们观察学生在课堂教学中的表现,包括是否积极参与讨论、回答问题、小组合作以及在红色故事讲述、红色文化宣传设计等活动中的表现等情况。

礼仪社团从课程规划开始,分阶段规划课程内容,如初级礼仪知识、高级礼仪实践等,课程前准备教学计划,明确课程目标、教学内容和实践活动;再进行教学实施,课前进行简短的复习或引入新课题,结合多媒体材料进行讲解,如视频、图片、幻灯片等,进行互动式教学,如小组讨论、角色扮演等;而后安排实际操作环节,如模拟餐会、礼仪游戏等,提供即时反馈和指导,帮助学生纠正错误并提高技能;还要在课程结束前进行小结,重申关键点和学习要点,布置相关的家庭作业,如礼仪日记、家庭礼仪实践等;最后定期与家长沟通,分享学生在课堂上的表现和进步。

在礼仪知识掌握角度,我们通过书面测验或口头提问,评估学生对基本礼仪规则的理解,关注学生对特定场合礼仪(如餐桌、公共场所)的掌握程度;在实际操作技能角度,观察学生在模拟练习中的表现,评估其餐桌礼仪、言谈举止等,检查学生的身体语言和非语言沟通技巧;在态度与参与度上,评估学生在课堂上的积极性和参与程度,观察学生能否恰当地表达感谢和尊重;再对比学生在课程开始和结束时的表现,评估其进步情况,注重学生在礼仪实践中的自我改进和努力;在家庭作业与日常行为上,还要评价学生的家庭作业完成情况和课外实践,获取家长或其他教师对学生日常礼仪行为的反馈。

辩论社团从理论学习着手。学生将学习辩论的基本理论,包括辩论的规则、技巧、策略等,通过讲座、阅读、视频等多种方式进行学习,在每节课时开始前,进行一些热身活动,如讨论相关话题、观看相关视频或文章等,以激发学生的兴趣和思考,在每节课时结束前,进行一些小结和反思,让学生总结当天的学习内容,并提出问题或观点;进而开展模拟辩论,学生将在模拟的辩论场景中进行实践,以熟悉辩论的实际操作,提高辩论技巧和策略,模拟辩论由教师组织或者由学生自行组织,学生将分成小组进行讨论,分析实际的辩论案例,并分享他们的观点和经验。这种小组讨论可以帮助学生发展批判性思维,提高他们分析问题的能力。

论证能力,主要包括论据的合理性、证据的支持性、逻辑推理的准确性等,通过学生的论证过程和论证结果来评价;辩论技巧,主要包括辩论结构的组织、语言表达的清晰度、辩论对手的质疑和反驳的应对等,通过观察和记录学生的辩论表现来评价;合作能力,主要包括与辩论对手的互动、团队合作的能力等,通过观察和记录学生的合作表现来评价;思辨能力,主要包括分析问题的深度、观点的多样性、批判性思维的运用等,通过观察学生的思考过程和提问的质量来评价。

时政社团主要涵盖时政新闻等四个方面:时政新闻分享,社团成员定期分享坪山区、深圳市,以及国内、国外的时政新闻,关注国家大事,了解政策动向;专题研讨,针对时事热点的某一专题进行深入研讨,如针对社会新闻、国内外局势、环保问题等进行深入研讨;模拟政协提案过程,体验民主协商的政治参与方式。

在政治素质方面,我们评价社团成员是否具备基本的政治素质,能否正确理解和分析时政问题;在组织能力方面,我们评价社团成员在实践活动中的组织能力和协调能力,能否有效地完成任务;在表达能力方面,我们评价社团成员能否清晰、准确地表达自己的观点和见解,能否与他人进行有效沟通;在创新能力方面,我们评价社团成员是否具备创新意识和创新能力,能否提出新的观点和建议;在团队协作方面,我们评价社团成员在团队协作中的表现,能否与团队成员协作完成任务。

三 激活"温暖研学",开阔视野

(一)"温暖研学"的内涵

习近平总书记强调:"思政课不仅应该在课堂上讲,也应该在社会生活中来讲。"[①]在传统的课堂教育之外,行走的思政课活动已成为一种新的思想教育方式。要大力推进思政课改革创新,充分发挥思政课铸魂育人主渠道作用,做好教学与育人有机结合,推动思政课往深里走、往实里走、往心里走,促进学生德智体美劳全面发展。为此,我们开展"温暖研学"活动,主要分为主题调研类、展馆参观类以及志愿实践类,使学生更好地接触社会、了解社会,从而实现思想教育的目的。

"温暖研学"的目标是通过体验式、互动式、情景式、案例式、沉浸式等多种教学方法,让学生们深入了解中国共产党的历史、理论和现实,增强对中国特色社会主义的道路自信、理论自信、制度自信、文化自信,培养德智体美劳全面发展的社会主义建设者和接班人。

(二)"温暖研学"的实施

"温暖研学"之主题调研。主题调研类的研学活动可以提高学生的调查研究和独立思考能力,培养学生的社会责任感,提高关注现实问题的意识。因此,我们设定了"温暖研学"之主题调研的实施方案(见表2-3)。

---

① 邱勇.善用"大思政课"为党育新人为国育大才[J].思想政治工作研究,2022(6):10—12.

表2-3 主题调研实施方案

确定调研主题	确定一个具体的调研主题,可以是关于社会热点问题、历史文化、环境保护等领域的主题(比如坪山河湿地公园调研)。
设计调研方案	设计具体的调研方案,包括调研目的、调研对象、调研方法、调研时间等。
实施调研	按照调研方案进行具体的调研工作,包括收集数据、访谈、问卷调查等。
数据分析和报告撰写	对收集到的数据进行整理和分析,并撰写调研报告,呈现调研结果和结论。

"温暖研学"之展馆参观。通过展馆参观类活动增强学生对历史文化的认识和理解,提高文化素养和综合素质,培养学生的爱国情怀和民族自豪感,增强学生的民族自信心和认同感,从而引导学生树立正确的价值观和人生观,培养学生的社会责任感和公民意识。因此,我们制定了"温暖研学"之展馆参观的实施方案(见表2-4)。

表2-4 展馆参观实施方案

参观展馆	实地参观展馆,了解展馆的布局、展品和历史背景等(比如东江纵队纪念馆、坪山区禁毒教育基地等)。
讲解员讲解	安排专门的讲解员为学生进行讲解,让学生了解展品背后的故事和意义。
互动体验	通过互动体验设备,深入了解展品的历史背景、文化内涵和现实意义等。
课堂讨论	课堂上组织学生展开讨论,让学生分享自己的感受和思考,加深对展品的理解和认识。

"温暖研学"之志愿实践。通过志愿实践类的活动可以培养学生的社会责任感和奉献精神,提高他们的思想道德素质,有利于帮助学生了解社会和现实问题,增强他们的社会认知和实践能力,从而提高学生的团队合作能力和组织协调能力,培养学生的创新思维和实践能力,提高他们的综合素质和未来发展潜力。因此,我们制定了"温暖研学"之志愿实践的实施方案(见表2-5)。

表2-5 志愿实践活动实施方案

确定志愿实践主题	先确定一个具体的志愿实践主题,可以是关于社会公益、文化传承、环境保护等领域的主题(比如坪山河湿地公园志愿讲解员、东江纵队纪念馆讲解员等)。

(续表)

制订志愿实践计划	制订具体的志愿实践计划,包括实践时间、地点、人员分工、活动流程等。
开展志愿实践活动	按照计划进行具体的志愿实践活动,包括参与社会公益活动、文化传承活动、环保活动等。
总结反思和撰写报告	对志愿实践进行总结反思,并撰写报告,呈现志愿实践的过程和成果。

四 融合"温暖德育",培根铸魂

(一)"温暖德育"的内涵

"温暖德育"课程是一种注重培养学生情感素质和人文关怀的教育课程,它旨在通过教育活动和课程内容,培养学生的情感表达能力、情绪管理能力,以及培养学生对他人的关怀和尊重。

"温暖德育"课程具体包括爱家、爱祖国、爱人民、优秀革命传统教育。通过情感教育的内容和活动,帮助学生认识和理解自己的情感,学会表达情感,培养积极的情绪管理能力。通过社会责任教育的内容和活动,引导学生关注社会问题,培养学生的公民意识和社会责任感,激发学生为社会公益事业作出贡献的意愿。通过文化传承教育的内容和活动,让学生了解和尊重自己的文化传统,培养对文化的热爱和自信心,同时也培养学生对其他文化的包容和尊重。

(二)"温暖德育"的实施

践行"尊重的教育",滋养灵魂。教师在实现爱家教育方面扮演着重要的角色,我校在思政课中与学生建立良好的师生关系,关心学生的家庭情况和需求,积极倾听学生的心声,为他们提供支持和帮助。在设立学习目标的时候,要了解学生的家庭背景,包括家庭成员、家庭环境、家庭价值观等,以便更好地理解学生的需求和特点。积极与家长进行沟通和交流,及时了解学生在家庭中的情况和表现,共同关注学生的成长和发展。尊重不同家庭的多样性,包括家庭结构、文化背景、价值观等,不做歧视或偏见的言行。通过举办家长会、心桥驿站讲座等提供家庭教育资源、分享教育经验等。以课堂活动、故事讲解、班级讨论等方式,培育学生家庭价值观,如尊重、关爱、责任等。鼓励家长参与学校活动,如家长志愿者、家长讲座、家庭作业展示等,增强家校合作和互动。

融合"爱"的教育,丰富情怀。教师首先了解家乡的历史、文化、地理等方面的知识,包括地方名胜、传统习俗、民间艺术等,以便能够向学生传授相关知识。通过课堂教学、实地考察等方式,引导学生了解家乡的特点、资源、发展状况等,培养学生对家乡的认同感和归属感。组织学生参与家乡文化活动,如传统节日庆祝、文化展览、艺术表演等,让学生亲身体验和感受家乡的文化魅力。利用当地的自然景观、历史遗迹、文化场所等,让学生在实践中学习和体验。鼓励学生参与家乡的社区服务活动,如环境保护、社会公益等,培养学生的社会责任感和家乡情怀。通过课堂讲解、故事讲述、文化展示等方式,教育学生家乡的传统文化,培养学生对家乡文化的热爱和保护意识。

思政教育与社团课相结合,通过党史研修课程将注重理论与实践相结合,通过多种形式的教学活动,帮助学生了解党的历史和发展历程,增强爱国主义情感和社会责任感。教师向学生传授国家的历史、文化、地理等方面的知识,让学生了解祖国的伟大成就和丰富文化,培养对祖国的认同感和自豪感。引导学生了解国家现状,通过课堂教学、新闻报道等方式,引导学生了解国家的发展状况、社会进步和改革成果,让学生认识到祖国的辉煌和未来的希望。通过教育活动、班级讨论等方式,培养学生的爱国情感,让他们了解国家的重要性和自己作为公民的责任,激发他们为祖国献身的意愿。以课堂教学、文化活动等方式,传承和弘扬优秀的传统文化,让学生了解传统文化的价值和魅力,培养对人民文化的热爱和尊重。

坚守"革命传统文化"教育,涵养品格。革命文化作为承上启下作用的文化,既总结了中华优秀传统文化的精髓,又有着开启社会主义先进文化的意味,凝聚着党同人民群众的精神风貌和坚定信念。革命文化精神主要包括长征精神、井冈山精神、红船精神、西柏坡精神、延安精神等,均体现着中华民族的优秀品格。革命精神蕴含着革命文化的力量,革命精神随着时代的发展也在不断地进步和丰富,我校积极开发利用革命文化资源,把革命文化合理地纳入教学过程,有效渗透中国特色革命文化教育。担负着弘扬和培育民族精神使命的革命文化资源蕴含着不可比拟的教育宣传功能。我校教师充分利用革命文化资源,如抗日革命历史故事和先进人物的鲜明事迹,引导学生增强对党和国家革命精神的认同,使教学资源为教学内容服务,增强学生对革命文化的感知,除此之外,还会利用当地的红色革命文化资源,比如名人纪念馆、红色旅游胜地等。在教学时间充足的情况下,带领学生参观相关的革命圣地,挖掘革命文化,总结革命精神,让学生在参观中领悟革命文化的红色基因。

(执笔人:杨 静 王 娜 于 佳 李明儒 谢 芳 朱庆洪 蔡心月)

第三章
强身健体,享受运动健康之美

健康为首,运动为魂。体育与健康课程聚焦于学生身心健康,通过多样化的教学方法,训练学生运动技能,同时激发他们对运动的热爱。我们尊重每个学生的独特性,鼓励他们积极参与,从而释放内在的活力,让他们在运动中体验快乐,增强体质,同时培养高尚的体育精神,形成终身锻炼的良好习惯。

第一节 ┃ 融入运动之美，树立健康观念

一 学科课程性质

体育与健康教育是建设健康中国、实现人的全面发展的关键。体育与健康是一个涵盖身体健康、心理健康、社会健康等多个维度的概念。参与体育运动，可以提高生活质量，增强幸福感，实现个人价值，同时也有利于培养良好的社会风尚和促进社会和谐稳定。

二 学科课程理念

发展体育运动，增强人民体质是我国体育工作的根本方针和任务。我们认为健康是学生全面发展的基础，要让学生在科学理念指导下的体育运动中，享受运动乐趣并增强体质，因此，我们提出"乐动体育"课程理念。

"乐"，既代表一种快乐、欢喜的状态，又表示对某事心甘情愿地喜欢，凸显学生不仅能快乐、愉悦地参与体育活动，还擅长一项或几项体育运动。"动"是体育与健康学科最本质的特性，不仅要动，还要安全、合理、专业地动。

"乐动体育"就是让学生乐于运动并学会科学运动，能够乐于运动并锤炼体育品德。具体而言就是尊重学生性别差异、身体基础差异、年龄差异以及情感需求差异，设计多元适切的学习内容，激发学生主观能动性，主动并快乐地参与到体育课堂活动和课外体育锻炼，享受运动的快乐，赋予运动快乐。

（一）"乐动体育"是健体育心的体育

在体育与健康课程中，提高学生的体能水平，使他们掌握和运用基本的体育与健康知识；激发学生对运动的兴趣和爱好，使他们形成自我保健意识，养成主动参与体育活动和坚持锻炼的良好习惯，增强身体素质。在体育活动中，提高学生对个人和群体

健康的责任感,培养学生的体育品德,并形成积极进取、乐观开朗的生活态度,使他们成为具有健康生活方式、积极进取态度和良好心理品质的人。

(二)"乐动体育"是综合建构的体育

由于体育与健康包含运动项目种类多、运动技能形成难、综合呈现因素多等特点,需要将课程内容揉碎融合,进行结构化设计和综合性建构。从宏观层面讲,不仅要包括国家课程和地方课程,还要根据学校特色和条件,自主开发校本课程,尤其是新兴体育类课程。从微观层面讲,结合义务教育年龄段本区域学生身心特点,将体育与健康教育类、体能与技能、学练与比赛、体育与其他学科知识的融合,开发适用的体育课程。

(三)"乐动体育"是学用融合的体育

依据学生的情感需求、兴趣爱好、身体条件、运动基础,创设丰富多彩、生动有趣的教学情境,落实学、练、赛一体化教学,达到学用结合,学以致用的目的。首先,要充分认识学生体能、运动技能、体质健康水平、性格、体育爱好等方面差异,统整教材内容,提出不同学习目标,帮助学生从基础知识、基本技能、战术运用等多个方面完整体验运动项目,在真实、复杂情境下学会怎么做、怎么用。其次,进行结构化、组合化技术练习,在课堂中做到精讲多练,给学生更多的练习时间和机会;在课外体育锻炼中,要加强课内外有机结合,激发学生课外主动参与学校组织或自主进行的经常性、规律性、日常性体育活动,形成体育锻炼习惯。最后,通过比赛,让学生完整体验到运动项目的全貌和独特魅力,充分激发学生的兴趣爱好、体验身心强健的美好。

(四)"乐动体育"是发现成长的体育

每一个学生都需要被看见,我们要发现学生在运动技能和体能等方面的成长,关注他们学习态度及体育品德的发展。采用多主体、多维度评价方式,在评价主体上主要有自我评价、同伴评价、教师评价和家长评价;在评价维度上主要有体能与技能评价、体育节等节庆活动评价、体育品德风尚评价等,制定个人成长记录册,使每个学生的成长被发现。

总之,以健康第一为目标,以运动技能为抓手,在综合建构中架构课程,在学用融合中激发学生运动兴趣,让每个学生掌握1至2项终身受益的体育项目,在运动中形成体育技能,锤炼体育品格,促进学生全面而健康地成长。

第二节 ｜ 展现体育魅力，锤炼生命韧性

一　学科课程总体目标

我们从"学会运动、健康生活、体育价值观"三个方面提出"乐动体育"课程目标。

（一）学会运动目标

通过不同阶段的体育学习，根据自身兴趣熟练掌握一至两项运动技能，且能够掌握体育运动学习的方法与规律达到增强体质、促进健康的作用。

（二）健康生活目标

学生积极参与体育活动，科学锻炼，在学练中享受乐趣，养成终身体育锻炼的良好习惯；了解体育对身体机能的促进作用和基本的运动损伤与防治方式，懂得合理安排运动负荷，知道怎样安排自己的运动时间、运动强度等；在具备基本运动能力和运动安全知识的条件下，能在体育活动中感受运动的乐趣，从而逐渐养成运动习惯。

（三）体育价值观目标

学生能体会到团队的配合、成功的喜悦，培养良好的心理状态和积极的体育态度。充分发挥体育独有的开放性、互动性、对话性特征，让学生在课内外体育活动中产生持续、稳定的态度体验，从而形成对体育的热爱，在运动与比赛中能表现出尊重裁判、勇敢拼搏、刻苦锻炼、互相激励、团结互助的精神品质。

二　学科课程具体目标

根据《义务教育体育与健康课程标准（2022年版）》、"乐动体育"课程总目标与我校学生学情，设置了我校课程的各年级具体目标。我们以八年级为例说明（见表3-1）。

表3-1 八年级"乐动体育"课程具体目标

单元	上学期	下学期
第一单元	【共同目标】 1. 掌握健康的概念及组成部分,了解身体发育和体能发展的特点及评价方法; 2. 认识生活方式对健康的影响,选择并逐步养成健康生活方式; 3. 提升健康生活对身体机能重要性的认识。 【校本要求】 1. 知道心肺耐力的方法,制定发展心肺耐力的锻炼计划; 2. 知道个人卫生保健、营养膳食、安全避险等健康知识和方法,并将其运用于日常生活中; 3. 具备关注自身身心健康的责任感。	【共同目标】 1. 知道运动负荷和运动强度的概念,合理安排运动强度和运动负荷; 2. 养成运动负荷的自我监测和敬畏生命意识,培养科学锻炼身体的自主性; 3. 培养关注自身身心健康的责任感。 【校本要求】 1. 学会运动后的脉搏和心率测量,适当调整运动强度和运动量; 2. 敬畏生命,培养科学锻炼身体的自主性; 3. 积极应对体育锻炼中遇到的困难。
第二单元	【共同目标】 1. 知道田径及体能单元的多种练习动作,初步掌握跑、跳、投的动作方法和要领,全面协调发展; 2. 知道生活方式对健康的影响,制定发展心肺耐力的锻炼计划,选择并逐步养成健康生活方式; 3. 培养精神振奋、积极向上、勇于进取的品质和爱国主义精神。 【校本要求】 1. 掌握田径单元跑、跳跃、投掷等专项运动技能的动作方法和动作技能,发展速度、力量、耐力、灵敏和柔韧等身体素质; 2. 体验田径技术学练的激情和乐趣,自主进行健身锻炼; 3. 具有吃苦耐劳、顽强拼搏、挑战自我、追求卓越的精神和意志品质。	【共同目标】 1. 熟练田径各种跑的练习、跳跃类、投掷类技术动作,发展各项身体素质; 2. 积极参与课堂展示,有计划、有规律地参加校内外的体育锻炼,养成良好的生活习惯; 3. 在体育活动和竞赛中表现出团结协作、勇敢顽强、克服困难的意志品质。 【校本要求】 1. 学会和掌握中长跑、跨越式跳高、双手头顶前掷实心球等动作要领和技术动作,提高田径技术水平; 2. 认识田径的锻炼价值和意义,积极参与田径锻炼; 3. 提升积极挑战自我、完善自我以及永不言败的良好个性品质和体育精神。
第三单元	【共同目标】 1. 积极参与足球运动项目的学练,形成	【共同目标】 1. 运用所学的足球技战术的知识与技

(续表)

单元	上学期	下学期
	运动兴趣,体能水平显著提高,掌握运动项目的基本知识; 2. 理解体育锻炼对健康的重要性,主动参与校内外体育锻炼,将健康与安全知识和技能运用于日常生活中; 3. 在有挑战性的体育活动中能迎难而上,表现出自信和抗挫折能力。 【校本要求】 1. 知道足球的动作名称和规则,巩固已学的运球、传球、踢球和接球技能并运用到比赛中,发展学生速度、力量、协调、灵敏性等素质; 2. 在学练过程中感受活动乐趣,并形成自主运动的良好行为; 3. 比赛时,能表现出承受挫折,接受运动成绩及尊重比赛、尊重对手的意志品质。	能进行体育展示或比赛; 2. 积极参与体育展示或比赛,适应自然环境,了解体育锻炼对健康的重要性; 3. 在体育活动中表现出文明礼貌,乐于助人的行为,培养团结协作、互帮互助的集体主义精神。 【校本要求】 1. 掌握足球传、运、投组合动作,学习传切配合和直传斜插二过一战术,发展体能、速度、力量和对球的操控能力; 2. 在体育活动和比赛中能够与同伴友好相处,学练过程中培养位置意识; 3. 表现出良好的团队精神、合作意识和公平竞争的意志品质。
第四单元	【共同目标】 1. 熟练篮球的基本动作并能运用到比赛中,了解并运用发展心肺耐力、体能、爆发力、反应能力、肌肉耐力的基础知识和多种练习方法; 2. 学练过程中感受活动乐趣,并形成自主运动的良好行为; 3. 培养听从指挥、遵守规则、爱护同伴等优良品质。 【校本要求】 1. 知道篮球的动作名称和已学篮球的技术动作,在比赛中合理运用组合技术和简单战术,发展学生速度、力量、协调、灵敏性等方面的素质; 2. 学练过程中感受活动乐趣,建立和谐的人际关系,学会调控情绪; 3. 比赛时,能表现出承受挫折,接受运动成绩及尊重比赛、尊重对手的意志品质。	【共同目标】 1. 知道并掌握篮球的基础配合,学会球类的技战术并尝试运用到比赛中; 2. 知道体育展示或比赛中个人、他人和集体的关系,以及个人的行为表现对集体的影响作用; 3. 比赛时,能表现出承受挫折,接受运动成绩及尊重比赛、尊重对手的意志品质。 【校本要求】 1. 复习和巩固篮球传、运、投组合动作和基本战术,发展体能、速度、力量和对球的操控能力; 2. 养成良好的篮球习惯,促进身体发展,增强体质、提高人体基本活动能力和运动素养; 3. 有针对性地加强学生思想品德教育,培养优良的篮球作风和坚强的意志品质。

(续表)

单元	上学期	下学期
第五单元	【共同目标】 1. 知道排球的动作名称,体验和初步学习一些排球基本技术,发展学生速度、力量、协调、灵敏性等方面的素质; 2. 学练过程中感受活动乐趣,形成自主运动的良好行为; 3. 尊重比赛,培养机敏、果断、顽强、勇敢等心理素质。 【校本要求】 1. 知道排球的动作名称和规则,掌握排球准备姿势与移动、正面双手上手传球、正面双手垫球、正面下手发球等技术,发展学生速度、力量、协调、灵敏性等方面的素质; 2. 学练过程中养成积极的学习态度与主动参与的热情; 3. 比赛时,能表现出承受挫折,接受运动成绩及尊重比赛、尊重对手的意志品质。	【共同目标】 1. 运用所学排球的知识与技能进行体育展示或比赛; 2. 了解体育锻炼对健康的重要性,体验体育活动的快乐,活泼开朗; 3. 培养遵守纪律、体育与感受个人与集体的关系,树立合作意识。 【校本要求】 1. 全面理解排球技术要领和战术配合要点,掌握排球传、垫、扣组合动作,学习"中一二"进攻战术配合,发展体能、速度、力量和对球的操控能力; 2. 养成乐于学习、善于思考的良好学习习惯; 3. 表现出良好的团队精神、合作意识和公平竞争的意志品质。
第六单元	【共同目标】 1. 积极参与乒乓球运动项目的学练,形成运动兴趣,体能水平显著提高,掌握乒乓球项目的基本知识; 2. 理解乒乓球锻炼对健康的重要性,主动参与校内外体育锻炼,将健康与安全知识和技能运用于日常生活中; 3. 在有挑战性的体育活动中能迎难而上,表现出自信和抗挫折能力。 【校本要求】 1. 知道乒乓球基本握拍方法,发球、推挡和移动技术; 2. 了解乒乓球运动的特点和锻炼价值,体验乒乓球的乐趣; 3. 通过团体比赛,增强学生团队意识,并在比赛中表现出反应敏捷、机智、果断的优良品质。	【共同目标】 1. 掌握乒乓球基本动作并运用在比赛中,发展协调、灵敏和对球的感知能力; 2. 在球类游戏和比赛中能够与同伴友好相处,学练过程中感受活动乐趣; 3. 按照规则和要求参与体育活动,在体育活动中表现出文明礼貌,乐于助人的行为。 【校本要求】 1. 掌握乒乓球正手发下旋球和反手接下旋球技术,发展灵敏、协调、速度等身体素质; 2. 积极参与学练,主动展示乒乓球技术动作,适应练习环境; 3. 在体育活动中表现出文明礼貌,乐于助人的行为。

(续表)

单元	上学期	下学期
第七单元	【共同目标】 1. 知道体操项目的重要性和动作方法，掌握具有一定难度的体操技术动作，发展身体的灵敏、柔韧、协调等素质； 2. 活动过程中感受体操练习乐趣，促进身体正常生长发育和协调发展，培养良好姿态； 3. 在有挑战性的体操练习活动中能够迎难而上。 【校本要求】 1. 知道体操基本的动作要领，掌握以支撑跳跃和翻滚为主的技巧组合动作，发展灵敏、协调、柔韧、力量等体能； 2. 表现出对体操学习的兴趣，积极参与学练，体验体操类项目的乐趣，知道安全进行练习的基本行为； 3. 具备听从指挥、遵守规则、爱护同伴等优良素质。	【共同目标】 1. 掌握体操的动作要领和基本练习方法，形成自主操练，提高动作的姿态美感，提高身体基本活动能力； 2. 养成正确的身体姿态，矫正不良体操姿势，学会保护与帮助； 3. 培养遵守纪律、体育与感受个人与集体的关系，树立合作意识。 【校本要求】 1. 了解单杠练习的作用，能科学、安全地进行体操学习和锻炼，掌握体操垫子和单、双杠等器械动作，发展力量、灵敏、柔韧、协调等身体素质； 2. 在互帮互助学练中自主分析和解决问题，逐步养成安全的练习习惯； 3. 具备顽强、果断以及善于思考和克服困难的良好心理品质。
第八单元	【共同目标】 1. 熟悉和了解武术的专业术语，说出少年拳的动作要领和技术，发展柔韧、灵敏、协调等素质； 2. 积极参与学练，大胆展示武术组合动作，形成良好的锻炼习惯； 3. 能够精神振奋、积极向上、勇于进取的品质和爱国主义精神。 【校本要求】 1. 了解并掌握"健身长拳"每个动作的身体形态、攻防含义和全套动作的技法演练，发展身体协调灵敏性； 2. 积极参与学练，大胆展示武术组合动作，形成良好的锻炼习惯； 3. 具备奋勇向上的进取精神、坚韧不拔的意志品质，增强民族自豪感。	【共同目标】 1. 掌握基本动作中每个动作的动作方法和武术完整套路，能够协调连贯、尽力顺利完成动作； 2. 能够积极主动地参与各种集体、分组和个人演练、展示和攻防练习，体验习武乐趣； 3. 培养民族自豪感和武术的以礼相待、果断、刚毅的体育精神。 【校本要求】 1. 了解并掌握"健身长拳"每个动作的身体形态、攻防含义和"健身短棍"的技法演练，发展身体协调灵敏性； 2. 能够积极主动地参与各种集体、分组和个人演练、展示和攻防练，体验习武乐趣； 3. 具备奋勇向上的进取精神、坚韧不拔的意志品质，增强民族自豪感。

第三节 ▍ 洞察学子需求,绘就多彩图谱

一 学科课程结构

《义务教育体育与健康课程标准(2022年版)》指出,"课程内容主要包括基本运动技能、体能、健康教育、专项运动技能和跨学科主题学习"①五个方面。据此,我校"乐动体育"学科课程分为"乐动普技""乐动体能""乐动健康""乐动专项""乐动融合"等五大块。

(一)乐动普技

"乐动普技"是专门针对水平一的学生为后续锻炼体能和学习专项运动技能打基础而设置的。乐动普技分为移动性技能(多样行走课程、欢乐跑步课程、趣味跳跃课程、爬行游戏课程、队列队形课程等)、非移动性技能(扭转、支撑、平衡等)和操控性技能(用身体操控器材等活动),主要发展水平一学生的身体活动能力,为学生发展体能和学练专项运动技能奠定良好基础。

(二)乐动体能

每周1节体能课以发展学生各项身体素质,主要针对发展心肺耐力、肌肉力量、肌肉耐力、柔韧性、反应能力、位移速度、协调性、灵敏性、爆发力、平衡能力等,为学生增强体质健康和学练专项运动技能奠定良好基础。

(三)乐动健康

"乐动健康"主要包括健康行为与生活方式、生长发育与青春期保健、心理健康、疾病预防与突发公共卫生事件应对、安全应急与避险等五个领域,主要帮助学生逐步养成健康与安全的行为习惯和生活态度。依据体育新课标,每学期至少开设4课时乐动

---

① 中华人民共和国教育部. 义务教育体育与健康课程标准(2022版)[S]. 北京:北京师范大学出版社,2022:10.

健康安全教育课程。

(四) 乐动专项

"乐动专项"主要分为校本必修课程和校本特选课程。校本必修课程主要包括如多样玩球课程、强健田径课程、燃动体操课程、燃情冰雪课程、中华传统体育课程、新兴体育运动课程六类,每类包含若干运动项目。校本特选课为在必修课和专选课的普及和提高下的一个进阶训练,也是"三级五课"当中的训练课,校本特选课时间安排在课后延时服务和体育与健康教师利用课后服务的时间进行加强训练的课程,目前我校训练队有乒乓球队、篮球队、足球队、花球啦啦操队、田径队、花样跳绳队、羽毛球队、跆拳道队等8支队伍。校本特选课是培养竞技体育后备人才不可或缺的重要一环,也是打造体育特色传统校的必然要求。

(五) 乐动融合

跨学科融合是学生提高运动能力、学习健康知识和传承中华优秀传统体育的重要方式和途径。体育与健康课程应融合多门课程,充分发挥育人功能,促进学生全面发展。乐动融合课程主要立足于核心素养,结合课程的目标体系,设置有助于实现体育与德育、智育、美育、劳动教育和国防教育相结合的多学科交叉融合的教学内容。

二 学科课程设置

乐动体育课程设置以"立德树人"为根本任务,课程内容设计应以培养学生的核心素养为导向,以基于核心素养的课程目标为引领,以基本运动技能、体能、专项运动技能、健康教育、跨学科主题学习等为内容为载体,促进学生形成核心素养,具体课程设置如下(见表3-2)。

表3-2 学科课程设置

学段	学期	乐动普技	乐动体能	乐动健康	乐动专项	乐动融合
一年级	上学期	多元行走课程、趣味跳跃课程、童趣爬	身体素质练习课程、活力光影课程	活力健康课程	多样玩球课程	活力工匠课程

（续表）

学段	学期	乐动普技	乐动体能	乐动健康	乐动专项	乐动融合
		行课程、体测课程、运动会课程				
	下学期	队列队形课程、快乐奔跑课程、基础跳绳课程	基础体能课程、活力光影课程	心灵养护课程	灵动体操课程、多样玩球课程、花样跳绳课程	国魂培育课程
二年级	上学期	逐风田径课程、体测课程、运动会课程	基础体能课程、活力光影课程	保健知识课程	绿茵魔足课程、花样跳绳课程、花球啦啦操课程	国防基石课程
	下学期	基础跳绳课程、灵动体操课程、趣味篮球课程	基础体能课程、活力光影课程	乐动人生课程、疾病预防课程	乒乓飞扬课程、缔梦篮球课程、绿茵魔足课程	活力工匠课程、国防基石课程、国魂培育课程
三年级	上学期	进阶跳绳课程、逐风田径课程、体测课程、运动会课程	进阶体能课程、活力光影课程	活力健康课程	花球啦啦操课程	活力工匠课程、国防基石课程、国魂培育课程
	下学期	进阶跳绳课程、逐风田径课程、灵动体操课程	进阶体能课程、活力光影课程	健身之道课程	乒乓飞扬课程、缔梦篮球课程、绿茵魔足课程	活力工匠课程、国防基石课程、国魂培育课程
四年级	上学期	体测课程、运动会课程、进阶跳绳课程	进阶体能课程、活力光影课程	守护安宁课程、活力健康课程	花样跳绳课程	活力工匠课程、国防基石课程、国魂培育课程、采茶课程
	下学期	基础花样跳绳课程、灵动体操课程、逐风田径课程	进阶体能课程、活力光影课程	活力健康课程、疾病预防课程、心灵养护课程	绿茵魔足课程、乒乓飞扬课程	活力工匠课程、国防基石课程、国魂培育课程

(续表)

学段	学期	乐动普技	乐动体能	乐动健康	乐动专项	乐动融合
五年级	上学期	体测课程、运动会课程、竞速跳绳课程、逐风田径课程	进阶体能课程、活力光影课程	生活智育课程	花样跳绳课程、缔梦篮球课程	活力工匠课程、国防基石课程、国魂培育课程
五年级	下学期	极速羽球课程、花样跳绳课程	进阶体能课程、活力光影课程	发育导航课程	绿茵魔足课程、乒乓飞扬课程、缔梦篮球课程、中华武术课程	采茶课程
六年级	上学期	体测课程、运动会课程、竞速跳绳课程	进阶体能课程、活力光影课程	守护安宁课程、活力健康课程	花样跳绳课程、中华武术课程	活力工匠课程
六年级	下学期	竞技羽球课程、花样跳绳课程	进阶体能课程、活力光影课程	疾病预防课程、心灵养护课程	热血攀岩课程、绿茵魔足课程	国防基石课程、国魂培育课程
七年级	上学期	体测课程、运动会课程、逐风田径课程、竞速跳绳课程、燃情排球课程	热血体能课程、活力光影课程	守护安宁课程	缔梦篮球课程、花样跳绳课程	军训精练课程
七年级	下学期	灵动体操课程、逐风田径课程、燃情排球课程、竞速跳绳课程	热血体能课程、活力光影课程	心灵养护课程、青春保健课程	热血田径课程、竞速跳绳课程	活力工匠课程
八年级	上学期	体测课程、运动会课程、逐风田径课程、竞速跳绳课程	热血体能课程、活力光影课程	活力健康课程	缔梦篮球课程、花样跳绳课程	采茶课程

(续表)

学段	学期	乐动普技	乐动体能	乐动健康	乐动专项	乐动融合
	下学期	灵动体操课程、逐风田径课程	热血体能课程、活力光影课程	疾病预防课程	绿茵魔足课程	军训精练课程
九年级	上学期	体测课程、运动会课程、灵动体操课程、逐风田径课程	热血体能课程、活力光影课程	守护安宁课程、心灵养护课程	缔梦篮球课程、极速羽球课程	国防基石课程
	下学期	灵动体操课程、逐风田径课程	热血体能课程、活力光影课程	青春保健课程	缔梦篮球课程	国魂培育课程

第四节 | 实施多样活动,绽放体育活力

"教师广泛运用各种资源,选择有效教学内容,采用多样化教学方法,指导学生在面对问题、解决问题的真实情境中形成核心素养的实践活动。教师应依据核心素养的内涵、课程总目标与水平目标、课程内容、学业质量,创造性地设计教学和实施课程。"[①]我校学科课程实施主要从以下几个途径出发实施。

一 建构"乐动课堂",提升学科教学质量

(一)"乐动课堂"的内涵

我们提倡通过"激发乐点、以乐促动、动中取乐、乐动合一、享受乐趣"的方式激发学生的体育学习兴趣,达到让学生主动锻炼、快乐学练的目的,进而培养学生的终身体育意识。"乐动课堂"具有两大特征:一是要遵循寓教于乐的理念,突出学生的主体地位,凸显"乐"与"动"的结合;二是要提升学生的核心素养,促进学生全面发展,通过有趣的活动让学生体会体育学习的乐趣。

(二)"乐动课堂"的实施

以核心素养为导向,确定学习目标,安排学习内容,通过精心设计、科学组织和灵活运用教学方法,帮助学生在课堂学练中深刻体验运动技术,感受成功的乐趣,养成积极主动的学习态度。教师通过各种手段和途径促使学生在课堂学练中积极动起来,而且要动体、动脑、互动交织,高效、灵活、愉悦地动。

以水平四篮球教学为例,对学习内容的安排要体现运动方式的多样性,体现知识点与动作技能之间的联系。在学习与掌握阶段,学生要通过脚步移动与球感练习、运球与持球突破、行进间传接球与投篮、篮板球与快攻、攻防技战术转换等,培养基本的

[①] 中华人民共和国教育部. 义务教育体育与健康课程标准(2022版)[S].北京:北京师范大学出版社,2022:120.

篮球运动能力;在熟练与巩固阶段,学生要模拟真实的运动情境,参与游戏和比赛,以培养学生的运动兴趣,强化篮球技能;在运用与比赛阶段,学生要巧妙地结合篮球规则进行比赛,以培养学生的体育品德。

二 践行"乐动课程",丰富学生学习体验

(一)"乐动课程"的内涵

运动贯穿校内外,快乐充满运动时。我们着力保证学生每天校内锻炼 1 小时、校外锻炼 1 小时要求,加强课内教学与课外体育活动的有机结合,借助智能综合体育运动平台,开发校内外运动课程。其中校外运动主要根据学生体能发展敏感期、体测要求、体考项目和校本体育特色,精选大约 12 项体能动作、2 组球类技能、4 款体感游戏、3 组韵律操,涵盖上下肢及核心力量、运动技能、亲子游戏,按照准备部分、基本部分、放松部分三段式体育活动。

(二)"乐动课程"的实施

校内乐动课程主要在课堂、课后服务和专业队训练中实施;校外乐动课程主要借助智慧平台,针对性布置不同的运动任务,让学生清楚地知晓练习方法、目标、时间、难度以及作业截止时间等信息,可以观看学习并进行锻炼。每天布置约 5 到 6 组动作,练习时间 15 到 20 分钟。八、九年级的学生在寒、暑假期间,进行个人 50 公里或者 100 公里打卡活动——学生每日进行统计及分享,教师每日点评,评选优秀学生,能有效提高学生的体能和毅力,培养学生自律和自我管理能力。学生从为了完成"一项作业"到养成"一种习惯",享受锻炼带来的快乐和趣味。

总之,"乐动课程"为学生创造一个既富有挑战性又充满关怀的运动环境,让他们在挑战中成长,全面提高身体素质、体育技能和体育精神,在关怀中健康快乐成长。

三 创设"乐动社团",激发学生学习兴趣

(一)"乐动社团"的内涵

"乐动社团"是体育课堂教学的有效拓展与延伸,主要有乒乓球、足球、篮球、啦啦

操、攀岩、跆拳道、高尔夫等趣味性社团。通过学生坚持锻炼，教师传授技能，帮助学生至少掌握一项体育特长，使学生的运动水平得以提高，自觉锻炼能力得以培养。"乐动社团"注重教学思想和方法的创新，最大程度满足学生个性化发展需求，让学生在"玩"中学，同时提高学生的乐动专技。

（二）"乐动社团"的实施

我们遵循学生的身心发展规律、运动技能形成规律和课程的育人特点，结合现有教师的专业基础，在初中开设田径和篮球专业社团，在小学部开设乒乓球、足球、篮球、啦啦操、攀岩、跆拳道、高尔夫等趣味社团。

学期初，通过班级宣讲到学生报名，再选拔学生参与每周最少4课时的练习，学期末进行考核或者参加市区比赛来达到以赛促教及以赛促评的效果。在1至2年级，重点通过体育游戏发展学生的"乐动普技"。在3至8年级，主要根据学生的兴趣爱好从六类专项运动技能中选择1个运动项目进行学习，在重点发展学生各种体能的基础上发展多项运动技能，以满足学生多样化的运动需求。在9年级，学校可以让学生根据兴趣爱好自主选择1个运动项目进行为期1年的学习，保证有需求的学生能够达到深圳市体育二类自主招生的标准。以乒乓球社团为例，经历建立校本课程开发小组，开展乒乓球校本课程研究，建成校级乒乓球社团，规范社团建设，完善社团章程等。

四 开展"乐动体育节"，营造校园体育氛围

（一）"乐动体育节"的内涵

我们举行田径运动会、校园篮球联赛、体测班级联赛以及各项兼具趣味性和集体性的体育活动，以各项市、区级备赛为契机举办各项体育赛事，激发学生对于体育的学习兴趣，增加校园体育氛围并为专业化选拔提供参考。最隆重的节庆活动就是乐动体育节，它旨在通过体育竞赛、表演和其他体育相关活动来展示体育精神和运动文化，它也是一个综合性的体育文化活动，包括开幕式、闭幕式、各种体育项目的比赛、体育知识讲座、运动技能展示等。

（二）"乐动体育节"的实施

"乐动体育节"主要包括系列体育类比赛及摄影、大型体操展演和课程汇报等活

动。首先,根据年级,确定符合各年级年段学生特质的5至10个项目。其次,根据年级班级人数配额,确定报名限额,在团体项目和个人竞技项目上做到最大限度的班级参与率。最后,在每个比赛项目中设置校园吉尼斯纪录,包括100米、200米、800米、1 000米、立定跳远、跳高、实心球等项目,让每一个学生都有展现自己的机会,且每一项活动实施多维度、多视角的评价,促进学、练、赛、评一体化。"乐动体育节"的举办,一方面促进学生锻炼身体,丰富了校园文化,增强了师生的集体荣誉感,提升了班级凝聚力,促进学生全面发展;另一方面吸引全体学生积极参与学练,在比赛中熟练运用完整技术动作,在执裁的过程中知道该项目成绩的测量与记录、犯规判罚及名次判定,在观赏比赛中提高对该项目的运动认知。

五 创意"乐动大擂台",提升学生体质健康

(一)"乐动大擂台"的内涵

我们通过借助大课间活动开展班级"1+X"大擂台,在运动专项设置个人专技大擂台。"1+X"大擂台中"1"代表基础体能训练,通过各种有趣的游戏或活动培养学生的基本运动能力;而"X"则表示多样化的拓展项目,包括球类运动、武术、新兴项目等多种选择,以满足不同兴趣和发展需求的学生。个人专技大擂台设置仰卧起坐(女)、引体向上(男)、立定跳远、跳绳、实心球、800米、1 000米、跳绳、立定跳远、50米等。

(二)"乐动大擂台"的实施

以"教会、勤练、常赛"为指导思想,通过开展"班班有活动、周周有比赛"的体育大擂台进一步提高学生的体育素养,培养学生的个性特长,全面提高学生的身体素质。在大课间中,以学部为集体,以班级为单位,实施班级做操、跳绳等整体活动,在精神风貌、声音洪亮、组织有序等方面进行评比。在个人专技大擂台中,每周五进行年级体育擂台赛,每班派出不多于5名同学参赛,通过比赛计分决出最终的个人冠军,教师登记学生成绩并汇总成册进行排名,评出第一名为擂主。体育教师每月将学生总成绩公布在年级公告栏处,供老师和学生参考,以此激发学生参与体育运动的积极性并提高竞争意识。

(执笔人:李海丹　谢月华　孙启成　刘　琦　魏宇瑶　曹功毅　周　坦　彭梦圆　冯　琳)

第四章
听自然音,悦动灵魂共鸣旋律

音乐是灵魂的共鸣。通过欣赏世界经典、学习音乐文化、激发艺术创造力,跨越时间与空间,感受音乐带来的情感与享受。在音乐的世界里,带领孩子们在灵动的音符上跳跃,串联起属于他们的音乐王国,在音乐天籁的共鸣中,激发他们的音乐细胞和音乐灵感,感悟生命的成长。

第一节 ┃ 谱曲美育旋律,陶醉悦音嗨成长

一 学科课程性质

学校音乐教育包括音乐、舞蹈、戏剧(含戏曲)等艺术形式,同样具有审美性、情感性、实践性、创造性、人文性等特点。

音乐是对学生进行审美教育的重要课程。音乐具有丰富的音乐情绪和情感体验,能够激发爱党、爱国、爱社会主义的情感,使学生具有乐观的态度以及对美好事物的关爱之情。音乐具有审美性、情感性和人文性。音乐不仅仅是声音的艺术,也是存在于许多不同音乐实践或音乐中的一种多样化的人类实践活动,所以音乐课程具有实践性。音乐通过聆听、演唱、演奏、综合性艺术表演、律动、音乐游戏、舞蹈、戏剧表演和音乐创编等艺术活动的多种形式,需要表演者和创作者将自己对音乐的感受与理解进行演绎或表达,所以音乐课程具有创造性和人文性。

二 学科课程理念

我们坚持以美育人、重视艺术体验、突出课程综合,提出"悦音乐"课程理念。"悦"音乐就是心随"音"动,"乐"伴成长,让每个孩子成为欢快的音乐小精灵,畅游在音乐世界里,用心感受音乐之美,用情演绎音乐之乐,用音符装扮自己精彩的校园生活。

(一)"悦音乐"是以审美为核心、以乐育人的音乐

我们以落实核心素养为主线,以审美为核心,引导学生积极参加各类艺术活动,感受美、欣赏美、表现美、创造美,丰富他们的审美体验;使学生能够学习和领会中华民族艺术精髓,增强中华民族自信心与自豪感;了解世界音乐文化的多样性,开阔艺术视野,培养学生的审美情感。

(二)"悦音乐"是依托实践、群集架构的音乐

我们强调艺术课程的实践导向,将艺术体验作为学习的主要方式。根据音乐的不同体验形式,我们提出了欣赏群集、表演群集、创作群集和探寻群集的课程架构。在各类群集中,我们带动学生在欣赏、表现、创造、联系、融合的过程中,形成丰富、健康的审美情感,同时挖掘学生的特点、彰显学生的个性、促进学生个性发展。

(三)"悦音乐"是学科融合、重视体验的音乐

音乐与姊妹学科紧密相连,融音乐、美术、舞蹈、戏剧(含戏曲)、影视五个艺术门类于一体,不断丰富教学内容。音乐与其他学科(语文、历史、道法等)融合,实施跨学科项目式学习,创作更具表现力和创新性的艺术作品,充分发挥协同育人功能,促进学生身心健康的全面发展。

(四)"悦音乐"是学生为本、众享快乐的音乐

坚持以审美感知、艺术表现、创意实践、文化理解素养为导向,重视表现性评价,坚持多主体评价方式。评价结果采用分项等级制和评语相结合,评语简练、中肯、有针对性,对评价结果进行个性化、发展性的解读,注重运用学生评价结果进行不断地反思改进教学。

总之,"悦音乐"以音乐核心素养为基础,以审美教育为核心,用音乐探索以美育人的实践路径,注重用音乐潜移默化的力量促进思想品格的形成。

第二节 │ 奏响素养乐章,乐享音美展风采

我们从课程标准出发,梳理出符合我校校情的学科课程目标。

一 学科课程总体目标

陶行知说:"音乐教育是培养学生全面发展的重要途径之一。"这强调了音乐的综合性及育人功能的重要性。我们将艺术教育的目标转化为音乐教育的目标,具体为悦享音之美资、悦绎音之交融、悦创音之灵感、悦筑音之传承、悦融音之大同。

(一) 悦享音之美资目标

冼星海说:"音乐,是人生最大的快乐;音乐,是生活中的一股清流;音乐,是陶冶性情的熔炉。"悦享音之美资是指鼓励学生运用多种感官感受不同风格的音乐作品,培养他们的音乐审美能力,加深对作品的深入理解与感受,丰富情感世界,夯实基本素养,培养对美的感知、理解和评价能力,大胆地表现自己的情感和体验,更好地发现、欣赏并体验音乐中的美。

(二) 悦绎音之交融目标

贝多芬说:"音乐是比一切智慧、一切哲学更高的启示。"这强调音乐的情感表达超越语言和文字,直击人心。悦绎音之交融是指通过激发学生丰富的想象力,更好地运用艺术语言进行表达和交流,加强歌曲演唱、乐器演奏、乐曲编创以及姊妹艺术的融合,从而丰富音乐的艺术表现,锻炼学生的综合表现力,促进学生全面发展。

(三) 悦创音之灵感目标

斯特拉文斯基说:"音乐是一种语言,可以表达任何事物。"这强调音乐创意实践的无限可能性。悦创音之灵感强调创造出艺术,实践出真知,通过多感官联动、情景渗透等方式自由激发音之灵感,不断丰富学生的想象力并提升学生创意实践能力,让学生能够自己编创不同形式的音乐作品。

(四) 悦筑音之传承目标

悦筑音之传承就是带领学生以历史时间为轴,了解学习我国上古、中古、近古音乐的发展与传承,增强对民族音乐的认同感,汲取中国智慧、弘扬中国精神、传播中国价值,不断增强中华优秀传统文化的生命力和影响力。

(五) 悦融音之大同目标

悦融音之大同是指学生在音乐学习的同时要不忘本来——扎实学好本民族的音乐文化;吸收外来——学习、借鉴其他国家、民族优秀的民族音乐文化,取其精华,去其糟粕;面向未来——对未来民族音乐的探索,引导学生理解音乐的多元化,为我国民族音乐文化传承和发展培根铸魂,为构建人类命运共同体贡献力量。

总之,"悦音乐"就是让每个孩子都能够去感受音乐、体验音乐、创造音乐、表现音乐,享受音乐带来的乐趣,不断提升艺术表现力和创造力,同时增强艺术文化内涵,培养发现美、感知美、创造美的时代英才。

二 学科课程具体目标

为更好地实现课程目标,结合音乐教学内容和我校学生学情,设置了我校课程的各年级具体目标。我们以四年级为例说明(见表4-1)。

表4-1 学科课程具体目标(以四年级为例)

课程	上学期	下学期
第一课	【共同目标】 1. 学习并掌握三连音的节奏型,能够准确演唱弱起节奏; 2. 了解中华人民共和国国歌的创作背景及作者,能用自豪的心情唱准、唱好中华人民共和国国歌,激发学生的爱国热情; 3. 欣赏《码头工人歌》,了解其创作背景以及节奏特点,进一步巩固三连音的节奏型。	【共同目标】 能感悟歌曲音乐中的中华情,体验华夏音乐蕴含的美感,并能采用不同的力度、速度表现歌曲的情绪。 【校本要求】 通过学唱歌曲《爱我中华》,学生能用敲击乐器选择相应的节奏为歌曲伴奏,并即兴创编歌词。

(续表)

课程	上学期	下学期
	【校本要求】 能用自豪的心情演唱国歌，唱准三连音和弱起节奏。	
第二课	【共同目标】 1. 用音乐与姊妹艺术结合的方法，了解什么是音色； 2. 了解人声的分类，通过聆听与对比，听辨出人声的类别； 3. 激发学生学习竖笛的兴趣，初步掌握基本的持笛、吹笛方法； 4. 能用适中的力度、均衡的气息吹奏短音和连音。 【校本要求】 了解音色、人声的类别，掌握竖笛演奏。	【共同目标】 1. 学会用自然和谐的声音，富有表情地准确地演唱歌曲江苏民歌《茉莉花》； 2. 能欣赏东北民歌《茉莉花》、河北民歌《茉莉花》、河南民歌《茉莉花》、歌剧《图兰朵》。 【校本要求】 1. 能够用打击乐准确地给歌曲伴奏，聆听作品，了解民歌，感受民歌的感染力； 2. 在创编活动中认识变音记号，唱准音高，在欣赏中体会歌曲的内涵。
第三课	【共同目标】 1. 从语言入手，感受、把握切分节奏的节拍重音，掌握切分节奏的读法； 2. 学唱两首不同风格的歌曲——《土风舞》和《红叶》，了解音乐要素与音乐情绪的关系，能用歌声表达歌曲的不同情绪与美感； 3. 欣赏小提琴协奏曲《秋》的第三乐章，熟悉音乐主题； 4. 跟随教师的歌声或琴声，用击拍的方式识读《我和你》的乐谱。 【校本要求】 学习新的节奏型；能用歌声表达歌曲的不同情绪；熟记《秋》的音乐主题；识读《我和你》的乐谱。	【共同目标】 1. 音乐欣赏《春江花月夜》《百鸟朝凤》《地狱中的奥菲欧》以及《动物狂欢节》中的第四段《乌龟》。 【校本要求】 1. 通过音乐的欣赏与比较，了解和听辨音乐中的动与静； 2. 通过音乐欣赏与对比，懂得力度、速度等音乐要素对改变音乐形象的作用，指导学生用活泼轻快的声音感受和演唱《哦,十分钟》。
第四课	【共同目标】 1. 认识附点二分音符的时值，能准确地拍读其节奏； 2. 学唱《小白船》，律动体验三拍子的韵律感，演唱时能用恰当的力度表现歌曲的情绪，提高学生的审美与表现能力；	【共同目标】 学唱《小小少年》，能够富有表情、完整地演唱。 【校本要求】 进一步掌握附点节奏在歌曲中的灵活运用，通过电影，进一步感受歌曲传递的

(续表)

课程	上学期	下学期
	3. 能用欢快的情绪演唱《牧羊女》,感受其"A+B"的结构,并能用动作或图示表现出来; 4. 通过游戏复习音名,能够排列并听辨不同的音名。 【校本要求】 1. 准确拍读附点二分音符的节奏型; 2. 学唱《小白船》和《牧羊女》,能用恰当的力度表现歌曲的情绪。	情感。
第五课	【共同目标】 1. 学会用欢乐的情绪演唱歌曲《快乐的铁匠》,了解这首歌曲与钢琴独奏曲《钢琴变奏曲》之间的联系; 2. 学唱歌曲《快乐的农夫》,掌握附点四分音符的拍读方法,能用 A、B 两种图示表示歌曲中相同与不同的乐句。 【校本要求】 用准确的音准和节奏有感情地演唱歌曲,感知并表现歌曲中相同与不同的乐句。	【共同目标】 欣赏铜管四重奏《快乐的号手》、乐曲《查尔达斯舞曲》片段、大号独奏曲《查尔达斯舞曲》。 【校本要求】 通过演唱、欣赏、律动、演奏等活动,感受不同地区音乐作品的风格差异。
第六课	【共同目标】 1. 学唱《浏阳河》和《小小鲤鱼粉红鳃》,初步接触结束音,并能背唱《小小鲤鱼粉红鳃》; 2. 欣赏《新货郎》《回娘家》《黄河船夫曲》,感受并体验不同的音乐风格; 3. 激发对民歌的学习兴趣,并愿意在课下聆听、学唱不同地区的民歌。 【校本要求】 学唱《浏阳河》《小小鲤鱼粉红鳃》两首歌曲,感受不同地域民歌的特点。	【共同目标】 通过音乐的对比,了解音乐要素对表现音乐的作用,感受秋天的不同色彩。 【校本要求】 引导学生用自然舒展、抒情柔和的声音演唱歌曲《西风的话》,启发教育青少年珍惜时光、热爱生活,培养学生的感知音乐、表现音乐的能力。
第七课	【共同目标】 1. 对比欣赏中、美、日 3 首动漫音乐,能感受不同的音乐形象和故事情境,听辨相应的音乐主题;	【共同目标】 1. 通过乐曲《扬基嘟得儿》《牧场上的家》的学习,学生能用平稳、悠长的气息和柔和连贯的声音来歌唱,培养学

(续表)

课程	上学期	下学期
	2. 了解动漫音乐的一些常识,提高学生自主思考的能力和积极参与音乐课堂的学习兴趣,培养学生对音乐故事的感受和表演能力。 【校本要求】 学生在聆听模唱动漫作品音乐主题的过程中,结合相关故事情节,理解音乐对影片故事、人物(角色)刻画、情感表达的重要作用。	生丰富的情感; 2. 在聆听表演的基础上突出主题,表达对家乡的依恋及对美好生活的憧憬。 【校本要求】 1. 理解 3/4 拍强弱规律,认识弱起小节并掌握其含义,能够正确演唱弱起小节; 2. 掌握美国乡村音乐的风格特点,体会歌曲的演唱风格;用柔和的声音、舒缓的情绪来演唱。
第八课	【共同目标】 1. 欣赏《引子与狮王进行曲》,能拍击引子的节奏并背唱音乐主题; 2. 欣赏《公鸡和母鸡》和《大象》,能根据音色分析乐曲使用的乐器以及描绘的动物形象,并伴随音乐做律动; 3. 欣赏《袋鼠》和《水族馆》,从音色、连音及顿音速度、力度等听辨演奏的乐器; 4. 欣赏《终曲》,讨论音乐要素是如何体现音乐形象的;并用合作的方式模仿、扮演乐曲中出现的动物,对自己和他人的表演做出简单的评价。 【校本要求】 欣赏《动物狂欢节》中的 6 个曲目,拍击基本的节奏,背唱《引子与狮王进行曲》的音乐主题,了解音乐要素对音乐形象塑造的作用。	【共同目标】 用自然和谐的声音演唱感受歌曲情绪,会唱歌曲的主题旋律,了解歌曲背景。 【校本要求】 让学生在歌曲学习中感受故乡的魅力,提升对家乡的热爱之情。
第九课	【共同目标】 1. 通过学习澳大利亚和新西兰的民歌,了解大洋洲有代表性的音乐,能尊重和理解不同民族的音乐文化; 2. 能用诙谐、欢快的声音演唱《剪羊毛》,并用两个声部的固定节奏型为其伴奏;能分析 4 个乐句的异同;	【共同目标】 学会用自然和谐的声音演唱歌曲《邮递员叔叔来了》。 【校本要求】 让学生进一步了解长城,尊敬边防军叔叔。

(续表)

课程	上学期	下学期
	3. 用优美的歌声学唱澳大利亚民歌《瓦尔森·马蒂尔德》； 4. 欣赏器乐合奏曲《剪羊毛》和澳大利亚民歌《瓦尔森·马蒂尔德》，进一步了解澳大利亚民歌的特点； 5. 欣赏毛利歌曲《毛利欢迎你》，了解新西兰的音乐文化。 【校本要求】 学唱《剪羊毛》和《瓦尔森·马蒂尔德》，并用两个声部的固定节奏型为其伴奏。	
第十课	【共同目标】 1. 了解《我们将震撼你》的创作背景及其影响，欣赏并学唱，能用固定节奏型为其伴奏，鼓励学生创编新的节奏型； 2. 认识音乐的社会功能，理解音乐与社会生活的联系，能关注重要节日或重大事件中的音乐作品。 【校本要求】 学唱歌曲《我们将震撼你》，并为歌曲创编伴奏；关注重要节日或事件中的音乐作品，理解音乐与社会生活的关系。	【共同目标】 《可喜的一天》《让我们荡起双桨》，用自然和谐的声音演唱，感受歌曲情绪，了解歌曲的背景。 【校本要求】 感受旋律及节奏在塑造音乐形象中的作用。

第三节 | 体验交响共鸣，探究音乐全过程

一 学科课程结构

我校"悦音乐"课程，分为"悦"赏音乐、"悦"演音乐、"悦"创音乐、"悦"融音乐（见图 4-1）。

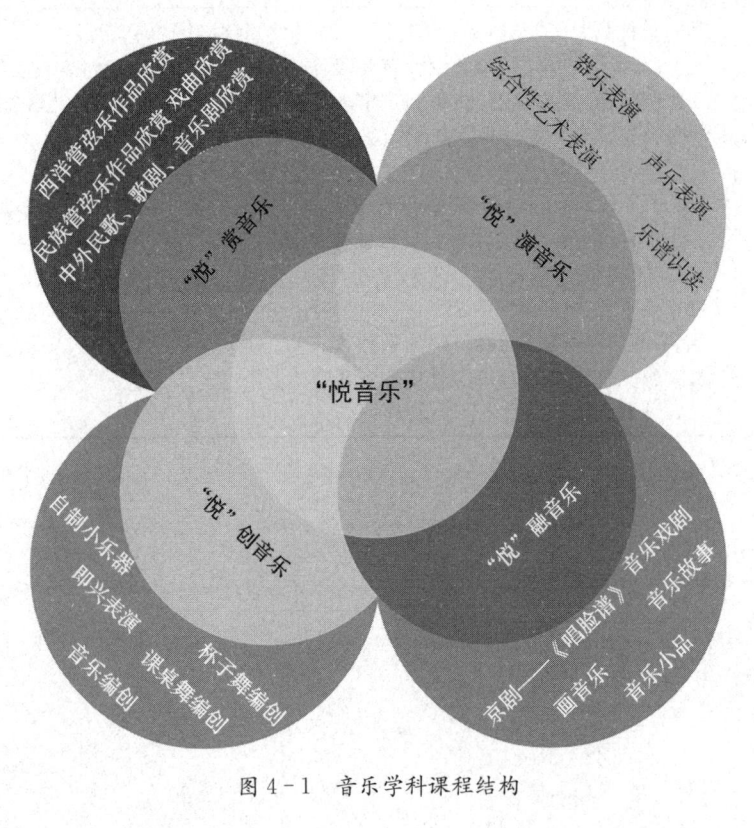

图 4-1 音乐学科课程结构

图中，各板块内容如下。

(一)"悦"赏音乐

"悦"赏音乐强调通过欣赏音乐来提升学生的音乐审美能力和情感体验。我们结合音乐教材及音乐分类,归纳出管弦乐是音乐艺术的重要组成部分,民乐和戏曲是中国文化和传统艺术的重要组成部分,中外民歌是了解不同国家和民族文化的重要途径,所以课程主要包括西洋管弦乐欣赏、民族管弦乐欣赏、戏曲欣赏、中外民歌、歌剧及音乐剧欣赏。通过以上课程内容,学生可以深入了解音乐的内涵和价值,提高自己的音乐审美能力和情感体验水平,培养自己的音乐素养和艺术修养。

(二)"悦"演音乐

"悦"演音乐课程内容主要通过实践表演来提升学生的音乐表现力和舞台表现力,具体包括音乐表演技巧、舞台表现力、综合艺术表演、演出实践。音乐表演技巧主要包括掌握乐器演奏技能、歌唱技巧(发声、演唱等)、音乐基础知识;舞台表现力主要包括肢体语言、面部表情、眼神交流等,理解舞台表演的艺术性和技巧性,从而吸引观众的注意力;综合艺术表演主要包括剧本分析、角色塑造、合唱和舞蹈等;演出实践,主要包括校内外演出、音乐比赛等,锻炼表演能力和舞台表现力,提升自信心和应变能力。

(三)"悦"创音乐

"悦"创音乐课程内容主要强调通过感知、创作音乐来激发学生的创造力和想象力,主要包括乐器制作、音乐编创、音乐创作。乐器制作指探索身边物品的声音,自制小乐器,感受音的高低、强弱、音色等要素,更好地发现身边的音乐,激发学习兴趣;音乐编创指基于音乐要素的学习,编创杯子舞、课桌舞等,以更有趣的方式学习和创造音乐表演;音乐创作指掌握音乐创作的基本知识和技巧,包括作曲、编曲、音乐制作等方面,学习如何运用如旋律、节奏、和声等音乐要素,来创作出自己的音乐作品,激发学生的创造力和想象力,培养音乐创作能力和艺术修养。

(四)"悦"融音乐

"悦"融音乐课程主要探讨音乐与其姊妹艺术、社会文化形式之间的关系,通过交融合作创作出更具表现力和创新性的艺术作品。具体包括音乐与戏剧、舞蹈、视觉艺术、文学及跨学科合作与创新。音乐与戏剧(戏曲),让学生了解音乐与戏剧的结合方式(配乐、声乐、音乐剧、戏曲等),学习运用音乐来表现戏剧(戏曲)中的情感和情节,增强表现力和感染力；音乐与舞蹈，让学生了解音乐与舞蹈的关联（节奏、旋律和动作的协调等），能选择适合舞蹈表演的乐曲，用舞蹈表现音乐的情感和意境；音乐与视觉艺术，让学生了解音乐与美术的关系（音乐与绘画、音乐与摄影、音乐与电影等），学习通过视觉艺术来表现音乐的情感和主题；音乐与文学，让学生了解音乐与文学的结合方式（歌曲、诗歌朗诵、歌剧等），学习运用音乐来表现文学作品中的情感和主题，通过文学来丰富音乐的内涵和表现力，提高文化理解；跨学科合作与创新，让学生了解不同艺术形式的特点和表现手法，通过实践和项目合作，锻炼自己的团队合作能力和创新思维，同时也可以提升自己的艺术修养和审美水平，进一步探究音乐世界的奥秘。

二 学科课程设置

基于《义务教育艺术课程标准（2022年版）》，依据艺术核心素养及课程内容分类，我们将"悦音乐"课程具体设置如下（见表4-2）。

表4-2 "悦音乐"课程框架

年级	"悦"赏音乐	"悦"演音乐	"悦"创音乐	"悦"融音乐
一年级上	感知音乐要素（高低、力度、节奏、节拍）。	学童谣； 唱儿歌。	自制小乐器； 歌曲律动编创。	吟唱古诗词； 《去同学家》（戏剧）； 《小兔子乖乖》（戏剧）。
一年级下	感知音乐要素（高低、力度、节奏、节拍）； 管弦乐欣赏； 二胡乐曲欣赏。	中外童谣新唱； 歌舞表演； 识谱学唱。	自制小乐器； 歌舞编创。	看画听歌； 《司马光砸缸》音乐故事。
二年级上	感知音乐要素（高低、力度、节奏、节拍）； 管弦乐欣赏； 听辨乐器音色。	《五声歌》； 中外儿歌童谣； 先辈们的歌。	小乐器编创； 歌舞编创。	吟唱古诗词 《画》《悯农》。

(续表)

年级	"悦"赏音乐	"悦"演音乐	"悦"创音乐	"悦"融音乐
二年级下	感知音乐要素(高低、力度、节奏、节拍); 西洋乐欣赏; 广东民歌欣赏; 京剧欣赏; 儿童歌舞剧欣赏。	学唱中外儿歌; 口风琴吹奏。	音乐游戏; 歌舞编创; 节奏编创。	音乐故事《龟兔赛跑》。
三年级上	感知音乐要素(速度、旋律); 欣赏器乐合奏; 钢琴曲欣赏; 管弦乐欣赏。	识读乐谱; 学唱中外儿歌; 多彩的乡音; 口风琴吹奏。	歌舞编创; 节奏律动编创; 杯子舞编创。	儿童歌舞表演。
三年级下	感知音乐要素(时值、力度、节拍、旋律、音色)。	识读乐谱; 多彩的乡音; 走进戏曲; 口风琴吹奏。	填词编创; 歌舞编创; 节奏律动编创。	音乐幽默小品; 环球音乐探宝; 走进戏曲; 《西游记》故事。
四年级上	感知音乐要素(时值); 音乐形象欣赏; 小提琴协奏欣赏; 民歌欣赏; 管弦乐欣赏; 国外民族音乐欣赏。	识读乐谱; 我们的《国歌》; 口风琴吹奏。	管弦乐组曲《动物狂欢节》填词编创。	动漫音乐; 音乐与舞蹈。
四年级下	感知音乐要素(节奏、旋律、节拍); 中国民歌、外国歌剧欣赏; 铜管四重奏欣赏; 民族管弦乐欣赏《春江花月夜》。	走进戏曲 《爱我中华》; 中国民歌; 外国民歌; 学堂乐歌; 竖笛吹奏; 口风琴吹奏。	音乐创作游戏《邮递员叔叔来了》。	走进戏曲(京剧)。
五年级上	管弦乐欣赏; 交响曲欣赏; 快板欣赏; 小提琴协奏曲欣赏。	合唱歌曲; 竖笛吹奏; 民族歌曲学唱; 口风琴吹奏。	填词编创; 民族舞编创。	古诗词吟唱; 环球音乐探宝; 音乐与舞蹈。

(续表)

年级	"悦"赏音乐	"悦"演音乐	"悦"创音乐	"悦"融音乐
五年级下	欣赏中外民族音乐《闪闪红星》； 演唱形式欣赏。	《闪闪红星》； 校园歌曲； 竖笛吹奏； 口风琴吹奏。	新疆舞编创。	走进戏曲《画脸谱》； 音乐与舞蹈。
六年级上	音乐的风格、旋律、音色赏析； 音乐家贝多芬。	校园歌曲； 中国民歌学唱； 小乐器齐奏。	儿童歌舞剧表演编创； 课桌舞编创。	环球音乐探宝； 动漫音乐； 描绘古战场的音画。
六年级下	管弦乐欣赏； 音乐家舒伯特； 音乐中的前奏、间奏、尾奏。	合唱歌曲； 歌谣学唱； 小乐器音乐会。	毕业设计； 毕业联欢。	戏曲京剧《小放牛》。
七年级上	中国音乐家； 西方音乐家； 民族管弦乐队编制； 西洋管弦乐队编制。	中国民歌学唱； 西方民谣学唱； 合唱作品齐唱、轮唱。	即兴编创； 杯子舞编创； 班歌编创。	戏剧《国歌的故事》。
七年级下	西洋管弦乐队作品欣赏； 民族管弦乐队作品欣赏。	流行歌曲学唱。	流行音乐改编； 杯子舞编创。	戏剧《觉醒》。
八年级上	音乐剧欣赏《猫》《悲惨世界》； 戏剧欣赏《雷雨》。	音乐剧学唱。	舞蹈动作模仿与编创。	音乐剧表演《猫》《do, re, mi》。
八年级下	京剧欣赏《唱脸谱》； 现代京剧欣赏《我们是工农子弟兵》。	京剧学唱。	打击乐器编配； 舞蹈动作编创。	戏曲表演《唱脸谱》； 画脸谱。
九年级	毕业设计。			

第四节 ｜ 搭建艺展平台，多维参与生素养

"悦音乐"课程包含"悦润课堂""悦动课程""悦享社团""悦承节日"四个部分，提升学生的艺术修养，激发学生的学习兴趣，增强音乐理解，感受音乐底蕴。

一 建构"悦润课堂"，提升艺术修养

（一）"悦润课堂"的内涵

"悦润课堂"强调音乐教育的润物细无声，主要包含歌唱课、欣赏课、综合课三个内容。通过歌唱课，学生可以学习到基本的音乐知识和技能，包括如何正确地发声、呼吸、吐字等，培养学生的自信心和表达能力。通过欣赏课，学生可以了解不同类型的音乐作品（古典音乐、流行音乐、民族音乐等），感受音乐的节奏、旋律、和声等要素，理解音乐所表达的情感和意境。综合课是将音乐课程与歌舞剧表演相融合，1—2年级设定为情景表演课程，3—9年级设定为小型歌舞剧表演课程。

（二）"悦润课堂"的实施

"悦润课堂"的实施包含制定教学目标、重构教学内容、适切教学方法及多维教学评价四个方面，根据不同的年段设置不同的教学目标、选择不同的教学内容与教学方法并制定相应的评价标准。

制定教学目标。围绕核心素养，根据所教作品的特点、学生的年龄、学生的音乐认知水平和学习能力来制定教学目标，确保教学目标能够满足不同学生的需求，让每个学生在自己的基础上得到提升和发展。以综合课的教学目标为例（见表4-3）。

表4-3 综合课各年段教学目标

学段	教 学 目 标
1—2年级	能根据要求观察舞蹈、戏剧等艺术表现形式的特征,并运用自己的表情、肢体进行模仿或表演。 能根据音乐特点进行动作创编或即兴表演,与同伴一起体验表现造型、扮演角色的乐趣,表达自己的情绪和情感。 能选择合适的表现形式,根据一定的情境、主题或表演要求进行创编和表演。能编创简单节奏或旋律,配合表演。
3—5年级	了解所观赏舞蹈、戏剧(含戏曲)的表现形式、动作特点等,能表达自己的观演感受,有兴趣进行模仿或表演。 学会简单的舞蹈基本动作,并能将所学舞蹈动作运用到表演唱及其他综合性艺术表演中。 能积极参与简单剧本的编创与剧情表演,初步具备对所担任角色的理解能力、对情感状态的体验和想象能力,以及舞台表演意识。
6—7年级	能感知和了解舞蹈、戏剧(含戏曲)等综合性表演艺术的审美特征与风格特点,理解作品的表现内容和内在意蕴。了解戏剧的基本要素和中国戏曲的基本表现手法,能表达自己的审美感受。 积极进行身体语言、舞台空间的探索和表现,掌握中外代表性民族舞蹈的基本动作,能独立或与他人合作进行舞蹈(含集体舞)表演。了解京剧或其他代表性戏曲剧种表演的常用动作,能与同伴合作参与戏曲表演。 乐于参与多种题材的歌舞剧编创与表演,主动担当角色。能对音乐在舞蹈、戏剧(含戏曲)、影视(含数字媒体艺术)等艺术形式中的表现作用作出一定的分析评价,能对自己和他人的表演做出简单评价,并根据评价和建议改进。
8—9年级	能通过欣赏或表演,分析、理解音乐与舞蹈、戏剧(含戏曲)影视(含数字媒体艺术)等姊妹艺术,以及音乐与其他学科的联系,并能比较它们在表现材料、表现手段、艺术特点等方面的异同,理解音乐在综合性艺术表演中的作用。 能积极参与综合性艺术表演活动,主动担当角色,把握风格特点,完成表演任务,并具有一定的表现力。能对舞蹈、戏剧(含戏曲)或曲艺中的音乐特点、作用作出简单评价;能根据需要选择合适的音乐作为舞蹈、戏剧(含戏曲)、曲艺的配乐;能运用信息技术及其他视觉艺术手段,设计有效的表演道具、舞美等,增强艺术的表现力。 能客观评价自己及他人的表演,并促进自己和他人改进、提高表演技巧和表现力。

重构教学内容。重构音乐教材教学内容,以贴近现实生活和其他学科内容相结合的方式,灵活地将不同学科的知识融入音乐教学中,内容广泛而多样,鼓励学生从不同

的角度思考问题,发现音乐与其他学科之间的联系,注重学生实践能力和创新能力的培养。以音乐综合课的教学内容为例(见表4-4)。

表4-4 音乐综合课各年段教学内容

学段	教学内容
1—2年级	结合童谣、诗词、童话故事、生活场景等,选择合适的乐器、道具或其他材料,运用演唱、演奏、声势、律动、舞蹈等表现形式,进行创意表演。
3—5年级	欣赏舞蹈、戏剧(含戏曲)等艺术作品,观察其表演动作,领会其表现特点,进行一定的模仿。根据歌曲内容自编动作进行歌舞表演,与同伴合作创编与表演简单情境或剧情。
6—7年级	欣赏中外优秀综合性表演艺术作品,感受其艺术表现形式和特征,体验其艺术风格。学习舞蹈的基本动作或动作组合,进行歌舞戏剧或戏曲片段及其他综合性艺术表演。探究音乐在综合性艺术表演中的作用。
8—9年级	欣赏中外优秀综合性表演艺术作品,感知、了解其表演形式和艺术风格等方面的特点。进行歌舞、戏剧(含戏曲)、曲艺等综合性艺术表演活动。探究音乐在舞蹈、戏剧(含戏曲)、影视(含数字媒体艺术)、曲艺等艺术中的表现作用,比较听觉艺术与视觉艺术,舞台表演艺术在表现材料、表现手段及艺术特点等方面的异同。

适切教学方法。根据不同学段学生的特点以及各学段教学目标、教学内容,在教学的过程中,多采用直观的教学方法,让学生直观地感受音乐的节奏、旋律和音色等要素,提高学生的学习效果。以音乐综合课的教学方法为例(见表4-5)。

表4-5 音乐综合课教学方法

学段	教学方法
1—2年级	调动学生的听觉、动觉、视觉、触觉等,引导学生多感官地体验音乐,让学生在玩中学、动中学、乐中学,激发学生学习音乐的兴趣。
3—5年级	引导学生从关注校园内的声音和音乐入手,逐步拓展到关注自己生活中和周边自然环境中的各种声音,对声音的探究要结合学生的生活经验,运用形象化的方法和手段进行教学。
6—7年级	引导学生在听觉感知的基础上学唱歌曲,重视对演唱姿势、呼吸方法、音准和节奏等方面的要求,不断提高学生的演唱能力。演唱技能的练习应结合演唱实践活动进行。

（续表）

学段	教　学　方　法
8—9年级	要重视并着力加强合唱教学，积极创设条件开展全员参与的班级合唱。可运用模唱、手势辅助、声部叠加、音程构唱等方法培养学生的多声部听觉感知能力和合唱能力。在合唱中培养集体意识及协调、合作能力。

多维学生评价。评价主要从以下几个方面展开：参与度与态度、表演能力、音乐素养、创造力与想象力、合作能力、情感表达、学习成果等，观察学生在学习过程中的进步和成长。

二　开发"悦动课程"，激发学生学习兴趣

（一）"悦动课程"的内涵

"悦动课程"包含小乐器课程、戏剧模块化课程两类课程。小乐器课程，通过让学生学习和演奏小乐器，提高学生的音乐素养，让学生在演奏乐器的过程中感受到学习的乐趣，通过鼓励学生进行简单的音乐创作，让学生体验到音乐创作的成就感，从而进一步激发学生的学习兴趣。戏剧作为一种集表演、语言、文学等多元素于一体的艺术形式，让学生在参与的过程中锻炼自己的表达能力、团队协作能力和创新思维。通过两类课程，为学生提供一个充满乐趣和挑战的学习环境，不仅可以激发学生的学习兴趣和创造力，还为他们的全面发展奠定基础。

（二）"悦动课程"的实施

小乐器之口风琴课程主要针对二至三年级学生，通过吹奏口风琴的不同曲目，学生在学习中感受、体验演奏曲目的快乐和激发学生学习音乐的兴趣。让学生掌握口风琴的基本演奏技巧，能用正确的方式和良好的态度演奏口风琴曲目。通过视唱、演奏、体验等教学方法，让学生体会音乐的美感。二年级上学期为简谱基础知识加口风琴演奏的基础知识普及，二年级下学期至三年级下学期的学习曲目均选自音乐教材。演奏方式以齐奏为主，从二年级下学期开始逐步加入二声部合奏。小乐器进课堂的评价标准主要包含学生的技能掌握情况、音乐表现力、学习态度、课堂纪律、进步程度，通过以

上标准的综合评估,教师可以全面了解学生的学习情况和演奏水平,并给予相应的指导;也可以根据学生的表现和反馈情况不断改进教学方法和手段,提高教学效果和学生的学习效果。

戏剧模块化课程是将音乐、舞蹈、戏剧相融合的综合性课程。主要针对八年级学生,上学期分三个模块,分别感受音乐、舞蹈、戏剧的艺术魅力;下学期利用三门艺术进行综合创作,形成一台综合舞台艺术表演。本着人人参与的原则,锻炼学生综合表演、创作能力。首先,学生需要进行基础的声音、肢体、表演等方面的训练,以提升他们的表演能力。然后选择合适的剧本,让学生在戏剧表演中扮演不同的角色,进行多次彩排,给予学生相应的指导,最终在舞台上进行完整表演。

三 创设"悦享社团",培养高阶爱好

(一)"悦享社团"的内涵

"悦享社团"包含合唱社团、舞蹈社团、竖笛社团、戏剧社团。社团注重培养学生的音乐基础知识和技能,无论是舞蹈社团的基础舞步和舞蹈组合,还是合唱社团的声乐技巧和合唱技巧,抑或是竖笛社团的乐器演奏和音乐理解,都需要学生掌握一定的音乐基础知识,各式各样的社团课程活动成为了孩子们探索自我、发展特长的重要平台。

(二)"悦享社团"的实施

社团课程的授课时间是在延时服务时段。虽然不同音乐社团在不同年段的具体教学内容和形式有所差异,但它们的教学目标是相辅相成、相互贯通的。通过有计划地学习、有目的地训练,让学生的基本技能和艺术素养都能有长足进步,同时具备校内外演出、比赛展示机会。以竖笛社团的教学目标为例(见表4-6),具体如下。

表4-6 竖笛社团教学目标

维度	教 学 目 标
掌握竖笛演奏技巧	学生应掌握竖笛的吹奏技巧,包括正确的姿势、口型、呼吸控制等,能够熟练吹奏简单的乐曲。

(续表)

维度	教学目标
培养音乐感知能力	通过学习竖笛,培养学生的音乐感知能力,包括音高、节奏、音色等方面的感知,提高其音乐素养。
激发音乐兴趣和创造力	通过演奏竖笛,激发学生对音乐的兴趣和热爱,培养其创造力和表现力,鼓励学生在演奏中融入自己的情感和风格。
培养合作精神和集体意识	在社团活动中,学生应学会与其他成员合作,共同完成演奏任务,培养其合作精神和集体意识。

在教学内容的选择方面,教师依据社团学生的整体学习基础情况、学习能力,结合社团的教学目标选择相应的教学内容。以我校竖笛社团的教学内容选择为例(见表4-7),具体如下。

表4-7 竖笛社团教学内容

板块	教学内容
认识竖笛	竖笛的分类、竖笛的演奏姿势、竖笛演奏的口型、竖笛演奏的手型、竖笛演奏的呼吸
简谱知识	音符、时值、节拍、节奏、音乐记号
曲目学习	左手单音练习及简单曲目、右手单音练习及简单曲目、一个八度内的练习、两个八度内的练习、一个升记号的练习、一个降记号的练习、包含升降记号的中级曲目练习、二声部合奏

社团管理分为学习态度、学习习惯、学业成就三个部分,在学习态度方面,综合学生的出勤情况、上课纪律进行评价。在学习习惯方面,综合考查学生学具准备情况,例如舞蹈社团要准备舞蹈服与舞蹈鞋,竖笛社团要准备竖笛,合唱社团要准备合唱曲谱等,通过评价学生的学具准备情况督促学生做好学习准备。在学业成就方面,结合学生日常作品完成情况以及是否积极参与校级及以上演出或比赛情况进行评价。

四 创意"悦承节日",接力音之传承

(一)"悦承节日"的内涵

"悦承节日"包括"开学典礼活动""'六一'儿童节主题活动""校园艺术节活动""纪念'一二·九'运动卓雅童声合唱比赛""校园国庆快闪活动""校园元旦课程建设活动晚会"等活动,众多活动致力于培养学生多方面发展,从"课内"走向"课外",鼓励学生积极参与活动,通过各类有意义的活动,了解各项节日的知识文化以及学校文化的特点,同时在参与各类活动期间,增强了同学间的协作能力。

(二)"悦承节日"的实施

节日活动旨在通过多样化的艺术表现形式,培养学生的艺术鉴赏能力、表演技能、创新精神和团队协作能力。首先,明确目标皆是在提升学生的艺术鉴赏能力、表演技能、创新精神和团队协作能力,为学生提供了一个展示自我和锻炼能力的平台,让他们在参与中不断成长和进步。其次,选择合适时间节点以及恰当的节目内容:一是适合孩子们的年龄特点和兴趣爱好,选择一些欢快、活泼、有趣的音乐,让孩子们在舞台上尽情展现自己的音乐天赋;二是注重节目的多样性和创新性,除了传统的歌唱和舞蹈外,还可以加入一些乐器演奏、音乐剧等多样化的表现形式,让孩子们在音乐的世界里尽情探索和创新;三是强调节目的教育意义,选择一些具有教育意义的歌曲或音乐剧,让孩子们在欣赏音乐的同时,也能学到一些积极向上的价值观和人生观。再次,经历不断的练习和排练。最后,面向全体展示。这些活动不仅丰富了校园文化生活,也为学生提供了一个展现的舞台。

(执笔人:王悦目 佘 雯 房鑫淼 石玉清 苏 欣)

第五章
品世间美,创造美妙生活映照

艺术是心灵的镜子,美术是心灵的写照。在美术的海洋里,带领学生感受伟大艺术作品的诞生与魅力,学习品味美和表达美。在美术的实践中,激发学生无穷的想象力和创造力,感受创意种子萌发的乐趣,在创作实践中尽情表达自己的情感和灵感,在美的世界里各美其美,美美与共。

第一节 ┃ 品创世间美好,全观美术奥秘

一 学科课程性质

美术作为一门古老的艺术,是人类表达情感的重要手段。美术课程对学生审美品位与创作能力的培养具有深刻影响与独特的作用。美术学科具有审美性的特点,学生通过欣赏、评析、创作等活动,感受美术作品的美妙和魅力,提高自己的审美能力和品位水平。美术学科具有实践性的特点,学生不仅要掌握基本知识和技巧,还要能够将所学转化为实践操作,通过绘画、雕塑、手工制作等实践活动,锻炼动手能力、观察能力和解决问题的能力,提高美术素养。美术学科具有创造性的特点,学生可以通过观察、思考、实践等方式,发挥自己的想象力和创造力,创作出具有独特魅力的美术作品,提高自身表达能力。美术学科具有人文性的特点,通过美术学科课程的学习,学生可以接触到丰富多彩的人类文化遗产,了解不同民族、不同时代的文化背景和特点,从而拓宽自己的人文视野,增强文化自信心。

总之,美术学科课程具有审美性、实践性、创造性和人文性等多重特点。它在义务教育中扮演着重要的角色,不仅培养学生的美术素养和审美能力,还促进学生的全面发展和个人成长。

二 学科课程理念

根据美术学科课程性质,为了突出美术的审美性、实践性、创造性和人文性等特征,我们提出了"品创美术"的课程理念,即让每个孩子在品味美中创造美。品即品味美,通过美术课程提高学生对美的感受力,引导学生感受美、欣赏美,提高学生的审美品位。创即创造美,通过美术课程激发学生对美术创作的兴趣,引导学生表现美、创造美,培养学生造型表现能力与创新意识。通过"品创美术"课程,我们将培养学生对美

的敏感性，提升学生审美感知能力，激发学生的表达意识，帮助学生形成正确的审美品位与创意表达。

（一）"品创美术"是坚持以美育人的美术

"品创美术"首先注重引导学生参与各项美术活动，不断提高学生审美情趣和艺术素养，帮助学生在美术活动与课程中主动发现、感知、欣赏美，形成健康的审美观和积极向上的生活态度。其次，"品创美术"激发学生的创造力和创新精神，培养学生的实践能力和解决问题的能力，同时也关注学生的个性发展和心理健康，尊重学生的独特性和差异性，促进学生的全面成长。最后，"品创美术"通过不断感受与体验古今中外的优秀美术内容，提高学生的文化自信，感受世界文化的多样性。

（二）"品创美术"是基于艺术实践的美术

"品创美术"首先注重美术课程的多元化和艺术体验，以美术学科知识为基础，结合学生的生活经验和社会实际，选择具有时代性、民族性、地域性的美术素材，围绕美术新课标中的欣赏、表现、创造、联系/融合4类艺术实践活动，构建丰富多彩的美术实践活动与体验内容。其次，"品创美术"聚焦核心素养，关注美术学科的前沿动态和发展趋势，及时更新课程内容，通过革新课程设计与课堂的组织形式，重视学生的情感体验，激发学生的热情。

（三）"品创美术"是重视综合体验的美术

"品创美术"首先注重学生的主体性。以学生为中心，采用多种教学方法和手段，激发学生的学习兴趣和积极性，引导学生主动参与到美术活动中。其次，"品创美术"注重实践性，通过绘画、雕塑、手工制作等实践活动，提高学生的动手能力和实践能力，鼓励学生进行自主学习和合作学习，培养学生的自主学习能力和团队协作精神。最后，"品创美术"注重跨学科的学习，引导学生将美术与其他学科进行有机融合，发挥协同育人的作用，开阔学生的视野，提高学生的综合素质，促进学生全面发展。

（四）"品创美术"是注重多元评价的美术

"品创美术"首先注重多元评价和个性发展。我们采用多种评价方式，全面评价学生的学习情况，同时强调教、学、评的一致性。其次，"品创美术"尊重学生的艺术学习选择，重视个性发展评价，尊重学生的独特性和差异性，鼓励学生发挥自己的特长和优势，展现自己的个性和创意。最后，"品创美术"注重评价结果的反馈和指导，帮助学生发现自己的不足和问题,引导学生进行有针对性的改进和提高。

总之,"品创美术"重视美育的功能,注重学生的全面发展,在美术学习的过程中,学生不仅获得知识和技能的提升,还在发现美、欣赏美、创造美的过程中,体验到生活的美好和幸福。这样的课程有助于提高学生的美术素养和审美能力,促进学生的全面发展和个性成长;同时,也有助于推动美术教育的创新和发展,为培养具有创新精神和实践能力的新时代人才作出贡献。

第二节 ｜ 编织未来愿景，绘就梦想天地

我们从课程标准出发，梳理出符合我校校情的学科课程目标。

一　学科课程总体目标

美术课程以注重发展学生的审美感知，提升文化理解素养为起点，注重强调发展学生的艺术表现，通过加强课程内容与社会生活、学生经验之间的联系，落实创意实践，让美术创造源于生活又高于生活。鉴于此，我们结合美术学科的课程标准和学科特点，从品美感知力等四个方面阐述美术课程的总体目标。

（一）品美感知力目标

品美感知力是指学生对美的感知和鉴赏能力。品美感知力的培养要求学生通过美术作品的观察、分析和比较，理解和感受不同艺术形式和风格的美感特征，培养对美的敏感性和审美能力。这包括对色彩、形状、线条、质感等视觉元素的感知，以及对艺术作品所传达的情感、思想和文化内涵的理解。通过培养品美感知力，学生可以更好地欣赏和理解艺术作品，提升审美水平，培养对美的热爱和追求。

（二）用美实践力目标

用美实践力是指学生能够运用美的元素和技巧进行创作和实践的能力。用美实践力的培养要求学生通过绘画、雕塑、手工制作等艺术表现形式，运用色彩、形状、线条等艺术元素，以及各种材料和工具，进行创作和实践。通过实践，学生可以培养观察、思考、创造和解决问题的能力，提升艺术表达和创作的技巧。同时，用美实践力也能促进学生的审美体验和情感表达，培养学生的创造力和想象力。

（三）创美表达力目标

创美表达力是指学生能够借助各种艺术形式和媒介，表达个人的情感、思想和体验的能力。创美表达力的培养要求学生能够通过绘画、雕塑、摄影、设计等形式，以及

语言、音乐、舞蹈等其他艺术媒介，表达自己的创意和想法。通过创作，学生可以培养自我表达和交流的能力，发展个性和独立思考，展示自己的艺术才华和创造力。此外，创美表达力的培养对于学生的情感成长和身心健康也起着积极的促进作用。

(四) 共美包容力目标

共美包容力是指学生能够欣赏和尊重不同文化、不同艺术风格和表达方式的能力。共美包容力的培养要求学生通过对不同文化传统和艺术形式的学习和理解，培养对多元文化的尊重和包容。学生需要学会欣赏和理解不同风格的艺术作品，尊重他人的创作和观点，展示对多样性的认同和理解。通过培养共美包容力，学生可以拓宽视野，增强跨文化交流和合作的能力，培养全球视野和国际意识。

美术课程以独特的方式陶冶学生的情操，提高学生的审美能力。学生通过观察、分析和比较艺术作品来培养对美的感知和鉴赏能力；通过运用美的元素和技巧进行创作和实践来表达个人情感，形成艺术风格。这样学生不仅可以提升审美水平，培养创造力和想象力，还能发展个性，增强团队合作能力，实现全面而均衡的发展。

二 学科课程具体目标

依据课程总目标，结合岭南版中小学美术教材与我校学生实际情况，设置了我校课程的各年级具体目标。我们以三年级为例说明（见表 5-1）。

表 5-1 学科课程具体目标（以三年级为例）

单元	上学期	下学期
第一单元	【共同目标】 1. 能用简短的话语大胆地表达感受，尝试运用"形状""材料""功能"等美术术语进行评述； 2. 积累视觉、触觉和其他感官的感受，培养学生亲近生活、关爱生命的情感态度与行为习惯。 【校本要求】 1. 探索不同的建筑风格和文化背景，培	【共同目标】 1. 了解不同时代交通工具的文化发展过程，能用语言评述不同时期交通工具的异同，如造型、色彩、材料、功能与形式美等，知道交通工具与生活、艺术、历史的关系； 2. 能用语言评述和用绘画形式表现古代交通工具的造型与功能特点。

(续表)

单元	上学期	下学期
	养对建筑的兴趣和理解； 2. 发展观察和分析技能，学会识别建筑元素和特征； 3. 培养创造力和想象力，通过绘画和构建活动表达自己对建筑的想法和理念。	【校本要求】 1. 培养学生对交通的基本认知和安全意识； 2. 提升他们的美术欣赏感受和创作表现能力，以丰富他们对交通主题的艺术体验和表达。
第二单元	【共同目标】 1. 能运用点、线、色和大小对比的表现手法，描绘事物的形态、色彩、特点，并能进行简单的画面装饰； 2. 引导学生运用"变形"与"组合"进行对事物的创意表达与绘画创作，并能从诚实、善良的角度来评述故事。 【校本要求】 1. 培养想象力和创造力，通过绘画、绘本和角色扮演等形式，创作自己的故事； 2. 发展表达能力，学会用图画和文字叙述故事情节、描绘角色形象； 3. 培养批判性思维，学会评价和改进自己的故事，提高故事的连贯性和逻辑性； 4. 培养合作和沟通能力，通过小组合作创作故事，分享和交流彼此的创意和想法。	【共同目标】 1. 体验"近大远小"的透视现象，感知景物前后遮挡的空间秩序排列； 2. 能运用美术造型元素表现交通世界物象的形态和色彩特征，感受人与交通世界的关系，激发创造与表现的情感； 3. 热爱生活，学会细心观察身边的景物，学会关心生活与社会发展。 【校本要求】 1. 培养学生观察、表达和创作人物形象的能力，提升他们对人物形象的美术欣赏和理解力； 2. 培养他们的审美情趣和创作表现力，丰富他们的艺术体验和表达能力。
第三单元	【共同目标】 初步认识线条、形状、色彩等造型元素，学习使用中国画工具和色彩三间色的调和方法，体验水墨画和色彩变化的效果，通过观察、绘画等方法表现所见所闻、所感所想，激发丰富的想象，唤起创作的欲望，能够充分获得自己的情感感受和体验。 【校本要求】 1. 培养对大自然的观察和欣赏能力，通过绘画和摄影等形式，表达对自然景	【共同目标】 能运用浅显的线刻、叠贴和拓印基本技巧，制作简单的儿童人物版画，学会表现人物不同表情、动态，培养学生细致观察和表现人物造型的能力。 【校本要求】 培养学生剪纸设计的基本技能和创意思维，提升他们对剪纸艺术的欣赏和理解能力，培养他们的审美情趣和创作表现力，丰富他们的艺术体验和表达能力，激发他们对传统文化的兴趣和热爱。

(续表)

单元	上学期	下学期
	观的感受和体验； 2. 提高学生对生物多样性和生态系统的理解，学会识别和描绘不同植物和动物的特征。	
第四单元	【共同目标】 1. 学习使用各种工具，体验不同媒材的立体造型效果，在故事的主题下创造自己感兴趣的作品； 2. 引导学生体验生活，从生活中学会观察、发现。 【校本要求】 1. 培养观察和分析能力，学会评估现有周边物品的设计和功能，提出改良的建议和想法； 2. 发展创造力和解决问题的能力，通过绘画、模型制作等形式，设计和改良周边物品，提高其实用性和美观性； 3. 培养合作和沟通能力，通过小组合作，分享和交流设计思路和方案，共同解决设计问题。	【共同目标】 1. 理解到一张小小的纸片，经过折叠、剪刻、镂空的设计造型，会得到意想不到的图形和生动的造型； 2. 让学生在百变剪纸乐园中体验民间剪纸的审美情趣，在有趣的纸工游戏中发展形象思维、动手能力和创造能力。 【校本要求】 1. 培养学生对四季变化的观察和感知能力，提升他们对四季景色的美术欣赏和理解能力； 2. 培养他们的创作表达和故事叙述能力，丰富他们的艺术体验和表达能力，激发他们对自然环境的保护意识和热爱。
第五单元	【共同目标】 1. 认识美术与生活的联系，了解美术表现的多样性； 2. 尝试对设计功能上的多方位思考。 【校本要求】 1. 培养问题解决和批判性思维能力，通过独立或合作的项目，提出问题、收集信息、分析和解决问题； 2. 发展创造力和表达能力，通过绘画、雕塑、摄影等形式，创作独特的艺术作品，表达个人观点和情感。	【共同目标】 1. 让学生参与设计创作的过程中，了解四季变化是大自然的科学现象； 2. 培养学生自然科学的意识，提升审美创造能力。 【校本要求】 1. 培养学生小舞台表演的基本技能和团队合作精神，提升他们对舞台艺术的欣赏和理解能力； 2. 培养他们的创意表达和角色扮演能力，丰富他们的艺术体验和表达能力，激发他们对舞台文化的兴趣和热爱，培养他们的表达和沟通能力。

第三节 ┃ 构筑创作阶梯,追寻艺术之美

一 学科课程结构

我校品创美术课程分为"品创欣赏""品创表现""品创设计"和"品创探索"四大板块(见图5-1)。

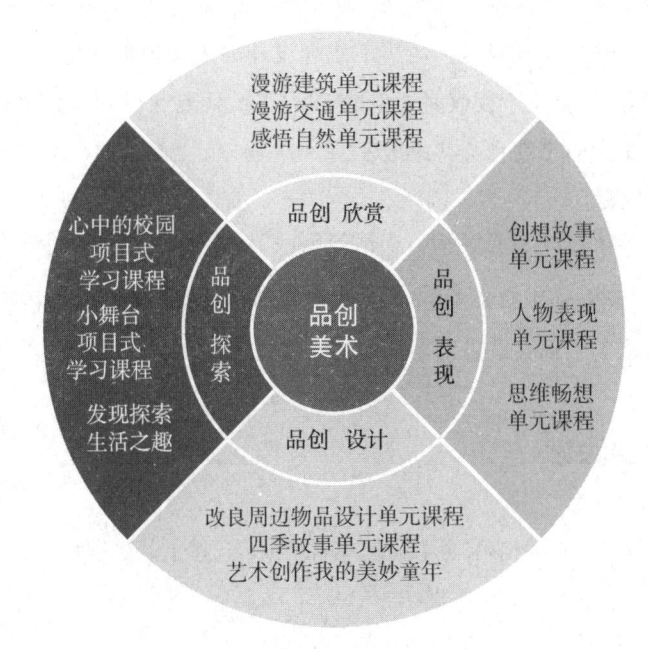

图5-1 "品创美术"课程结构

图中,各个板块课程内涵如下。

(一)品创欣赏

通过解读美术作品,让学生逐步形成审美趣味,提高美术鉴赏的能力,感知艺术之美。利用现有的美术馆、多媒体等资源,引导学生观摩美术作品,让学生积极主动地参

与到欣赏美的活动中,并能够用自己的语言对美术作品进行评述,欣赏自然之美,感受生活之美和社会之美。通过这一板块的学习,学会解读美术作品,了解美术发展概况。

(二) 品创表现

在寓教于乐中使学生感受到美术的魅力。学生利用掌握的美术知识、技能与思维方式,自主探索身边有趣的材料,通过立体、平面或动态等不同的形式(如画、剪、撕、拼等)进行美术创作。在创作中表达自己的思想与情感,激发创造力与想象力,从而对美术课程产生持久的兴趣,提升美术核心素养。

(三) 品创设计

引导学生对生活中常见的设计产品进行细致观察,结合社会情境和生活寻找设计灵感,将设计应用于真实情景。在明确设计用途的基础上,结合所学的基础知识,让学生自己寻找生活中可应用的材料,运用工艺和设计的知识技能与思维方式,创造出独一无二的设计作品。学生不仅仅是简单地学习理论,还要在设计作品中产生乐趣并获得成就感,促进学生的个性且可持续地发展。

(四) 品创探索

通过探索,学生将已掌握的美术知识与技能,与社会、自然、人文、科技等相结合,进行迁移转化。我们以活动为主要形式,发挥学生的主体作用,强调在探究中提升观察与动手能力,培养发现并解决问题的能力。

二 学科课程设置

基于美术教学参考,依据义务教育艺术课程标准,除了基础课程,将"品创美术"拓展类课程具体设置如下(见表 5-2)。

表 5-2 "品创美术"课程设置

学段		品创欣赏	品创表现	品创设计	品创探索
一年级	上学期	欣赏大自然	认识点线色好朋友	彩纸变变变	探索星空
	下学期	海阔天空	点线色的应用	有趣的形状	材料的探索

(续表)

学段		品创欣赏	品创表现	品创设计	品创探索
二年级	上学期	玩具大单元课程	动物主题绘本故事	百变数字	艺术材料的发掘和探索
	下学期	艺术家描绘的孩童形象与卡通人物	点线色应用课程	巧手工单元课程	变废为宝
三年级	上学期	漫游建筑单元课程	创想故事单元课程	大自然启示单元课程	心中的校园项目式学习课程
	下学期	漫游交通单元课程	人物表现单元课程	剪纸设计单元课程	小舞台项目式学习课程
四年级	上学期	漫游民间美术	思维畅想单元课程	装点生活之美单元课程	发现探索生活之趣
	下学期	感悟自然单元课程	我的学习伴侣单元课程	装饰绘画性课程	创艺纸艺综合探索
五年级	上学期	绘画人物表现	民俗传承单元课程	创意联想单元	综合探索课程
	下学期	绘画情感表达	寻找生活之美	艺术基础及表现技法	立体艺术表现
六年级	上学期	漫游缤纷的美术世界	毕业设计	毕业设计	民族艺术瑰宝
	下学期	古代传说与科幻故事中的艺术	穿越时空隧道	夸张有趣的艺术	小小旅行家
七年级	上学期	艺术与科技单元课程	趣味漫画单元课程	校园表情包设计单元课程	跨学科学习课程
	下学期	世界遗产之旅	构图与色彩	点、线、面设计	发现与创造
八年级	上学期	美术馆之旅	材料模块课	环保设计	校园微电影
	下学期	古典艺术美	材料模块课	版画模块课	校园的节日
九年级	上学期	探寻艺术家	城市设计	数字艺术	美术与当代社会
	下学期	雕塑艺术	毕业设计	毕业设计	毕业设计

第四节 ┃ 品鉴世间辉煌，探索无限可能

我们以立德树人为根本任务，以核心素养为导向，通过构建"品创课堂"、实施"品创课程"、打造"品创社团"、举办"品创艺术节"、创设"品创空间"等多条途径推进课程实施。

一 构建"品创课堂"，筑牢品美创美底色

（一）"品创课堂"的内涵

"品创课堂"是一个教学目标明确，教学方法多元，教学内容与学生经验、社会现实和当地文化资源等有密切关联，教学过程以学生为主体和注重学生体验感的师生共同成长的灵动课堂。在"品创课堂"中，师生通过品鉴艺术作品的美，联系自己真实的情感，探讨艺术作品背后的意义和价值，拓展学生的艺术视野和思维深度。此外"品创课堂"注重激发学生的创造力和想象力，引导他们通过艺术作品表达自己的情感和思想。在教学过程中以学生为主体，鼓励学生自主探索和发现，培养他们的独立思考和解决问题的能力，以及对美的热爱和追求。

（二）"品创课堂"的实施

制定明确的教学目标。总目标是通过具体的课程提升学生的审美能力、创造力以及艺术修养，规范学生的美术学习习惯，帮助学生学会大胆运用美术知识和技巧进行表现与创作，激发学生对美术的兴趣和热爱，并运用美术思维解决真实问题，促进学生全面发展。分段目标是根据教材内容和学生的身心特点制定，且遵循循序渐进基本原则定制，例如第一学段(1—2年级)着重培养学生对色彩、形状、线条等基本美术元素的感知能力，引导学生通过美术手段大胆表达，激发学生对美术创作表达的兴趣。

打造强关联的教学内容。我们注重梳理教学内容，找出课本知识点之间的内在联系，通过将不同学年课程内容的有机整合，形成符合我校学情的单元课程，同时熟练使

用多种教学手段,强化知识点的关联性。此外,我们注重引导学生认识美术与生活之间的联系,在授课过程中通过创设真实的学习情境,引导学生运用所学知识解决实际问题,实现美术课堂内容的迁移;同时,通过户外写生等形式,将所学的美术技能进行实际运用,引导学生联系自然,感受并发现自然的美。

采用多元的教学方法。我们根据教学内容、学生身心特点和经验、社会现实和当地文化资源、学校活动等现实情况灵活运用游戏化教学、生活化教学、分层式教学、渗透式教学等多种教学方法来激发学生的学习兴趣,引导学生自主学习、合作学习和探究学习等,提高学生的创意实践能力和艺术表现能力,充分发挥学生的主体性和创造性。教师在灵活运用教学方法的同时配合智慧硬件使用,提高课堂效率、丰富学生体验感。例如:在《巨人和小矮人历险记》中采用了"变大和变小"游戏化教学并配合智慧硬件使用,让学生迅速体验巨人和小矮人的视角。同时我们还举办课堂作业展、社团作品展、设计节日或主题活动海报等活动,增加学生艺术实践机会。

创设自由的教学环境。教学环境主要包括自由的物理环境和社会文化心理环境。自由的物理环境是指宽敞明亮的教室、丰富的美术资源、优美的校园环境等。自由的社会文化心理环境是指自由有度的班风与课堂氛围,相互信任的师生关系等。自由的教学环境注重学生的个性发展和情感体验,注重潜移默化,引导学生形成正确的价值观。我们注重潜移默化的影响和熏陶,在日常常规教学中联系学生实际生活并巧妙渗透德育,让学生在润物无声中受到美的熏陶和爱的教育。我们通过巧妙设计情境激发学生的创造力,让学生在轻松愉快的氛围中表达自己的理解和感悟。例如:在《快餐美食店》创设"我是小厨神"情境,让学生在轻松愉悦的心理环境和紧密贴合教学内容的真实环境下尽情发挥。

二 实施"品创课程",增添品美创美彩色

(一)"品创课程"的内涵

"品创课程"是具有实践性和创造性的美术课程,是重视艺术体验和突出课程综合的美术课程,是注重艺术与自然、生活、社会、科学的关联的美术课程,是强调多元性和包容性的美术课程,是关注个性化和差异性的美术课程,是创新运用传统文化和现代

科技的美术课程。它主要包括艺术启蒙课程、艺术表现课程、艺术活动课程。

(二)"品创课程"的实施

"品创课程"在实施过程中分为艺术启蒙、艺术表现和艺术活动三个方面,旨在将艺术鉴赏理论学习与艺术实践有机结合,为学生提供全面的艺术教育,学生能够获得不同的艺术熏陶和实践机会,从而培养他们的审美能力和创造力。

我们根据学生的年龄阶段,设置了不同类型课程内容,如在艺术启蒙的看经典课程中,一、二年级观看《滴答滴答小画家Dipdap》,三年级观看《啊!设计》,四年级观看《此画怎讲》,五年级观看《奇妙美术馆》,六、七年级观看《艺术很难吗?》,八、九年级观看《如果国宝会说话》等。通过观看不同的经典艺术讲解资源,学生提高了艺术储备与审美能力。

针对学生的能力与兴趣,我们设置了多样化的授课形式,以满足不同层次学生的学习需求——学生根据自己的兴趣自由选课,教师针对性授课。在艺术表现课程中设置了模块课程和特选课程,模块课程有陶艺课、版画课、纸艺课等;校本课程有沙画、国画、书法、轻黏土、肌理拼贴画、综合材料、创意美术等;特选课程有造型基础、艺创工坊、套色木刻版画、剪纸拓印等。

我们打通课堂教学与课外活动时间,开展艺术活动课程。艺术活动课程分为节假日课程、校园观展课程、比赛类课程等。其中节假日课程分为传统佳节课程和寒暑假课程。传统佳节课程有中秋月饼手工拼贴画、端午粽子龙舟创意画、春节剪团花、清明青团水墨画等,暑假制作旅行手帐、寒假写春联等,以活动育人,既让学生理解艺术来源于生活,也增强了学生对传统文化的了解和传承意识。校园观展课程有常规课堂作业观展、校本课程优秀作品观展、艺术节观展活动等,将艺术创作与展示相结合,激发学生的艺术创作激情和审美感知,既为学生提供了展示自己作品的机会,促进了他们的创作积极性和自信心,同时也丰富了校园文化氛围,激发了学生对艺术的兴趣和热爱。比赛课程通过区儿童画比赛、区科幻画和工艺小制作比赛、区禁毒比赛和区书画比赛等重要比赛,以赛代练,促使学生在比赛中不断挑战自我,不断完善自己的作品,培养学生的自信心和团队合作精神,从而提高学生的创作水平和艺术修养。

三　实施"品创社团"，打造品美创美特色

（一）"品创社团"的内涵

"品创社团"是以学生特长和兴趣为基础，结合学校教师专业背景及研究方向，充分利用校内已有资源，并借助校外机构力量创设的美术社团。它为学生提供艺术交流和学习的平台，通过丰富多样的艺术活动和创作体验，激发学生对美术的热爱和兴趣，让他们内心深处产生对艺术的渴望和追求。"品创社团"的开展不仅培养学生的艺术创造力，提升学生的美术技能，而且培养他们的艺术素养和审美能力，为他们的个人发展和未来的艺术道路打下坚实的基础。

（二）"品创社团"的实施

我们创办了艺创工坊、造型基础、版画、综合材料、剪纸、轻黏土、创意绘画、色彩肌理拼贴画等美术社团。美术社团数量繁多，参与人数众多，呈现出百花齐放、生机勃勃的繁荣景象。各个社团的组织形式和学习方式也独具特色，各具千秋。我们对不同的美术社团提供个性化艺术指导和资源支持，让学生在社团活动中展示和发展自己的艺术才能，参与美术创作和展览等活动，逐步培养学生的艺术审美和创作能力。

以艺创工坊为例，它是以陶瓷作为主要材料，带领学生进行雕塑艺术创作。在课程设置上，以陶艺雕塑作品鉴赏与陶艺创作系列课程为基础，领略不同陶瓷艺术作品的特点与意义。首先，学习陶艺基础知识和技巧，学生将学习陶艺的基本工具、材料和技术，了解陶艺的历史和发展，掌握陶艺制作的基本原理和方法。其次，学生将通过陶艺社团的实践活动，进行陶艺作品的设计和创作。他们将学习如何构思和规划陶艺作品，选择合适的造型和图案，并运用各种陶艺技巧进行制作。再次，学生将学习如何对陶艺作品进行装饰，包括釉面处理、彩绘、贴花等技法。通过装饰，可以使陶艺作品更加丰富多样，增加艺术性和观赏性。随后，学生将学习陶艺作品的烧制和后期处理技术，包括选择合适的烧制温度和时间，掌握烧制过程中的注意事项，以及对烧制后的作品进行修整、打磨和上釉等处理。最后，学生参与陶艺社团组织的展览和交流活动，展示自己的陶艺作品，与他人分享创作心得和经验，借此提高自己的艺术修养和交流能力。通过这样的课程设置，艺创工坊能够让学生体验陶艺艺术创作的魅力，拓宽他们

的艺术鉴赏能力和视野，帮助他们掌握艺术创作的逻辑和方式。

四 举办"品创节庆"，展现品美创美亮色

（一）"品创节庆"的内涵

"品创节庆"指举办艺术节，利用节日举办美术创作等节日庆典活动，通过展览、演出、比赛等形式，增强学生的艺术交流和创作活动，营造浓郁的艺术氛围，提高学生的美术兴趣和活动参与度。在节庆活动中融入中华优秀传统文化的元素，如国画、书法等，让学生在创作中感受中华文化的魅力，传承和弘扬中华文化。在筹备和参与节庆活动的过程中，学生可以与其他同学交流合作，提升沟通能力和团队协作精神，还可以让更多的学生受到艺术的熏陶。

（二）"品创节庆"的实施

我们以"美育"文化为载体，结合学生的实际情况以及美术课程特点，营造开放、多元、高雅、自主的校园艺术氛围，例如举办"艺术逐梦扬风帆，创校奋进新征程"艺术节活动。艺术节从校园环境艺术、创意类艺术、体验类艺术、融合类艺术四大板块，设计了走进黑匣子剧场、校园戏剧节、文化雅集等8项活动，充分满足了不同艺术爱好的同学勇于尝试、积极参与、全情体验、大胆展示的需求。

我们借助节庆活动契机，精心组织"奔赴自然，约'绘'校园"写生比赛，带领孩子们走出教室，亲近自然、观察自然、表现自然，用艺术的眼光，不断发现校园之美。本次写生比赛共分为四课时展开，前两课时为室内先导课，后两课时为室外作品生成课。根据不同年龄段学生的绘画特点以及对校园环境的感知力和表现力的不同，美术组教师将校园写生比赛分为三个主题：一年级为"卡通形象"主题，二年级为"花园植物"主题，三、四年级为"校园建筑"主题。美术课上，孩子们带着自己擅长的绘画工具，开始了与校园的一场约"绘"。大家分组结队，选定好心仪的风景后，或席地而坐、或站立静思，用自己手中的画笔描绘自己心中的校园美景。此次写生比赛，有效提升了学生的观察能力和美学素养，让学生在描摹风景的过程中加深对学校的认识与热爱。

我们还组织了文明礼仪月绘画海报评比、读书海报征集评比等活动，将文明礼仪与艺术素养结合起来，鼓励学生参与艺术创作，展示学生的艺术作品和创造成果，激发

学生的学习热情和创作动力。

五 创设"品创空间",浸润品美创美本色

(一)"品创空间"的内涵

"品创空间"是指以美育浸润学校,注重学生感知体验,营造开放的学习情境,打造昂扬向上、文明高雅、充满活力的校园空间。为了建设时时、处处、人人的美育育人环境,学校建设了一系列的美育实践空间,如创意思维孵化室、"悦读吧"图书馆以及主题展示空间等,为学生提供了丰富的艺术资源和创作空间。

(二)"品创空间"的实施

只要善于去发现,处处都可以是品创空间,关键看怎样打造、怎样使用。我们整合美术功能室,配备不同种类社团所需的材料和工具,便于学生进行各种绘画练习和创作。学生在这里学习绘画技巧、尝试不同的绘画风格,培养自己的绘画表达能力和创造力。我们还定期举办绘画课程和讲座,邀请专业的艺术家和教师进行指导,为学生提供更深入的学习和交流机会。

在"悦读吧"中,将吊顶设计为古典主义壁画和油画的展示区,将空间设计为审美的重要场所。通过赏析优秀的美术作品,学生可以深入了解各种艺术流派和风格,学习如何发现美、感受美、创造美,不断开阔视野,提升审美素养。

我们建设创意工坊、创意思维孵化室和主题展示空间,打造学生创意、交流和分享的平台。在创意工坊,学生集创作、实践和探索于一体,亲手制作从绘画到雕塑等各种艺术作品;在创意思维孵化室,学生一起探讨艺术、切磋技艺,共同成长。在主题展示空间,举办美术展览、邀请艺术家进行交流和分享,学生近距离地欣赏到各种不同类型的艺术作品,拓宽他们的艺术视野。同时,学生也参与到展览策划和布展工作中来,锻炼他们的组织协调能力和实践能力。

我们注重与外部资源的合作与交流。我们与当地的艺术家、美术馆、博物馆和艺术机构建立了紧密的合作关系,定期参观或请进来与学生进行面对面的交流。学生能触到更广阔的艺术世界,了解最新的艺术动态和技术,进一步拓展自己的艺术视野和创作思路。

在"品创空间"中,艺术与教育相得益彰,创意与学术相互促进。学生在这个充满活力的环境中学习成长,不断发掘自己的潜力和才能,为未来的发展奠定坚实的基础。

(执笔人:李雪琴　吴启鹏　闫　凯　梁宇婷　周　鑫　郭　勇　卢海华)

第六章
修智慧脑,延展理性推理思维

数学是现实世界的理性表达,它宛如一座灯塔,照亮人们通往智慧人生的道路。数学课程,启智增慧,学生在数字与图形的交织中,领悟着逻辑的严谨和推理的美妙,培养着敏锐的洞察力和深刻的思考力。他们以睿智的思维应对挑战,用理性的眼光洞察世界,开启一段充满智慧与光芒的人生之旅。

第一节 ┃ 启迪心智为志，点亮智慧心灯

一　学科课程性质

数学是人类感知世界的开始，每个孩子最先学习的数学知识就是从掰着手指数数开始，在逐渐复杂的生活体验和实际情境中感受了最基本的数学思维，逐步加深了对现实世界和社会的认识。正如华罗庚所言，宇宙之大、粒子之微、光箭之速、生物之谜、日用之繁，无处不用数学。但是面对数学，有的人却认为学校学习的数学知识在现实生活中没有太大作用，似乎只需掌握加减乘除基本运算就足够了；还有的人会问："数学很难，是符号游戏和解题训练，学习这么难的数学，意义在哪里？"我们不禁追问自己，如果忘掉了数学知识，学习数学还能带给我们什么？

基础性、普及性和发展性，要求义务教育数学要适合相应年龄段学生的发展水平，要让所有学生都经历数学的学习过程，让每一个学生的思维都能得到适当的发展，能够适应现代生活，做好开启未来生活和进一步学习的知识与能力储备。

二　学科课程理念

"数学教学是数学思维活动的教学"[①]，我们认为：数学眼光、数学思维、数学语言三者有机统一，学生在学习数学的思维活动中培养数学眼光的观察，在将数学思维的主观意识转化为客观和可视化存在的过程中形成数学语言的表达，在数学眼光和数学语言拓展出的空间中巩固和拓宽数学思维。所以，数学学习就是要让学生学会如何学数学，能够发现并发展隐藏在"四基"背后的数学思维。在此基础上，我们提出"慧思数学"的学科课程理念。

[①] [苏]A.A.斯托利亚尔.数学教育学[M].北京：人民教育出版社，1985：89.

"慧"最早见于《说文》小篆,本义为聪明、智慧。"思"作为动词本义为思考、想、考虑,作为名词表示思想、思绪等。《荀子·劝学》载:"君子知夫不全不粹之不足以为美也,故诵数以贯之,思索以通之",其中的思索表示阅读群书下的思考与探索。综合考虑,"慧思"表示有智慧、能思索和成思维,预示着学生要养成学习数学的思索动力和思维活力。

"慧思数学"就是让每个学生都能智慧思索的数学,即在学习数学的过程中,以数学思维为抓手和突破口,经历会观察、有思考、善思辨、能表达的真实问题解决过程,学习像数学专家一样思考与研究,从而养成理解数学世界内部逻辑的思维方式,搭建融通现实世界与数学世界的思维通道,逐步形成适应终身发展需要的数学核心素养。

(一)"慧思数学"是优化思维系统的数学

课程目标以学生发展为本,以核心素养为导向,以优化数学思维系统为关键和突破口,通过将惰性知识转变为活性知识激活学生原有思维,加强数学内部联系,不断完善数学思维的完备性;通过让学生在生活中学习数学,在生活中应用数学,激发数学学习兴趣,不断训练数学思维的应用性;通过不同数学领域的学习、实践和探索,发展学生的数学思维并优化学生思维系统,让学生逐步获得"四基",发展"四能",形成专家思维。

(二)"慧思数学"是扎根现实世界的数学

课程内容抽象于复杂的现实世界,经过数学内部的逻辑推理,用于解释现实世界的现象及解决现实世界的问题。依据义务教育阶段的数学学科体系,现实世界的数学问题主要包括以计算为主的代数,以图形为呈现的几何,以数据处理为主的统计和以综合与实践为主的实验四个领域,另外还包括数学发展难题、发展前沿与数学文化等。课程内容注重数学知识与方法的层次性,以大单元(大概念)为统筹,通过数形结合、数模结合、形模结合等方式打通学段内、学段间数学壁垒,形成数学脉络。

(三)"慧思数学"是善于主动思索的数学

课程实施注重教师教与学生学、被动促进与主动学习的有机统一,核心是将主动思索贯穿在学生学习的每个环节。无论是在让知识、方法与思想灵动起来的准备环节,还是在让学生手脑动起来、让思维活起来的学习环节,或是在让学生将所学用起来的实践环节,都注重启发式吸引学生主动参与学习,并让学生经历战胜困难的过程,获得成功的体验,从而激发学生兴趣,引发学生思考,鼓励学生质疑问难,培养学生主动思索的学习习惯。

(四)"慧思数学"是关注差异成长的数学

课程评价不仅要促进学生进步,还要促进教师改进教学;不仅要关注学生数学学习的结果,还要关注数学学习的过程;不仅要关注学生个体学习过程,还要关注学生学习小组的学习过程;不仅要关注学生群体的横向成长,还要利用大数据关注学生个体的纵向成长;不仅要关注教师对学生评价,还要关注学生对自己、学生对他人、家长对学生、学生对课程的评价;不仅要关注学生数学知识技能等掌握情况,还要关注学生解决问题的能力发展。

总之,"慧思数学"就是在学习基础知识、掌握基本能力、感悟基本思想、体验基本活动经验基础上,生成学习数学的思索动力,激发学习数学的思维活力,形成完善的数学思维体系,找到数学学习的意义和价值,为进一步学习和成长奠定扎实基础。

第二节 ┃ 培养素养为本，架设思维立交

我们从课程标准出发，梳理出符合我校校情的学科课程目标。

一 学科课程总体目标

为践行"使得人人都能获得良好的数学教育，不同的人在数学上得到不同的发展，逐步形成适应终身发展需要的核心素养"[1]的课程理念，结合《义务教育数学课程标准（2022年版）》中"四基""四能"、数学价值观等方面的阐述，数学科组提出"慧思数学"课程目标，即让学生会用数学智慧思索现实世界，并从"未来基础、聚焦问题、数学价值观"三个方面进行阐述。

（一）未来基础目标

学生未来发展的基础是获得基础知识、掌握基本技能、感悟基本思想、积累基本活动经验。具体而言，就是学生对数学知识进行自主探索，开展抽象、建模、分类、数据收集与分析等活动，经历发现知识、探索知识生成过程和建构知识体系的过程，获得基础知识和基本技能；在此过程中积淀更具一般性的想法（基本思想）和体验（基本活动经验），进而构建知识、能力、思想、体验为一体的数学思维结构，为未来发展和进一步学习奠定基础。

（二）聚焦问题目标

数学家哈尔莫斯说："问题是数学的心脏"。经历学习，学生能在现实世界或真实情境中发现问题和提出问题，运用数学和其他学科知识与方法分析问题和解决问题。具体而言，就是在具体数学问题中，学生能用数学知识与方法分析问题和解决问题；在真实数学情境中，学生能根据数学知识和方法提出问题、分析问题和解决问题；在现实

---

[1] 中华人民共和国教育部. 义务教育数学课程标准（2022年版）[S]. 北京：北京师范大学出版社，2022：2.

生活情境中,学生能不断提高发现和探索数学现象的能力,逐步掌握从数学视角观察、解释现实世界的意识和习惯。学生在不断螺旋上升地发现问题、提出问题、分析问题与解决问题过程中,构建聚焦问题的数学思维结构,生成思索数学的智慧。

(三) 数学价值观目标

毕达哥拉斯说:"数学支配着宇宙"。数学有用,而且是一门伟大的学问。数学的用、数学的美、数学的伟大是随着学生对数学不断深入学习和研究后逐步从感受走向认同的。

具体而言,就是通过参加数学游戏、解决数学问题、学习数学文化等活动,让学生获取成功体验,激发学生学习数学的兴趣,保持数学的好奇心与求知欲;在真实问题解答和综合实践研究中建立学好数学的自信心,培养智慧思索数学学习习惯;在不断深入学习和研究中了解数学的价值,欣赏数学的美,体悟并养成追求和质疑问难、勇于探索的科学精神。

二 学科课程具体目标

为更好地实现学科课程总目标,在具体的日常教学中分解并落实课程目标,我们制定了学科课程分年段的具体目标,现以一年级为例进行阐述,见表6-1。

表6-1 "慧思数学"课程具体目标(以一年级部分单元为例)

章节	上学期	下学期
第一章	【共同目标】 1. 经历从实际情境中抽象出数的过程,能用10以内的数表示物体的个数或事物的顺序,并能认、读、写0~10各数; 2. 在一一对应的活动中比较物体数量的多少,认识"=""<"">",能比较10以内数的大小; 3. 能用数表示日常生活中的一些事务,能用一一对应等方法解决简单的实际问题;	【共同目标】 1. 在具体情境中,通过探索、交流活动,进一步体会减法的意义; 2. 学会20以内数的退位减法计算,并能比较熟练地口算; 3. 能理解他人的不同算法,体会算法的多样性; 4. 能发现和提出用20以内数的退位减法解决的问题,并尝试解决; 5. 感受退位减法运算与日常生活的

(续表)

章节	上学期	下学期
	4. 在教师的引导和示范下,开始学习认真倾听、思考、表达、书写,并逐步养成良好的学习习惯。 【校本要求】 1. 通过学习,学会用 1、2、3 等数字表示物体的个数和顺序,渐渐地体会到自然数是"逐一递增"的; 2. 结合有趣的生活情境,经历数的抽象过程; 3. 分层次设计,逐步加深对数的意义的理解; 4. 通过数数、比较等活动,初步体会一一对应的思想; 5. 在数数的活动中,引入书写的活动。	密切联系,体会减法的实际应用,激发学习兴趣。 【校本要求】 1. 能正确计算 20 以内数的退位减法; 2. 能解决与 20 以内数的退位减法有关的问题,采用观察情境图中信息的形式,然后回答问题,也可以提供情境图,学生自己通过独立思考提出问题并尝试解决问题; 3. 初步理解算理之后,呈现数线模型,把数线作为一种计算工具,学生从中理解算理,掌握算法。
第二章	【共同目标】 1. 能够在具体情境中比较两个物体的大小、多少、长短、高矮、轻重;通过简单的推理活动,发展初步的推理能力; 2. 经历"比一比"的过程,体验并积累一些简单的比较方法;通过与他人交流比较的方法,尝试解释自己的思考过程; 3. 积极参与数学活动,养成仔细观察、认真思考的良好学习习惯。 【校本要求】 1. 通过学习,学生学会用数学的眼光观察身边的事物,尝试用定性的语言描述事物的某些数量特征,为后续学习定量分析实际问题积累丰富的活动经验和研究基础; 2. 在具体情境中呈现比较方法的多样性,学生获得一些基本的比较方法和策略;结合学生熟悉的生活素材,通过开展比一比活动,学生借助观察和动手操作等活动,直接作出判断,在比较的过程中获得丰富的体验; 3. 两种不同的比较方法有机渗透在学生	【共同目标】 1. 经历观察实物的过程,初步体会从不同方向观察物体看到的形状可能是不同的; 2. 能根据具体实物、照片或直观图,辨认从前面、后面、左面、右面、上面观察到的简单物体的形状; 3. 在实际操作活动中,逐步积累观察物体的经验,初步发展观察、推理和空间想象能力; 4. 积极参与观察活动,了解观察方法,体会观察物体的乐趣,提高学习数学的兴趣。 【校本要求】 1. 让学生通过观察物体,进一步认识物体的形状、特征以及物体间的相对位置关系,积累观察物体的活动经验; 2. 能辨认从不同方向观察到的简单物体的形状,知道从不同方向观察物体所看到的形状可能是不同的,鼓励学生从多个角度进行观察,

(续表)

章节	上学期	下学期
	熟悉的具体情境之中,既注重了学生直观生活经验的利用,又适时提高并发展了学生的思维能力和推理能力,同时也在比一比的活动中,启发学生动脑思考,尝试从不同的角度探索比较的方法和策略,交流比较的经验; 4. 注重比较物体属性的多样性,让学生在比较过程中积累必要的经验;在比一比的过程中,体会事物间比较的丰富性,初步体会事物之间的两种关系的相等与不等、相同与不同,以丰富学生对不同事物的认识,充分调动儿童成长过程中已经积累的丰富、直观的活动经验,引导学生学会用数学的眼光、从定性的角度(谁高谁矮、谁长谁短、谁轻谁重等)整体把握事物的特征以及不同事物之间存在着的数量关系。	积累观察经验; 3. 通过实物的观察,让学生亲身经历"观察实物—直观感知—形成表象—想象判断"的过程,体会从不同方向观察物体所看到的形状可能是不同的;通过观察实物的实践,获得从不同方向(或站在相对于物体的不同位置)观察物体可能看到不同形状的直接经验; 4. 通过间接观察物体的活动,学生经历的是"观察实物图—空间想象判断—形成表象—观察实物验证"的过程,帮助学生积累观察物体的经验,发展他们的空间观念。
第三章	【共同目标】 1. 通过观察、操作活动,初步理解加与减的意义,探索并掌握 10 以内数的加减法的计算方法,并能正确计算 10 以内数的加与减及连加、连减和加减混合; 2. 在具体情境中,经历自主探索算法并与同伴合作交流计算方法的过程,初步感受算法的多样化; 3. 能从具体情境中提出加法和减法问题并解答,能用加法与减法解决生活中简单的实际问题; 4. 在各种活动中,不断养成仔细观察、独立思考、认真倾听、有条理地表达的良好学习习惯。 【校本要求】 1. 在丰富的具体情境中,理解加与减的意义;通过创设有趣而又熟悉的情境,运用生动的连环画的形式,学生对数学产生亲近感,激发学习数学的兴趣,主动	【共同目标】 1. 经历数数的过程,会正确地数出 100 以内物体的个数;初步理解计数单位"十""百"的意义; 2. 通过操作活动,初步理解 100 以内数的组成,知道 100 以内数的数位和数位顺序,会读、写 100 以内的数,会用学具表示这些数,体会 100 以内各数的意义; 3. 会比较 100 以内数的大小,并能结合实际进行估计,初步发展数感; 4. 学习用 100 以内的数描述生活中的事物,并与他人交流,发展学习数学的兴趣和自信心,初步体会数学与生活的密切联系。 【校本要求】 1. 结合现实情境帮助学生理解 100 以内的数,能数 100 以内物体的个数,认读 100 以内的数,能写 100

(续表)

章节	上学期	下学期
	建立加减运算与生活的联系,从而进一步理解加减法运算的意义; 2. 通过操作、画示意图、演示等多种方式,探索和交流算法;让学生面对一个问题时,学会如何进行思考,并能够在独立思考的基础上,尝试用自己的方式表达对数学问题的理解,从而探索解决问题的思路和方法; 3. 注重数的认识和运算意义有机结合,促进学生对数的认识;通过数数逐步让学生体会到做加法实际上就是"继续往后数"的结果,做减法就是"往回数"的结果; 4. 注重培养学生解决生活中简单实际问题的能力;通过创设问题情境,引导学生去学习连加、连减和加减混合运算,激发学习数学的兴趣,使学生感受数学的应用价值,培养学生解决问题的意识,提高学生的运算能力。	以内的数,能比较100以内数的大小,体现数学与生活的密切联系; 2. 通过数数,让学生了解自然数能表示"几个"和"第几个",感受自然数所表示的两个意义(基数和序数),体会自然数列的变化规律,初步理解数位的意义; 3. 在学习读数和写数的过程中,学生可以体验数的位值概念,这是进一步理解自然数的必要环节; 4. 通过"数数""估数"等多种多样的活动,能在具体情境中把握数的相对大小关系,并通过比较数的大小,学生可以进一步复习数位、计数单位、数的读写等知识。
第四章	【共同目标】 1. 在动手操作的活动中,经历分类的过程,初步体会分类的含义和方法,感受分类在生活中的作用; 2. 能按给定的标准或自己选定的标准进行分类,体会分类标准的多样性; 3. 能运用分类的方法,解决生活中相关的实际问题; 4. 初步养成有条理地整理物品的习惯,体会分类在生活中的必要性。 【校本要求】 1. 通过学习"整理房间",学生经历对房间内物品的整理过程,感受到分类是需要一个标准的,体会到分类在生活中的作用; 2. 通过学习"一起来分类",巩固分类需要	【共同目标】 1. 在操作活动中,初步认识长方形、正方形、三角形和圆,体会"面在体上",初步培养空间观念; 2. 能利用所学图形,进行拼图、折纸等活动,进一步感受图形的特征; 3. 欣赏利用图形组成的美丽图案,并能进行设计; 4. 感受图形与日常生活的密切联系,激发学习图形的兴趣。 【校本要求】 1. 能辨认长方形、正方形、三角形和圆,并在具体的活动中,将图形进行分割和组合,掌握用七巧板拼图; 2. 通过描、折、剪、拼、欣赏和设计,让

(续表)

章节	上学期	下学期
	确定一个标准,体会分类标准的多样化; 3. 在学生利用生活经验进行分类的基础上,渗透如何有条理地整理物品,让学生养成良好的生活习惯和思维品质,从而体会分类在生活中的必要性和价值; 4. 充分经历分类活动,在活动中逐步体会分类思想,积累活动经验; 5. 通过分类的活动,使学生懂得如何对一些杂乱的物品进行整理,从而有条理地思考问题,发现其中的一些规律,逐步感悟分类思想。	学生亲身经历抽象出平面图形和对图形进行简单分解和组合的过程,帮助学生进一步感受图形的特点,感受图形与图形之间的联系,为以后学习轴对称和面积等积累活动经验; 3. 通过"从立体图形得到平面图形"的活动,帮助学生体会立体图形与平面图形之间的联系; 4. 学生以动手操作为主线,从而积累图形认识的活动经验。
第五章	【共同目标】 1. 结合具体情境,体会前后、上下、左右的位置关系,会用前后、上下、左右描述物体的相对位置; 2. 能比较准确地确定物体的前后、上下、左右的位置,体会具体位置的相对性; 3. 能描述生活中物品的位置与顺序; 4. 逐步养成按一定顺序进行观察的习惯,体会到生活中有数学,初步感受利用数学的乐趣。 【校本要求】 1. 利用学生已有的生活经验,认识前后、上下、左右; 2. 结合观察、操作和游戏等活动,逐步体会位置关系的相对性,发展初步的推理能力。	【共同目标】 1. 在具体情境中,经历解决实际问题的过程,进一步理解加减法的意义; 2. 探索并掌握100以内数的不进位加法、不退位减法的计算方法,并能正确计算; 3. 经历在具体情境中提出问题和解决问题的过程,初步形成解决简单实际问题的意识和能力。 【校本要求】 1. 在同一情境中同时呈现加减法,从一个问题情境中既能提出加法问题,也能提出减法问题,有助于学生在比较中进一步体会加减法的意义,从不同角度理解数量之间的关系,帮助学生逐步体会数学知识间的相互联系; 2. 通过动手操作的活动,理解和掌握算法; 3. 让学生置身于丰富的情境中学习计算,学生能够结合实际情境提出计算问题,探索计算方法,并将

(续表)

章节	上学期	下学期
第六章		计算教学变为学生丰富多彩的学习活动,既有利于学生理解和掌握计算方法,又可以激发学生学习的兴趣,提高运算能力。
第六章	【共同目标】 1. 在分类、观察等操作活动中,形成对长方体、正方体、圆柱和球的直观认识,知道这些立体图形的特征和名称,并能进行识别; 2. 经历观察、想象和交流的过程,积累认识立体图形的数学活动经验,初步培养表达和归纳能力,发展语言表达能力,初步建立空间观念; 3. 能正确识别生活中的长方体、正方体、圆柱和球; 4. 感受数学与生活的密切联系,培养探索精神和与人合作的意识。 【校本要求】 1. 在"认识图形"活动中,通过对一些常用物品的分类,直观认识立体图形的特点,逐步抽象出长方体、正方体、圆柱和球的基本特征。在"我说你做"活动中,通过动手搭积木的游戏活动,进一步加深对几何体的认识,在观察、想象、表达等学习活动中积累活动经验; 2. 通过对不同物品进行分类的活动,建立对立体图形的直观认识,逐步聚焦到根据物体的形状分类,然后再根据一组具有相同特性的物体的描述,逐步抽象出立体图形的形状;通过对一类图形进行观察、比较,逐步体会这些立体图形的特征; 3. 通过具体的动手操作活动,帮助学生直观感受立体图形的特点,鼓励学生使用生活语言描述他们对这些立体图形的认识。	【共同目标】 1. 在解决实际问题的过程中,进一步体会加减法的意义,理解100以内数的进位加法与退位减法的算理; 2. 探索并掌握100以内数的进位加法与退位减法的计算方法,并能正确计算; 3. 通过交流算法,体会算法多样化;初步发展估算意识,提高解决问题的能力; 4. 在解决问题的过程中,感受数的运算与生活的联系,体会计算的乐趣,激发学习数学的兴趣。 【校本要求】 1. 掌握100以内数的进位加法和退位减法的计算方法,通过对小棒、计数器等实物的操作探索计算方法,理解算理,加深印象,提高计算的准确性; 2. 通过不同的情境、不同的呈现形式,提高读懂信息的能力; 3. 能根据情境提出简单的问题,并能根据要求运用所学知识解决有关问题,以提高发现问题、提出问题的能力。

第三节 ┃ 依托课标为基,筑构数学广厦

我们依据《义务教育数学课程标准(2022年版)》的要求,为实现"慧思数学"的学科课程理念和课程目标,建构了"慧思数学"课程群。

一 学科课程结构

"慧思数学"课程分为"慧思代数""慧思几何""慧思数据""慧思实践"四大板块,课程结构图如下(见图6-1)。

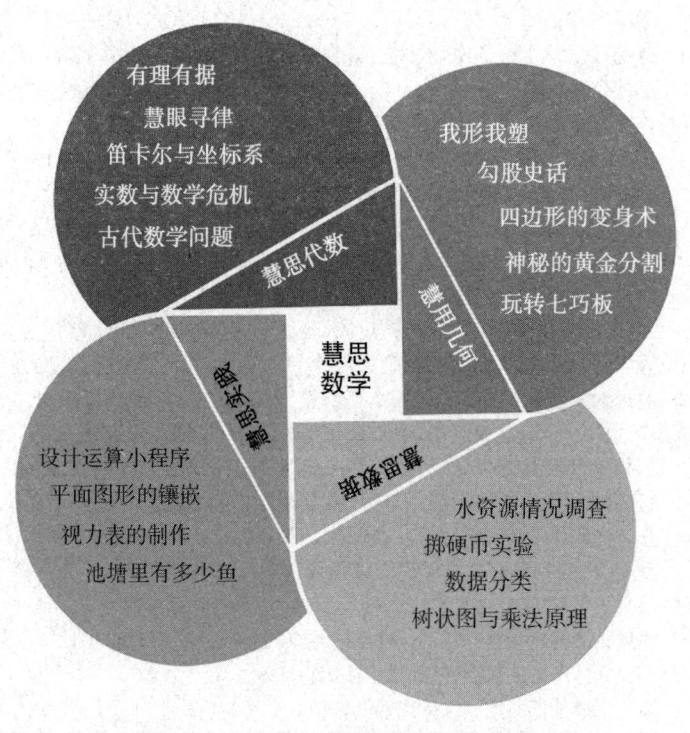

慧思代数:有理有据、慧眼寻律、笛卡尔与坐标系、实数与数学危机、古代数学问题

慧用几何:我形我塑、勾股史话、四边形的变身术、神秘的黄金分割、玩转七巧板

慧思实践:设计运算小程序、平面图形的镶嵌、视力表的制作、池塘里有多少鱼

慧思数据:水资源情况调查、掷硬币实验、数据分类、树状图与乘法原理

图6-1 "慧思数学"学科课程结构图

"慧思数学"课程结构图采用外圆内方的整体结构,内部采用数学中著名的赵爽弦图为主体,外部以环环相扣的四个圆为支撑,充分表达"慧思数学"课程在对数学本质进行不懈追求的同时,也坚定对中华传统文化进行普及和传承的育人使命。图中各板块内容如下。

(一) 慧思代数

"慧思代数"课程的内容以义务教育数学课程四大领域中数与代数领域的内容为主,追溯"数与式的历史与发展、运算原理、数量关系"等代数领域的本质内涵,结合我校幼小初高一贯制培养体系,由浅入深、循序渐进地发展学生的抽象能力(数感、量感、符号意识)、运算能力、推理能力、模型观念、应用意识和创新能力。例如,"有理有据"旨在通过有道理、有根据的计算活动提高学生的运算素养;"慧眼识律"是通过对数量关系的归纳和总结,发现并探索量与量之间的关系,提高学生的模型观念和应用意识;"笛卡尔与坐标系""实数与数学危机"等通过对相关数学史的介绍,使学生了解数学知识发展的过程,培养科学探索精神。

(二) 慧思几何

"慧思几何"课程聚焦义务教育数学课程四大领域中图形与几何领域,通过设计观察与操作、动手与动脑相结合等活动形式的课程,使学生掌握图形的认识与性质、位置与运动等,培养和发展学生的几何直观、空间观念、推理能力、应用意识和创新能力。通过对几何画板、GeogeBra 等数学软件的开发使用,让学生在学习中感悟有形的数学、灵动的数学,不断培养学生的好奇心与求知欲。例如,"我形我塑"是学生通过动手制作立体图形或利用图形变换设计创意图案等活动提升学生的直观感觉和学习数学的兴趣;"四边形的变身术"是利用数学软件的直观显示功能让学生更好地理解图形之间的关系,以及它们之间的变化;"神秘的黄金分割"和"勾股史话"则是利用数学史等相关知识让学生更深地体会数学的魅力。

(三) 慧思数据

"慧思数据"课程以义务教育数学课程四大领域中统计与概率领域的内容为出发点,挖掘学生身边的事物和与社会热点问题为调查主题,通过互联网、Excel、"问卷星"应用程序等信息手段的使用,让学生经历数据收集、整理、分析和预测的完整过程,了解随机现象与随机事件的概率,发展学生的统计意识与观念,感受大数据时代下,数据对于人们生活的意义。例如,"水资源调查"是让学生经历调查数据、整理数据、分析数据、用数据估计等统计的全过程,使学生掌握处理数据的基本方法;"数据分类"和"树状图与乘法原理"是在初中数学统计知识的基础上适当延伸高中的知识,提升学生的数据观念和处理数据的能力。

(四)慧思实践

"慧思实践"课程以义务教育数学课程四大领域中综合与实践领域为蓝本,以主题学习、项目化学习和小课题研究等方式,探索数学与人文的关系,了解数学的历史与文化,感受数学的价值,并不断提高发现问题、提出问题、分析问题和解决问题的能力。学生在应用与实践过程中,不断实现思维能力的攀升,不断提高应用数学的意识与能力。在这类课程中,学生自己提出问题,并分析解决问题,他们既是课程的学习者,也是课程的开发者。

二 学科课程设置

在国家课程实施的基础上,结合我校九年一贯制教学特色,考虑学段之间知识的相互关联,关注学生思维成长进阶和对学生综合能力培养的连续性,"慧思数学"课程具体设置如下(见表6-2)。

表6-2 "慧思数学"课程设置表

学段		慧思代数	慧思几何	慧思数据	慧思实践
一年级	上	生活中的数	立体图形朋友	整理房间 一起来分类	小明的一天
	下	加与减的故事	平面图形朋友	画身高	有趣的图形
二年级	上	数一数 分一分 乘法口诀	图形的变化	收集钱币	钱币的前世今生 寻找身体的秘密
	下	除法的故事	辨认方向 角的一家	评选吉祥物 最喜欢的水果	方向与位置 时间计划表

(续表)

学段		慧思代数	慧思几何	慧思数据	慧思实践
三年级	上	运算达人1 乘与除的故事 小数王国	观察物体	搭配中的学问	年月日的秘密
	下	分数家园	轴对称的学问1 面积的认识	小小鞋店 快乐成长	《曹冲称象》的故事
四年级	上	运算达人2 生活中的负数	各种各样的线	不确定性 摸球游戏	寻找宝藏
	下	小数乘法 认识方程	图形分分类 三角形的边和角	生日 栽蒜苗 平均数	度量衡的故事
五年级	上	小数除法 倍数与因数	轴对称的学问2 图形面积专题	谁先走 摸球游戏	校园平面图
	下	分数的运算 生活中的方程	立体图形的体积 位置在哪里	复式条形统计图 复式折线统计图 平均数的再认识	体育中的数学
六年级	上	分数混合运算 百分数比的认识 百分数的应用	圆的认识搭 积木比赛	扇形统计图 统计图的选择 身高的情况 身高的变化	营养午餐
	下	比例 正比例与反比例	《有趣的圆柱》	多彩统计学	水是生命之源
七年级	上	有理有据 慧眼寻律 数独游戏	我形我塑 好动的点与角	水资源情况调查	算术与代数
	下	形象的公式	玩转七巧板 平行线专题 全等三角形专题 轴对称专题	掷硬币实验	设计运算小程序
八年级	上	笛卡尔与坐标系 实数与数学危机 一次函数专题 巧解方程组	勾股史话 欧几里得与《几何原本》	数据分类	计算器运用与功能探索 哪种更划算 哪个城市夏天热

(续表)

学段		慧思代数	慧思几何	慧思数据	慧思实践
九年级	下	"等"与"不等" 因式分解专题 分式与分式方程专题	等腰三角形专题 图形变换与图案设计 平行四边形专题 数学实验课——数学软件	取样品方法	生活中的一次模型 平面图形的镶嵌
	上	巧解一元二次方程 反比例函数专题	特殊的平行四边形专题 四边形的变身术 图形的相似专题 神秘的黄金分割	树状图与乘法原理	视力表制作 池塘里有多少鱼
	下	三角函数专题 二次函数专题	圆专题 弦切角定理 切割线定理 相交弦定理	生日趣闻	视力的变化 设计遮阳伞

第四节 | 探索执行为舟,驶向成功彼岸

《义务教育数学课程标准(2022年版)》指出,"选择能引发学生思考的教学方式"①。基于"慧思数学"的课程分类,在实施上以课程设计为主线,采取"慧思课堂""慧思课程""慧思探究""慧思社团"及"慧思数学周"五条路径。每条路径坚持精准设计和多元评价,提高学生的学习兴趣、激发学生的学习动力、培养学生的自主学习能力和创新精神,以此改进教学方式,提高教师的教学质量和教育教学水平。

一 建构"慧思课堂",引领数学思维生长

课堂是教师教学与学生学习的主阵地,教与学方式的变革从课堂开始。

(一)"慧思课堂"的内涵

"慧思课堂"采用从目标出发的逆向设计,教师为理解、为学生思维的发展而教,让学生学有所思,思有所疑,疑有所问,问有所悟。

"慧思课堂"具备目标有导向性、内容有结构性、过程有生成性、思维有生长性的特征。

教学目标具有导向性。教学目标立足于知识本身和学生实际,立足于知识体系和学生思维发展,立足于操作指导与目标达成。教学目标引导教与学的整个过程,实现教学评一致性。

教学内容具有结构性。基于教学目标,从学段、从大单元、大概念视角安排学习内容,凸显三个迁移。一是学科内垂直知识迁移,如从整数四则运算,到分数、小数四则运算,再到有理数四则运算、无理数四则运算、整式的运算,都有运算法则贯穿在内。以算法和算理打通壁垒,形成大概念运算法则,自觉进行知识迁移。二是学科内平行

---

① 中华人民共和国教育部.义务教育数学课程标准(2022年版)[S].北京:北京师范大学出版社,2022:86.

知识迁移，如线段的垂直平分线，按照定义、性质、判定，放入三角形学习思路，角平分线也是类似思路学习。三是学科间同类知识的迁移，如数学和地理平面直角坐标系与经纬度的迁移。

教学过程具有生成性。教学过程以学生为主体，通过恰当设计现实情境或真实问题激发学生兴趣，引起学生思考，在学习过程中引导学生体验及感受知识的产生过程、推理过程、应用过程，建构知识与能力网络。

学生思维具有生长性。学生的学习以知识掌握为外显，能力和思维生长为内隐，学生的学习跳出单纯知识的记忆与模仿的维度，培养数学专家思维，学会分析自我知识掌握情况，学会从专家视角分析问题，实现思维的生长。

(二)"慧思课堂"的实施

教师在完善教学设计的基础上，先行学习，深度理解教材，把握教学定位，再结合具体的目标要求，设计不同的体验或探究活动，让学生体验到知识的生成与流动，掌握倾听与对话的技巧，实现习惯与思维的生长。

课堂中把握好预设与生成的关系。课堂预设以问题串引发思考，关注生成给予时间表达。通过预设的问题串促进学生思考、训练学生数学思维，针对弹性的预设，教师和学生根据不同的教学情境，构建学习活动。

课堂中训练好对话与倾听的技能。强调以学生为主体，但是教师要主导性把控节奏。针对学生不同群体(创造课堂喜剧的学生群体、高傲的学生群体、玩世不恭的学生群体、服从的学生群体等)采取不同的策略，既要能够接收信息，又能发出有用信息。针对喜欢接话引起学习话题的学生，教师应先规范自己语言，一定程度上限制此类同学发言，引导话题到课堂主题；不同难度的对话，选择不同程度学生，将简单的话题让给学困生并给予鼓励，将较难话题让给学优生激发其思维活度，将重复性话题让给内向的学生，给其展示的机会。

课堂中组织好自学与合作的节奏。学生的学习既有倾听教师或其他同学后独立的自学，又有小组合作分享共赢的合作学习。"慧思"课堂要做到自己能看懂的，自己能独立完成的，自己倾听教师讲解后能弄懂的自学；对于难度较大，需要与他人合作共同完成的小组合作学习。

二 体验"慧思课程",微观感知数学世界

体验是人类感知世界、认识世界的一种重要方式,就数学学习而言体验活动是学生感知规律、认识抽象概念和数学规律的重要方式。

(一)"慧思课程"的内涵

"慧思课程"要具备体验特性,要让学生经历体觉、体察、体悟、体证的体验式学习过程,主要包括衔接类课程、益智游戏类课程、数学文化课程等。根据学习阶段不同,我们将体验分为学段(期)前体验和学段(期)中体验。学段(期)前体验主要以体觉、体察为主,是基于生活经验或文化基础,通过数学游戏、数学家故事、数学实验、寻找数学等方式体验,对数学整体、数学文化、数学知识、数学应用等有朦胧的感知与认识。学段(期)中体验主要以体觉、体察、体悟为主,指在数学学习过程中,有目的地参与特定的数学体验活动,验证学习对象的特征,对所学内容蕴含的数学知识、数学技能、数学方法、数学思想等有了一定认识,获得一些具体经验。

(二)"慧思课程"的实施

在不同阶段,数学学习都会发生阶段性递进,从幼儿园到小学,学生从数数到四则运算,从整数认知到小数、分数、百分数认知,感受到数感、量感和符号意识;从小学到初中,学生需要经历从整数、正有理数到负数、实数的扩充,从具体数字到字母代表数的抽象提升,空间物体的描述从看得懂三视图到能画得出的提升,数学素养从量感、数感、符号意识到抽象能力的提升,从推理意识到推理能力、数据意识到数据能力、模型意识到模型观念等提升。

衔接类课程主要为学段(期)前体验,其中幼小衔接课程主要在幼儿园大班及 1 年级开学第 1 至第 2 周实施,实施方式有小学教师到幼儿园大班讲解小学生活及小学数学学习、组织大班毕业生参观学校校园并进班倾听小学数学课堂,开学的第 1 至第 2 周主要以数学学习习惯为主。小初衔接课程主要在六年级及七年级开学第 1 至第 2 周实施,六年级学生到七年级倾听数学课,感受七年级数学知识的跨越以及学习方式的变化,开学的第 1 至第 2 周主要以复杂的四则运算来强化算法与算理的理解,打通数学运算能力。衔接类课程,帮助学生尽快适应从幼儿园到小学、从小学到初中数学

知识贯通、学习方法、数学思维的过渡。

益智游戏类课程在学段(期)前及学段(期)中都实施,在不同年级、不同学段玩不同的数学游戏,其中小学低年段开设益智小玩具超脑麦斯,小学中年段开设数学思维脑力训练、24点等,小学高年段开设华容道、数独、数方、魔方、汉诺塔等课程,初中开设数学逻辑游戏、数独高阶。时间主要在课后服务、数学周、科技节等时段或活动实施,活动过程从低阶逐步向高级高阶提升,以规则介绍、相互对战、擂台挑战等方式激发学生数学学习兴趣。学生在玩中学数学,提高学生的专注力,增强学生学习数学的自信心,提高学生的观察能力和反应能力,培养他们的逻辑思维能力和空间感知力,训练学生们手眼心脑的协调能力。

数学文化类课程在学段(期)前及学段(期)中都实施,主要在课后服务、单元主题学习或数学文化周时间实施,小学阶段开展数学小故事(鸡兔同笼故事、高斯故事等)、诗歌中的数学等主题活动;全学段根据教材顺序介绍相关的中国古代数学家及其主要成就,培养学生传统文化及文化自信;初中阶段开展数学实验课,通过学习几何画板、Excel等软件,培养学生数形结合能力;寻找生活中的数学,探寻数学难题等训练学生数学思维。

三 推动"慧思探究",培养综合解决问题能力

(一)"慧思探究"的内涵

"慧思探究"的内容主要来源于教材综合与实践,主要方式是小课题研究具有整体性、阶段性、实践性和应用性等特点。

综合与实践以现实情境或真实问题为载体,以主题活动或项目学习为主要方式,以问题解决为导向,在现实情境或真实问题中发现问题、提出问题,整合数学和其他学科的知识和思想方法,从数学的视角通过观察与分析获取数学并进行整理,通过思考与表达建立模型并对阐释解答过程并纠错优化,通过解决与阐释应用建立模型解释现实情境或解决真实问题。学生在此过程中积累数学活动经验,感受数学与其他学科的融合、数学应用的广泛性,提高发现问题与提出问题、分析问题与解决问题的能力。由于现实环境的复杂性,解决某一个真实问题不应是实践的终点,对现有数据的跨学科、

多角度分析，拓宽主题学习或项目化学习的功能，或者方法类比将探究的过程迁移至生活中相关问题，达到一次探究解决一类问题，甚至类比或迁移至相关联问题的作用。

（二）"慧思探究"的实施

"慧思探究"主要通过主题活动和项目学习两种方式开展，其中主题活动包括融入数学知识学习的主题活动和运用数学知识及其他学科知识的主题活动两类；项目学习以较复杂的生活实际问题为切入口，按照项目开展的顺序组织小组合作学习、合作探究，主要包括项目介绍及要求、项目准备、方案的可行性分析、方案的实施与纠错（数据的收集与整理、方法的提炼与总结等）、项目的总结等。

主题学习主要在小学实施，融入数学知识学习的主题活动主要在数学课堂实施，例如认识人民币单元学习，通过同学们查找资料分享古代钱币、现代钱币、外国钱币等认识到钱币的发展；利用"旧物市场"学习体验主题活动，让学生合作布置摊位，在模拟或真实的环境中认识货币单位元、角、分，知道元角分之间的关系，能够正确进行换算，合理使用人民币，积累数学活动经验。运用数学知识及其他学科知识的主题活动分为课堂内分散实施与集中时间集体实施，如初中"测建筑物高度"主题活动，主要对初中数学"图形与几何"领域的知识，包括"线段大小的比较""勾股定理""成比例线段"、"图形的相似""三角函数"等，让学生在测量建筑物高度的真实情境中学习，也让学生进一步感受数学的实用性。如绘画校园绿植地图，在数学课、科学课及课后服务时间分别学习相关储备知识，再利用集中时间带领学生到校园内实地考察，利用科学知识分析绿植，利用数学知识绘画几何图形等。

项目学习主要在初中实施，小学高年段可以适当开展项目学习，主要利用节假日和数学周活动以及周末时间实施，利用课后服务时间指导。项目学习的关键是确定项目，教师帮助学生发掘合适的问题，学生学习小组经历研究的全过程。例如关于燃气灶的节能问题，通过分析影响因素确定旋转角度和燃气灶种类两个因素，确定研究主题是主要研究家庭燃气灶烧开相同质量的水的耗气量与旋转角度关系，通过分组实验，对比两种燃气灶在不同旋转角度的耗气量进行分析，拟合函数曲线进行分析，得出同一种燃气灶节能问题以及不同种类燃气灶节能问题。研究经历分工合作、实验操作、收集数据、分析数据、建立模型、解决问题、反思提高、拓展应用等过程，实现了整合已有知识和方法，获得新知识、新方法、新技能，积累数学活动经验，体会数学的实用价值。

四 创设"慧思社团",延展数学思维立交桥

(一)"慧思社团"的内涵

义务教育数学课程内容由数与代数、图形与几何、统计与概率和综合与实践四个学习领域。我们以核心技能支撑数学核心素养的落地,以外显的核心技能训练来拓展学生内隐的思维。核心技能上衔接数学核心素养,下联通数学教材,既能体现小学数学的 11 个素养、初中数学的 9 个素养,又要与大概念、大单元教学相关联,做好素养落实与日常教学的上下衔接。

从数学的学习角度而言,第一层级的核心技能包括阅读技能、运算技能、几何直观、推理能力及数形结合的能力;第二层级的核心技能包括抽象技能、建模能力、应用和创新能力。其中第一层级主要体现数学内部的逻辑思维;第二层级主要体现数学与现实世界的关系,从现实世界抽象到数学世界,从数学世界建模应用到现实世界。据此我们开设数学阅读训练、思维导图训练、运算能力训练、几何直观训练等专项社团。

(二)"慧思社团"的实施

慧思社团主要利用中午、课后服务和周末等时段实施,以此延伸在课堂教学中训练的核心技能,从而夯实学生"四基",发展学生核心素养。

数学阅读训练社团的开设实施内容包括通过对文本的阅读了解概括大概内容;通过对文本的精读,理解相关知识,在阅读中认识和模仿;通过对教材阅读与思考专题的阅读,引发思考,拓宽思维。在作业中留给学生预习,让学生通读教材了解大概内容,找到不理解的地方;在社团课堂中讲解教材(包括阅读与思考部分),解答学生疑惑点,让学生理解内容,迁移知识拓宽思维;在专题训练中进行整本书阅读(包括古代数学阅读),加深对数学学科的理解并激发数学学习的兴趣。

思维导图训练社团主要通过学习思维导图知识并应用于梳理数学知识、构建数学网络。通过社团课程,在每单元开始前向学生讲授单元思路,单元学习结束时总结单元思维,部分章节开始和结束时制作大单元、大概念思维导图,将惰性知识变为活性知识,构建数学思维立交桥。

运算能力训练社团贯穿学生数学学习整个过程,从数的发展历程、数的运算历程、字母代表数关键难点等入手,在运算能力训练专项社团教学中渗透运算能力,尤其是开发整数到分数、小数,到有理数、无理数,到字母、单项式、多项式一系列迁移课时教学训练,真正理解算法与算理之间的关系,通过运算促进数学推理能力的发展。

几何直观训练社团主要训练学生利用图或表描述和分析问题的意识和习惯,当然包括数形结合训练。首先通过社团课程训练学生会画图、会列表,在几何学习中,能够根据题目画出相应图或列出相应的表格,达到看文字构建图的能力;其次重点开发训练学生会看和分析图表教学设计,针对已有图表,能够结合相关知识分析实际情境和数学问题,探索解决问题的思路。

五 创意"慧思数学周",发展学生数学学习兴趣

(一)"慧思数学周"的内涵

"慧思数学周"是一种寓教于乐的教学方法。它以活动为载体,将数学知识、技能和兴趣相结合,通过丰富多样的活动,激发学生对数学的兴趣,提高他们的数学素养,并培养他们的团队合作精神和创新能力。

在"慧思数学周"中,我们提供一个积极、有趣且互动的真实环境,激发他们对数学的兴趣和热情;我们组织各种与数学相关的活动,如数学竞赛、游戏、展览等,旨在通过实践和体验的方式,帮助学生巩固和应用所学的数学知识,提高他们的数学技能;我们提供一些问题,让学生组成小组相互合作,共同思考和讨论解决方案,从而学会倾听和尊重他人的意见,培养团队合作的能力;我们提供一些平台,帮助学生设计独特的数学项目或制作与数学相关的艺术品来展示自己的才华和创意。

(二)"慧思数学周"的实施

数学学科周实施时间一般是安排在期中考试后。数学组组建一个专门的活动团队来负责数学学科周的实施,共同制订活动计划、准备材料和场地,并协调各项活动的进行,提前宣传活动的时间、地点、内容和参与方式,鼓励学生积极参与。大致有一周的时间由教师带领学生进行准备。由数学组确定目标和主题目标,通常以提高学生的数学兴趣、培养学生的团队合作精神等为主。主题根据学校的文化特色或当前热点进

行选择,如数学与科学的结合、数学与艺术的融合、数学与信息技术的交融等。根据目标和主题,学校策划各种与数学相关的活动内容。这些活动可以包括数学竞赛、游戏、展览、讲座、制作、数学实验等。活动的内容要吸引学生的兴趣,并与所学的数学知识相关联。活动结束后,学校可以收集学生、教师和家长的反馈意见,了解他们对活动的评价和建议。同时,教师团队也可以总结经验教训,为下一次的数学学科周作好准备。

(执笔人:柏庆昆 王鹏飞 任 超 王黎秋 王 晶 季 伟 胡冰清)

第七章
用智能眼,纵览宏观微观互变

生物学如同一幅绚丽的生命画卷,引领我们探索自然界的奥秘。在这里,学生将揭开生命的神秘面纱,领略生物的多样性和丰富活力,在生物微观世界中感受生命的起源、进化的奇迹,培养出敏锐的观察力和严谨的科学精神。生物学课程,致力于点燃孩子对生命奥秘的热情,帮助孩子更深入地探索生命的律动,彰显生命的活力。

第一节 ┃ 观察生命律动，感悟活力启航

一 学科课程性质

生物学是一门贴近生活、来源于生活、重视实验探究的学科，重在培养学生的生命观念、科学思维、探究实践和态度责任等核心素养。

义务教育生物学课程注重探究和实践，以丰富的生物学知识为载体，通过多种教学活动展现人们认识自然现象和规律的思维方式及探究过程，反映自然科学的本质。

二 学科课程理念

依据《义务教育生物学课程标准（2022年版）》的课程性质，我们提出"活力生物学"学科课程理念：让每个孩子都能感受到生物学的活力，它以培养活力四射、健全发展且兼具核心素养的人为主旨，以生动有趣的、聚焦大概念的教学设计为主要内容，以活力满满的探究实践为主要教学模式，以多形式多视角的教学评价促进学生的全面发展。

（一）活力生物学是素养引领的生物学

"活力生物学"课程的核心目标在于将学生塑造成兼具观念活力、思维活力、实践活力、科学活力和责任活力等素养的人才。通过本课程的学习，学生能够深刻理解并灵活运用生物学概念，能够基于事实和证据作出理性的判断，能够应用实验设计和数据分析来验证或推翻假设，能够培养一种对待科学问题的严密和谨慎的心态，以及树立健康生活的意识和社会责任感，真正成为一个活力四射、具备生物学核心素养的人才。

（二）活力生物学是富有生机的生物学

"活力生物学"的课程设计围绕六大主题，即"活力生物结构""活力生物多样""活

力生态系统""活力植物生活""活力人体生理"以及"活力遗传进化"。"活力跨学科实践"贯穿于前六个主题中,体现生物学科与其他学科的融合和探究实践特性。在这六个主题下,围绕课标概念,利用生活化教学素材,设计必修课程和拓展性课程,从而帮助学生理解和掌握重要内容。

(三) 活力生物学是注重探究的生物学

"活力生物学"以活力满满的探究实践为主要教学模式,学生通过实际的探究活动来深入理解课程内容,培养他们解决问题的能力和实践技能。活力满满的探究实践成为学习的主旋律,不仅为学生打开了广阔的学习空间,还加深了他们对知识的理解和应用,激励着他们主动参与、享受学习。我们通过创设探究式课堂、实施项目式学习、开展拓展性社团、组织小课题工作以及开展活力生物节等活动,让学生进行探究实践,感受生物学的活力,成为全面发展的人才。

(四) 活力生物学是全面发展的生物学

"活力生物学"采用多样化的形式和多角度的教学评价,旨在促进学生的全面发展。通过多种教学评价方式,包括但不限于项目作业、小组讨论、实践性考察和创造性展示,致力于更全面地了解学生的学术表现、团队协作能力以及创造性思维。这种评价设计不仅能够满足学生个体差异,还能使学生了解自己的优势和成长点,激发他们在不同方面的潜力。由此,"活力生物学"为学生提供了更丰富的学习体验,使其能够更全面地应对未来的挑战。

总之,我们致力于让学生充分感受生物学科的自然魅力,充分激发学习的活力,让学生做中学、学中做,在自主学习、自主探究、自主实践中,整合有趣的教学资源,在解决富有挑战性的学习问题中真正掌握知识,形成生物学科的核心素养。

第二节 探索生物奥秘，激活思维交融

我们从课程标准的要求出发，梳理符合我校校情的学科课程目标。

一 学科课程总体目标

活力生物学，探索生物奥秘，激活思维交融。我们依据《义务教育生物学课程标准（2022年版）》和学科特点，具体从观念活力等五个方面确立课程总体目标。

（一）观念活力目标

"活力生物学"课程要求学生深刻理解并灵活运用生物学概念，做到不仅在理论层面上有深刻的领悟，还能在实际经历中游刃有余地运用这些观念，从而塑造出一种内化的生命观念，初步形成结构与功能观、进化与适应观、生态观、物质与能量观，从而提升观念活力。

（二）思维活力目标

"活力生物学"课程要求学生对问题进行系统、逻辑性分析，能够基于事实和证据作出理性的判断，不仅追求真理，而且注重思考过程中的方法和逻辑严谨性，以确保得出的结论是可靠和具备普适性的，从而提升思维活力。

（三）实践活力目标

"活力生物学"课程要求学生深入分析和理解生物体的结构，通过科学方法和技术手段来回答相关的问题，包括对生物体结构、功能和相互关系的深入研究，以及应用实验设计和数据分析来验证或推翻假设。同时，解决这些问题也需要跨学科的合作，涉及生物学、化学、物理学等多个领域的知识。学生通过参与实践活动逐步提升实践活力。

（四）科学活力目标

"活力生物学"课程要求学生通过系统学习和实践，培养一种对待科学问题的严密

和谨慎的心态。这种态度要求对事实和证据持开放态度，不受主观偏见影响，注重通过实验验证来确立观点。学生在循序渐进的科学探究活动中，提升科学活力。

(五) 责任活力目标

"活力生物学"课程要求学生对自然界进行积极探索，参与环境保护的实践，尊重和保护生态；形成积极的健康生活态度和行为习惯；积极参与个人和社会事务的讨论，培养社会责任感。学生在课程的学习中，逐渐提升责任活力。

二 学科课程具体目标

依据《义务教育生物学课程标准(2022 年版)》和学科特点，结合我校学生实际情况，我们制定了学科课程分年段的具体目标。现以七年级为例进行阐述(见表 7-1)。

表 7-1 学科课程具体目标(以七年级一单元为例)

单元	上学期	下学期
一单元	【共同目标】 1. 列举生物区别于非生物的特征； 2. 概述生态系统是由生产者、消费者、分解者组成的统一整体； 3. 说出生态系统的类型和认同生物圈是最大的生态系统； 4. 尝试运用观察、调查及资料分析的基本方法进行探究，在科学探究中控制变量和设计对照实验。 【校本要求】 1. 以小组为单位，考虑生态系统的成分，设计制作能让小鱼存活十天的封闭生态瓶； 2. 小组设计海报，对各自制作的生态瓶进行宣传，在班级中展示生态瓶设计亮点。	【共同目标】 1. 概述人类起源和发展与人类个体发生和发育的大致过程； 2. 概述人体各器官、系统的形态结构和生理功能，认同生物体结构和功能相统一，生物体是一个整体； 3. 举例说明人的生长发育和生理活动都依赖于生物圈的环境和资源，人类活动又影响和改变生物圈，从而形成保护生物圈的意识。 【校本要求】 1. 以小组为单位，根据兴趣选取某一人体系统，制作模型并在班级中展示解说； 2. 小组运用消化吸收和合理膳食的知识，为家庭设计和烹饪营养均衡全面的午餐。

第三节 | 绽放课程样态，布局探究生态

一 学科课程结构

"活力生物学"课程内容分为"活力生物结构"等七大板块，其中第七板块"活力跨学科实践"贯穿于前六个板块中，课程结构图如图（见图7-1）。

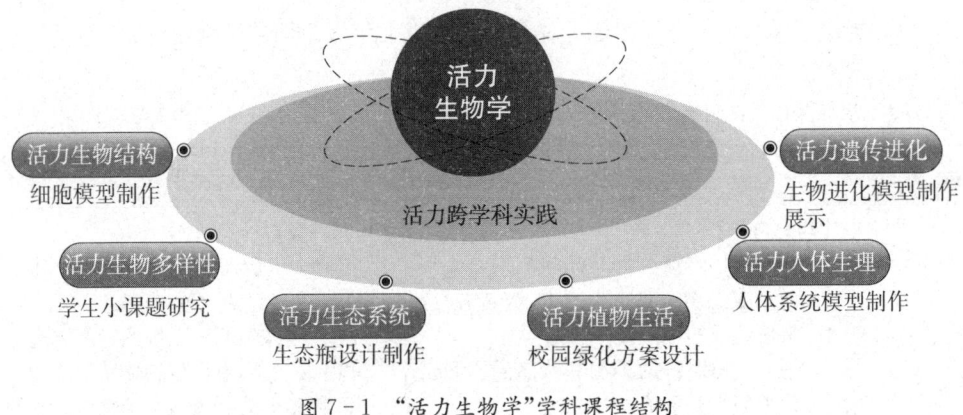

图7-1 "活力生物学"学科课程结构

图中各板块内容如下。

(一) 活力生物结构

本主题旨在帮助学生初步理解细胞到生物体的微观和宏观结构，初步形成生物体结构与功能、部分与整体相统一的生命观念以及掌握一定的探究实践能力（如使用显微镜观察临时装片）；以聚焦大概念1"生物体具有一定的结构层次，能够完成各项生命活动"的富有活力的探究式教学设计为主要内容；以提升学生临时装片制作和显微镜操作能力的探究实践为主要的教学模式；以量表、试题测评、实践性作业等多形式对学生进行自评、小组评和教师评，以多元评价促进学生的全面发展。

(二) 活力生物多样性

本主题旨在帮助学生认识到生物种类丰富,生物具有多样性和统一性,通过本主题的学习能形成保护生物多样性的意识行为;以聚焦大概念2"生物可以分为不同的类群,保护生物的多样性具有重要意义"的富有活力的课堂教学与课下小课题研究、濒危野生动植物调查计划相结合的教学设计为内容;以小组合作讨论的探究实践为主要的教学模式;以量表、试题测评、实践性作业等多形式对学生进行自评、小组评和教师评,以多元评价促进学生的全面发展。

(三) 活力生态系统

本主题旨在帮助学生理解生态平衡的重要意义,能够运用系统与整体的思维认识生物与环境的关系,树立人与自然和谐共生的生态观念;以聚焦大概念3"生物与环境相互依赖、相互影响,形成多种多样的生态系统"的探究式教学与生态瓶制作项目学习相结合的教学设计为内容;以小组合作讨论的探究实践为教学模式;利用量表和试题测评等形式对学生进行自评、小组评和教师评,促进学生的全面发展。

(四) 活力植物生活

本主题旨在帮助学生理解植物生命活动的基本过程和原理,从物质与能量变化的角度认同植物在生物圈中的重要地位;以聚焦大概念4"植物有自己的生命周期,可以制造有机物,直接或间接地为其他生物提供食物,参与生物圈中的水循环,并维持碳氧平衡"的探究式教学与植物身份证制作、校园绿化方案设计项目学习相结合的教学设计为内容;以小组合作讨论的探究实践为教学模式;利用量表和试题测评等形式对学生进行自评、小组评和教师评,促进学生的全面发展。

(五) 活力人体生理

本主题旨在帮助学生理解人体的结构与功能,初步形成结构与功能相适应的观念,理解人体免疫的基本原理,认同医学伦理观念,形成健康生活的态度行为;以聚焦大概念5"人体的结构与功能相适应,各系统协调统一,共同完成复杂的生命活动"和大概念6"人体健康受传染病、心血管疾病、癌症及外部伤害的威胁,良好的生活习惯和医疗措施是健康的重要保障"的探究式教学与人体系统模型制作相结合的教学设计为内容;以小组合作讨论的探究实践为教学模式;利用量表、试题测评和实践性作业等形式对学生进行自评、小组评和教师评,促进学生的全面发展。

(六) 活力遗传进化

本主题旨在帮助学生理解遗传信息与生物性状的关系,遗传信息可以在亲子代间传递,初步形成生物进化的观点;以聚焦大概念 7"遗传信息控制生物性状,并由亲代传递给子代"和大概念 8"地球上现存的生物来自共同祖先,是长期进化的结果"的探究式教学与生物进化模型制作项目学习相结合的教学设计为内容;以小组合作讨论的探究实践为教学模式;利用量表、试题测评和实践性作业等形式对学生进行自评、小组评和教师评,促进学生的全面发展。

(七) 活力跨学科实践

本主题旨在帮助学生认识生物学与社会的关系,以及生物学与技术、工程学、数学和其他学科的相互关系,尝试运用跨学科的知识和方法,通过小组合作的形式解决现实问题或生产物化成果,从而提升核心素养;本主题穿梭于其他主题的学习当中,在每一个学期中都有相应的跨学科活动,包括但不限于"校园植物身份证制作""人体系统模型制作""设计简单装置制作酸奶""模拟吸烟有害健康的实验装置设计";以小组合作讨论的探究实践为教学模式;利用量表、试题测评和模型制作标准等形式对学生进行自评、小组评和教师评,促进学生的全面发展。

二 学科课程设置

基于生物学核心素养的角度,依据《义务教育生物学课程标准(2022 年版)》,本学科课程七个主题贯穿于两个年级四个学期中,对课程内容经过认真统筹规划后纵向布局于不同的学期中,课程详细设置如下(见表 7-2)。

表 7-2 "活力生物学"课程设置

		活力生物体结构	活力生物多样性	活力生态系统	活力植物生活	活力人体生理	活力遗传与进化
七年级	上学期	细胞模型制作	校园植物名片制作	生态瓶设计制作	校园绿化方案设计	人体细胞模型制作	克隆动物出生图解
	下学期	可调节的眼球成像	人与自然科普小册制作		植物中的营养思维	人体系统模型制作	遗传性疾病调查

(续表)

		活力生物体结构	活力生物多样性	活力生态系统	活力植物生活	活力人体生理	活力遗传与进化
		模型制作			导图	展示、营养餐设计和烹饪	
八年级	上学期	小课题探究活动课程	收集当地面包酵母菌种,比较发酵效果	深圳市濒危野生动植物调查活动与结果汇报	植物分类树状图绘制	超级细菌角色扮演	"变异中的病毒"主题绘画
	下学期	鸟卵模型制作展示	常见致病病原体科普演讲	动物生殖背后的环境适应性探究	探究植物无土栽培条件的控制	传染性疾病预防科普小册制作	生物进化模型制作与展示活动

第四节 融通知能于行，凸显生长活力

"活力生物学"从课程标准入手，设计符合学生实际和能激发学生活力的生物教学活动，通过构建"活力探究课堂"、实施"活力项目学习"、创建"活力拓展社团"、开展"活力小课题研究"、创设"活力生物节"等五条途径推进课程实施。

一 构建"活力探究课堂"，把控学科教学质量

(一)"活力探究课堂"的内涵

构建"活力探究课堂"，是要让学生在科学探究中学习，利用学习成果发现问题、提出问题并能解决问题；激发学生的好奇心和探索欲，掌握科学的探究方法；学会与他人合作，形成团队协作的意识和能力；在探究活动中，掌握生物学的基本知识和技能，培养科学精神和创新思维。

(二)"活力探究课堂"的实施

活力在设计中蕴含。以学生为中心，准确分析学情，包括学生的知识基础、兴趣点、学习风格等，并设计符合学生实际的学习过程，激发学生的好奇心和探究欲，引导学生主动思考和学习。

活力在情境中点燃。创设真实且生活化的问题情境，激活学生原有知识和能力，构建新的扩展点，如探究身边的植物特征、设计营养价值更均衡的日常膳食等，让学生在生活化情境中运用生物学知识进行探究实践，实现知识的融会贯通，从而加深对知识的理解和记忆。

活力在探究中升华。探究活动通常采用小组合作的形式，每个学生都可以发挥自己的特长和优势，通过合作讨论、分工协作，共同完成探究任务。在探究过程中，学生可以通过实验、制作模型、调查研究等多种方式，动手实践，亲身体验科学探究的过程，分享和交流成果。通过探究活动，学生不仅能够获得直观的认识和深刻的体验，还能

够锻炼动手能力、团队协作能力、沟通能力和创新能力。

二 实施"活力项目学习",融合不同学科特色

(一)"活力项目学习"的内涵

"活力项目学习",是基于项目式学习理论和布鲁姆高阶思维发展要求,通过设计一系列具有挑战性的项目,融合生物跨学段或跨学科的知识,通过资料收集、信息分析、方案设计、实验操作、结果验证等一系列活动,提高学生的信息素养和科学素养,还能够培养学生的自主学习能力和终身学习能力。

(二)"活力项目学习"的实施

整体设计项目。教师依据课程标准,整合相关概念,重组教材内容,联系生活实践,提炼项目核心问题,设计项目学习框架。例如:基于"人体生理与健康",开展"探究人体系统奥妙"项目学习,参与建立项目系统框架(图7-2)。[①]

强调师生双主体。在项目小组中,教师是引导的主体,学生是学习的主体。在一系列项目问题的驱动下,学生分小组共同规划和实施项目。教师的角色为引导者和协助者,帮助学生确定实践性作业的内容和形式,确保每个项目都能够贴近课程目标,同时具有挑战性和可操作性。教师要及时跟进学生的作业完成进度,当学生遇到困境时,教师通过适当的启发和引导,帮助学生找到解决问题的方法,鼓励学生独立思考,解决问题。另外在项目学习小组中,依据学生个人特长及发展需求,分别承担不同的任务。在研究过程中,鼓励学生主动参与、积极探索,学会倾听他人的意见,表达自己的观点,共同完成项目任务。在成果呈现上,学生选择以报告、展示、答辩等形式接受评价和反馈。

三 创建"活力拓展社团",激发学科探索欲望

(一)"活力拓展社团"的内涵

"活力拓展社团"是充分利用校内外生物资源(植物、设备、场所等),以学生为主

---

① 张晓倩.以项目式学习为基础的初中生物学单元实践性作业设计[J].生物学教学,2023,48(7):25—29.

```
                    ┌─────────┐
                    │ 项目学习 │
                    └────┬────┘
              ┌──────────┴──────────┐
              │ 项目主题：探究人体系统奥妙 │
              └──┬───────────────┬──┘
                 │               │
    ┌────────────┴──┐       ┌────┴──────────────┐
    │ 大概念：人体结构与 │       │ 核心问题：人体内消化吸收、呼吸、物质运 │
    │ 功能相适应，各系统 │       │ 输、排泄和生命活动调节五大功能是如何实 │
    │ 协调统一共同完成   │       │ 现的，如何向社区科普维护人体系统健康的 │
    │ 复杂的生命活动     │       │ 生理知识？                         │
    └────────┬──────┘       └────────────────────┘
             │
    ┌────────┴────────┐    ┌──────────────────────┐
    │ 章节主题：人体消化系统、 │    │ 项目产品：利用生物学知识和相关技术呈现 │
    │ 人体呼吸系统、人体循环系统、│    │ 人体的五大功能，制作宣传人体系统健康知识 │
    │ 人体泌尿系统、人体神经系统 │    │ 的科普作品（形式不限，可以是视频、手   │
    │ 和内分泌系统            │    │ 抄报、语音、小册子、幻灯片等）         │
    └─────────────────┘    └──────────────────────┘
```

（项目系统框架图）

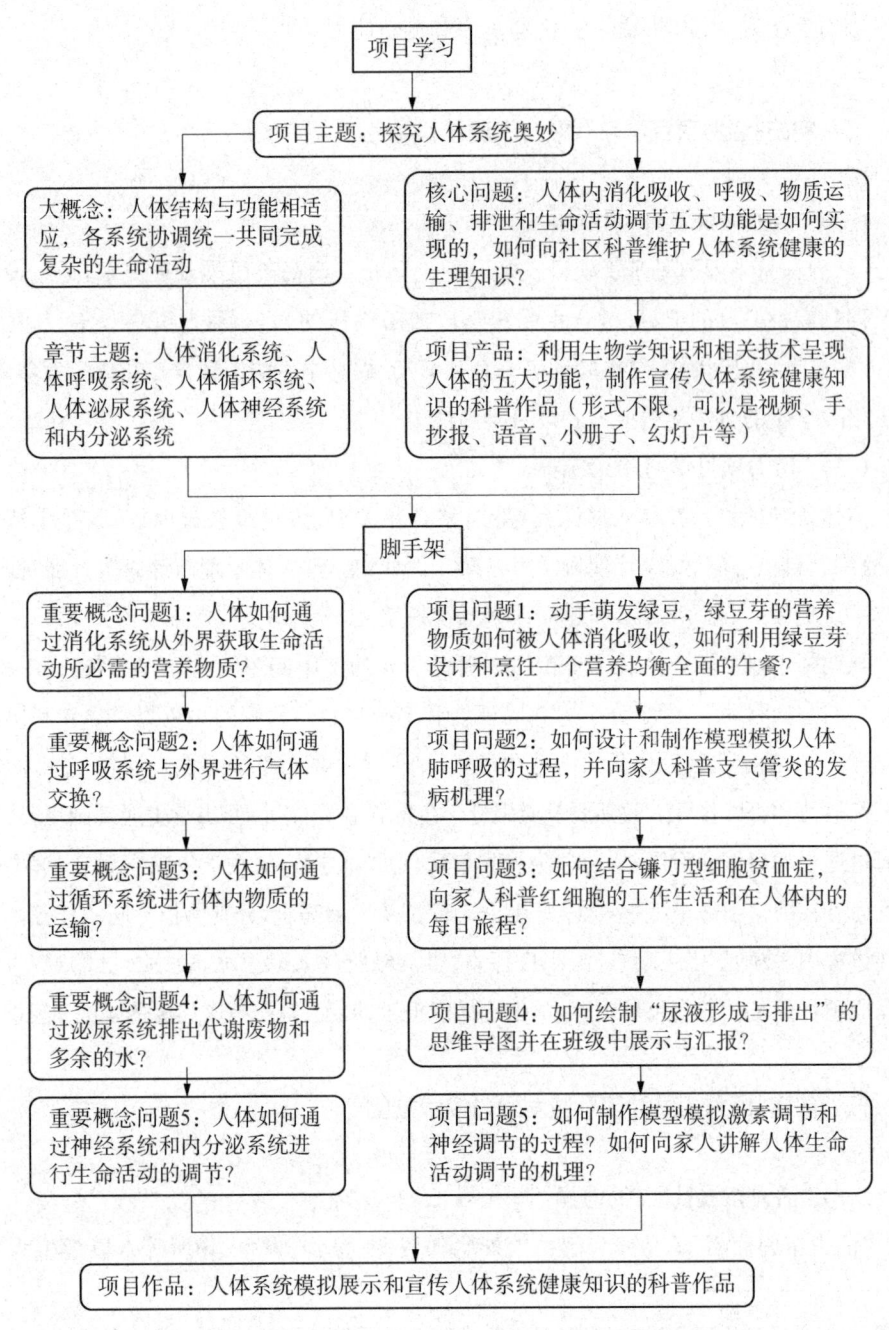

脚手架

- 重要概念问题1：人体如何通过消化系统从外界获取生命活动所必需的营养物质？
- 项目问题1：动手萌发绿豆，绿豆芽的营养物质如何被人体消化吸收，如何利用绿豆芽设计和烹饪一个营养均衡全面的午餐？

- 重要概念问题2：人体如何通过呼吸系统与外界进行气体交换？
- 项目问题2：如何设计和制作模型模拟人体肺呼吸的过程，并向家人科普支气管炎的发病机理？

- 重要概念问题3：人体如何通过循环系统进行体内物质的运输？
- 项目问题3：如何结合镰刀型细胞贫血症，向家人科普红细胞的工作生活和在人体内的每日旅程？

- 重要概念问题4：人体如何通过泌尿系统排出代谢废物和多余的水？
- 项目问题4：如何绘制"尿液形成与排出"的思维导图并在班级中展示与汇报？

- 重要概念问题5：人体如何通过神经系统和内分泌系统进行生命活动的调节？
- 项目问题5：如何制作模型模拟激素调节和神经调节的过程？如何向家人讲解人体生命活动调节的机理？

项目作品：人体系统模拟展示和宣传人体系统健康知识的科普作品

图7-2 "探究人体系统奥妙"项目系统框架

体,结合现代教育信息技术和各类多媒体资源,设计与生物学知识相关拓展社团课,如显微摄影和创意校植等,促进学生生命观念和科学思维的形成,让学生在设计制作等实践活动中逐渐形成热爱自然、珍惜植物的态度责任。

(二)"活力拓展社团"的实施

"活力拓展社团"实施首先确定课程总体目标和课程设计原则;其次完善课程内容体系,细化课程实施环节,评价上采取形成性评价与总结性评价相结合的方式对学生进行综合评价。

以"显微摄影"课程为例展示"活力拓展社团"的实施步骤。"显微摄影"课程分成四个模块,分别是"专题一:欣赏微观世界之美""专题二:了解显微摄影之美""专题三:捕捉微观世界之美"和"专题四:分享微观世界之美",四个模块间层层递进,美育逐渐深化,让学生在显微摄影理论学习和显微摄影实践活动中形成热爱自然、尊重生命的情感态度。课程内容体系设计框架如下(见表7-3)。

表7-3 课程框架

课程模块	教学内容课题	课时	周次
专题一:欣赏微观世界之美	显微摄影介绍和优质作品赏析(理论课)	2	3
专题一:欣赏微观世界之美	他人显微摄影作品分享大会(汇报课)	2	4
专题二:了解显微摄影之美	显微摄影成像原理和常见设备(理论课)	2	5
专题二:了解显微摄影之美	显微摄影拍摄技术(理论课)	2	6
专题二:了解显微摄影之美	显微摄影后期修饰(理论课)	2	7
专题三:捕捉微观世界之美	数码显微镜的摄影魅力(实践课)	2	8
专题三:捕捉微观世界之美	其他照相显微镜的特色(理论课)	2	9
专题三:捕捉微观世界之美	显微摄影照片修饰(实践课)	2	10
专题四:分享微观世界之美	原创显微摄影作品分享大会(汇报课)	2	11
专题四:分享微观世界之美	显微摄影作品展策划(项目式学习)	2	12
专题四:分享微观世界之美	显微摄影课程总结(汇报课)	2	13

本课程资源主要来自维基百科、知网文献、优质公众号等,将资源进行整合,选取

符合本课程的内容(注明来源)进行课堂设计,形成本课程的教案资源和课件资源。在QQ学习群中学生可随时提出疑惑,教师随时答疑;每周利用周四延时服务的两个课时进行本课程的教学活动,容纳30名学生参与本课程活动,通过学生自主学习、小组合作讨论、学生代表汇报等课堂形式进行以学生为主体的教学。利用QQ群进行作业上传、师生互动的课后教学,学生在QQ群中可上交图片、视频、音频等形式的作业内容;在QQ学习群中学生可随时提出疑惑,教师随时答疑;教师可以利用在QQ群上的问卷调查和投票活动进行教学的预调查和课后的反馈。

四 开展"活力小课题研究",落实科学探究活动

(一)"活力小课题研究"的内涵

《义务教育生物学课程标准(2022年版)》将生物学与社会·跨学科实践设为第七大学习主题。"活力小课题研究"是落实跨学科实践的重要方式,就是让学生像小小科学家一样进行简单的研究,针对一种现象、一个困惑、一些问题,而进行的实践研究,强调运用多学科概念和思想设计方案,解决某个真实情境中的问题,体现了对研究性学习的重视,有助于发展学生的科学思维和探究实践能力。

(二)"活力"小课题研究的实施

根据初中生已有的知识和能力水平,采取以教师提供课题大方向,学生自主选题和确定具体题目为主,学生也可自主提出相关课题,经过师生论证通过。课题设计可参照选取某一动物类群和某一方向进行研究(见表7-4)。

表7-4 研究课题设计

动物类群		研究内容大方向(建议)
无脊椎动物	腔肠动物、扁形动物、线形动物、环节动物、软体动物、节肢动物	动物适应环境的形态结构特征;动物行为(先天性行为、学习行为、社会行为等);动物生活方式(游泳、飞行、穴居等);动物与人类生活的关系(寄生、共生、捕食、合作、饲养等)
有脊椎动物	鱼类、两栖类、爬行类、鸟类、哺乳类	

参考性课题(仅供参考)可以为《探究鸵鸟适应环境的形态结构特点》《探究小鼠走迷宫获取食物的学习行为》《探究老鹰适于飞行的形态结构特点》《探究金鱼在不同水体环境中的摄食频率》《探究蚯蚓与人类生活的关系》《探究猪饲养中的人工选择》《探究蚂蚁的通信行为》《探究蝴蝶仿生在科学技术中的应用》《调查熊猫的生存现状》《探究外来物种非洲大蜗牛入侵对深圳市生态的影响》等。

首先是准备阶段(历时2周)。具体步骤为公布课题,阐明开展研究性学习的重要性;公布小课题题目、选题原则,邀请家长指导;成立小组,每班成立4至6人学习小组,自由组合和推荐组长,自主选题并上报给课代表,汇总统计为班级生物学小课题一览表;开题指导,介绍研究方法(即实验法、调查法、实践法、文献法)的选择和使用,及开题报告填写指导;完成开题报告,以小组为单位填写开题报告,以电子演示文稿的形式发送到老师邮箱,经教师指导后定稿;开题报告,课堂公布各小组的开题报告,引起学生的注意,明确自己分工负责内容,便于组员之间的研究、交流与合作。指导教师对应研究性学习课题评价表中的开题部分进行评价。

其次为研究阶段(历时2月),各小组分工合作,开始研究活动。在活动过程中学生互相了解,互相协作,让每一个小组成员参与其中,每一步的负责人将自己负责研究的部分处理好,由小组长加以协调,出现问题先讨论自行解决,解决不了的则与指导老师相互协商,探讨解决。研究过程中每周小组要向指导教师汇报进度,并对照研究过程评价表规范研究工作。

最后是总结阶段(历时2周),各小组学生将研究结果以研究报告的形式提交给指导教师,教师审阅后提出修改意见,学生及时修改。各小组填写研究性学习结题报告表,利用课堂时间开始研究报告答辩。每节课进行5组,每组展示时间5分钟,提问时间3分钟。答辩会设置在生物实验室,每个小组的答辩手展示本组的研究结果,评审组成员是全体生物教师和班主任,其他同学也可做评委。如有同学对他们的研究结果有不同见解或问题当场提出来,由答辩手来解答,其他组成员可以协助解答,由指导教师组织填写研究性学习课题评价表。

五 创设"活力生物节",焕发学科课程生机

(一)"活力生物节"的内涵

"活力生物节"是旨在促进生物学知识传播、增进学术交流与丰富校园文化生活相结合的综合性活动,是校园文化和学生精神风貌的展示。各项丰富多彩的活动,引起一股生物学热潮,吸引学生的探索兴趣,使学生在轻松愉快的氛围中掌握生物学知识,激发对生命科学探索的热情,培养实践能力和创新思维。

(二)"活力生物节"的实施

我们将每年春季三月份定为本校的活力生物节。此时花季正盛,是赏花的好时节,是进行生态文明教育的好时机。通过举办"活力生物节"活动,激发学生对于生物学科的学习兴趣,从而为生物学课程增加更多生机。

在"活力生物节"期间,学校将举办一系列生物相关的活动,包括东师坪实生物节赏花摄影比赛、花图展览、实验探究和课程汇报等学生参与的活动。通过这些活动,学生将有机会逐步参与由浅入深的项目设计和实施,实现对生物知识的深度学习。这一过程将培养学生的独立自主思考和行动的能力,使其在活动中不仅有所收获,而且在成长中逐渐形成全面的素质。

在赏花摄影比赛中,学生将按照摄影评分标准进行拍摄,力求呈现构图完美。通过学生投票和教师打分的方式,评选出校园二十大美图,并在图书馆进行集中展示。在实验探究中,学生将选择感兴趣的花瓣,制作临时装片并使用显微镜观察花瓣细胞结构,完成探究报告。另外,评选出生物节活动参与最佳表现小组,并在学校报告厅中进行课程汇报演出,展示他们在活动中的积极性和成果丰硕性。

(执笔人:张晓倩)

第八章
借科技手,探索未知揭示奥秘

信息科技是探索数字世界的神奇之门,用精准的技术语言解码现代社会的复杂系统。每一次技术突破都极大地拓宽了人类对数字世界的理解和掌控。信息科技"融+"无界,以实际操作为基,以理论知识为辅,坚持创新与应用并重,点燃学生对未来的探索热情。

第一节 ┃ 技术引领思维，培育创新英才

一　学科课程性质

信息科技课程承载着将学生引入数字时代的重任，帮助学生高效获取有用信息，智慧处理冗余数据，形成正确的信息意识。信息科技课程着重培养学生将知识应用于实践及跨领域迁移的能力，全面提升学生的学科思维与操作技能，体现"科"与"技"并重。信息科技课程鼓励学生在数字化学习环境中自我规划、自我管理和自我评价，倡导"做中学""用中学""创中学"，激发学生的主动性和创造性。信息科技课程重视引导学生在信息技术的使用过程中遵循道德规范和科技伦理，自觉成为数字世界中的负责公民。

二　学科课程理念

信息科技课程反映数字时代的正确育人方向，构建逻辑关联的课程结构，遴选科学原理和实践应用并重的课程内容，倡导真实性学习，并强化素养导向的多元评价。

"融＋信息科技"旨在将信息科技深度融入学生的日常生活与学习场景之中，通过理论教学与实践操作的紧密结合，促使学生全方位、深层次地理解和掌握信息科技知识，培养解决复杂问题的能力和创新思维。它强调打破学科壁垒，将多元化的思维方式贯穿于信息科技教育之中，旨在培养能够引领数字时代、创造信息科技未来的学生。它不仅关注信息科技基础理论的传授，还重视学生在真实世界情境中的学习体验与实践探索。通过这种融合多学科知识与技能的方式，学生能够扎实掌握信息科技的基本原理，同时能够在实践中不断激发创新思维，提升解决复杂问题的能力，从而为未来信息社会的持续发展奠定坚实的基础。

(一)"融+信息科技"是适应数字时代的信息科技

在数字时代,信息科技的迅速发展对社会、经济、文化等各方面产生了深远影响。信息科技课程是学生进入数字时代的重要途径。信息科技课程通过理论与实践相结合的方式,帮助学生了解并掌握信息科技的基本概念和应用技能,使其能够适应并参与数字社会中,增强自主学习和创新能力。通过学习,学生不仅能理解数字技术的基本原理,还能在实践中应用这些知识,解决现实生活中的问题,全面提升信息素养和数字技能。

(二)"融+信息科技"是富有逻辑关联的信息科技

信息科技课程内容以数据、算法、网络、信息处理、信息安全、人工智能为逻辑主线,循序渐进地安排教学内容。小学低年级注重生活体验,初步接触基本概念;小学中高年级深化原理认识,探索信息科技应用;初中阶段则着重于实践操作和问题解决。这种逻辑关联的课程结构,有助于学生系统地掌握信息科技知识,培养他们的计算思维和解决问题的能力。这种分阶段、层次化的安排,有助于学生在各个学习阶段逐步加深对信息科技的理解,有效地应用所学知识。

(三)"融+信息科技"是倡导真实学习的信息科技

信息科技课程强调以真实问题或项目驱动学习,引导学生在真实情境中应用所学知识解决问题。这种"做中学""用中学""创中学"的教学方法,能够激发学生的学习兴趣和主动性,提升他们的实践能力和创新精神。同时,课程中引入多元化数字资源,支持学生在数字化学习环境中进行自我规划、自我管理和自我评价,真正体现学生的主体性。

(四)"融+信息科技"是坚持素养导向的信息科技

信息科技课程注重培养学生的信息素养和技能,包括信息意识、计算思维、数字化学习与创新、信息社会责任四大核心素养。通过课程学习,学生不仅能够掌握基本的技术操作,还能形成正确的信息价值观和行为规范,增强数字社会的责任感。在课程实施过程中,注重评价与教学的一致性,综合运用多种评价方式,全面考查学生的学习状况,提升教育教学质量。通过素养导向的教育,学生能够在信息社会中成为负责任的数字公民,具备良好的信息道德和技术素养。

"融+信息科技",以适应数字时代、构建逻辑关联、倡导真实学习和坚持素养导向的方式,培养学生的科学精神和科技伦理,提升他们的自主学习和创新能力,帮助他们在信息社会中健康成长,成为有担当的社会主义建设者和接班人。

第二节 ｜ 素养导引能力，迈向跨界先锋

我们从课程标准出发，梳理出符合我校校情的学科课程目标。

一 学科课程总体目标

在构建"融＋信息科技"学科课程的总体目标时，我们致力于为学生提供一个全面的信息科技教育框架，旨在培养他们在数字化世界中生存发展所需的关键技能和责任意识。我们依据课程标准和学科特点，具体从信息意识等四大方面确立课程总体目标。

（一）信息意识目标

信息意识目标旨在培养学生对信息的敏感度和对信息价值的判断力。通过帮助学生认识信息的多样性及其在生活中的应用，增强他们对信息的感知力，鼓励学生利用数字设备进行信息交流与表达。注重培养他们评估数据来源、辨别数据真伪的能力和数据安全意识，从而激发他们在学习和生活中主动利用数字资源进行创新和探究。

（二）计算思维目标

计算思维目标旨在发展学生的抽象思维、问题分解、建模及算法设计能力。通过培养学生对问题进行抽象和分解的能力，帮助他们建立解决问题的模型，掌握基本的算法设计方法，并在编程实践中应用这些算法。学生能够不断优化解决问题的方案，并将成功的方法迁移应用到其他领域的问题中，从而全面提升他们的计算思维能力。

（三）数字化合作与探究目标

数字化合作与探究目标旨在提升学生在数字化环境中的合作学习与创新能力。通过培养学生利用数字设备和在线平台进行合作学习的能力，鼓励他们在数字化环境中开展探究性学习，利用信息技术工具进行数据收集、分析和展示，提升他们的探究和创新能力；支持学生通过数字化设备和资源进行创意项目的设计和实施，培养他们在数字化学习环境中的创新精神和实践能力。

(四) 信息社会责任目标

数字化合作与探究目标旨在提升学生在数字化环境中的合作学习与创新能力。通过培养学生利用数字设备和在线平台进行合作学习的能力,鼓励他们在数字化环境中开展探究性学习,利用信息技术工具进行数据收集、分析和展示,提升他们的探究和创新能力,支持学生通过数字化设备和资源进行创意项目的设计和实施,培养他们在数字化学习环境中的创新精神和实践能力。

二 学科课程具体目标

依据学科课程总目标和信息技术学科特点,结合学生实际情况,我们制定了学科课程分年段的具体目标。现以三年级为例进行阐述(见表8-1)。

表8-1 学科课程具体目标(以三年级为例)

课时	上学期	下学期
第一课	【共同目标】 1. 了解计算机的基本组成部分及其功能; 2. 知道计算机在日常生活中的应用; 3. 激发学生对信息科技的兴趣。 【校本要求】 1. 在参观学校航天科普中心、计算机教室、实验室等,认识各类设备; 2. 通过互动活动,增强学生对计算机的初步认知。	【共同目标】 1. 学习正确的打字姿势,避免不良习惯; 2. 了解打字时的基本指法; 3. 培养良好的打字习惯。 【校本要求】 1. 通过视频和教师示范,纠正学生的打字姿势; 2. 进行打字姿势的专项练习,确保姿势正确。
第二课	【共同目标】 1. 认识计算机的主要硬件,如主机、显示器、键盘、鼠标等; 2. 了解各硬件的基本功能; 3. 能够正确连接和使用计算机硬件。 【校本要求】 1. 实际操作认识计算机各部件,并知道其用途; 2. 进行计算机硬件拆装练习,加深理解。	【共同目标】 1. 熟悉基本指法,掌握指法的基础,提高打字的准确性; 2. 了解键盘上各个字母键的位置。 【校本要求】 1. 进行指法练习,认识字母键的位置; 2. 使用打字软件进行指法训练,记录进步情况。

(续表)

课时	上学期	下学期
第三课	【共同目标】 1. 掌握正确的开关机方法； 2. 理解开关机过程中注意事项； 3. 养成良好的计算机使用习惯。 【校本要求】 1. 进行开关机操作练习，掌握正确步骤； 2. 通过互动游戏，巩固开关机知识。	【共同目标】 1. 加强食指指法练习，提高食指指法的准确性，提高打字的速度； 2. 巩固指法基础，能够流畅打字。 【校本要求】 1. 继续进行食指指法练习，熟练掌握基本指法； 2. 通过打字软件的高级练习模块，提升打字技能。
第四课	【共同目标】 1. 学习鼠标的基本操作，包括点击、双击和拖动； 2. 掌握鼠标在不同应用中的使用技巧； 3. 提高鼠标操作的准确性和速度。 【校本要求】 1. 通过小游戏练习鼠标操作，提高操作准确性； 2. 通过趣味活动，熟练使用鼠标。	【共同目标】 1. 加强中指指法练习，提高中指指法的准确性，提高打字的速度； 2. 巩固指法基础，能够流畅打字。 【校本要求】 1. 继续进行中指指法练习，熟练掌握基本指法； 2. 通过打字软件的高级练习模块，提升打字技能。
第五课	【共同目标】 1. 认识并打开电脑画图软件； 2. 学习基本的画图工具，如铅笔、橡皮擦等； 3. 了解画图软件的基本功能。 【校本要求】 尝试使用不同工具进行简单绘图。	【共同目标】 1. 加强无名指指法练习，提高无名指指法的准确性，提高打字的速度； 2. 巩固指法基础，能够流畅打字。 【校本要求】 1. 继续进行无名指指法练习，熟练掌握基本指法； 2. 通过打字软件的高级练习模块，提升打字技能。
第六课	【共同目标】 1. 使用画图软件绘制简单的图形，如直线、圆形、矩形等； 2. 了解图形的基本构造和绘制方法。 【校本要求】 通过主题活动，创作简单的主题图形。	【共同目标】 1. 练习常用词汇的打字，提高输入速度； 2. 巩固已学的指法，应用到常用词汇的打字中。 【校本要求】 1. 结合课本内容，进行常用词汇的打字练习；

第八章 借科技手,探索未知揭示奥秘

(续表)

课时	上学期	下学期
		2. 制定词汇表进行专项练习,提高打字速度。
第七课	【共同目标】 1. 学习使用颜色填充工具,为图形填充颜色; 2. 理解颜色在图形中的应用和搭配,提升学生的美术审美能力。 【校本要求】 学会填充已绘制的图形。	【共同目标】 1. 认识 Word 软件,进行短文打字练习,提高连贯输入能力; 2. 增强打字的流畅性,能够独立完成短文打字任务。 【校本要求】 结合课本内容,选择短文进行打字练习,注重准确性。
第八课	【共同目标】 1. 学习将多个简单图形组合成复杂图形,提高学生的逻辑思维和创造力; 2. 通过组合图形,培养学生的空间想象力。 【校本要求】 根据主题活动要求,创作一幅组合图形的画作。	【共同目标】 1. 结合打字进行创意作品的制作; 2. 提高打字的实际应用能力。 【校本要求】 使用 Word 软件创作短文、诗歌等,展示创意。
第九课	【共同目标】 1. 学习使用更复杂的绘图工具,如刷子、喷枪等,提高绘图技能,制作更精细的图画; 2. 在绘图中运用新的绘图工具,提升作品质量。 【校本要求】 在绘图中应用复杂工具,提升绘图技巧。	【共同目标】 1. 学会 Word 软件基本操作,如复制、粘贴、删除字块; 2. 借助基本操作,完成短文修改。 【校本要求】 结合语文学科,能在 Word 软件完成个人日记,注重准确性。
第十课	【共同目标】 1. 展示和分享自己的绘图作品,互相学习和欣赏;通过展示活动,提升自信; 2. 学会评价同学的作品,学习他人的优点。 【校本要求】 通过绘图作品展览,增强成就感和自信心。	【共同目标】 1. 展示分享自己的作文集,通过展示活动提升自信; 2. 学会评价同学的作品,学习他人的优点。 【校本要求】 1. 总结打字学习情况,进行自我评价和互评; 2. 制作个人作文集。

第三节 ｜ 融合启迪课程，构筑未知阶梯

一 学科课程结构

义务教育信息科技课程包括数据、算法、网络、信息处理、信息安全及人工智能作为六大核心逻辑主线，具体的学习内容应涵盖内容模块与跨学科主题两大方面。据此，我们将数据、算法、网络归纳为算法类，信息安全贯穿于各逻辑主线，构建了"融＋信息科技"学科课程体系，包括"融算法""融信息""融智能"和"融拓展"四大核心板块，课程结构图如下（见图 8-1）。

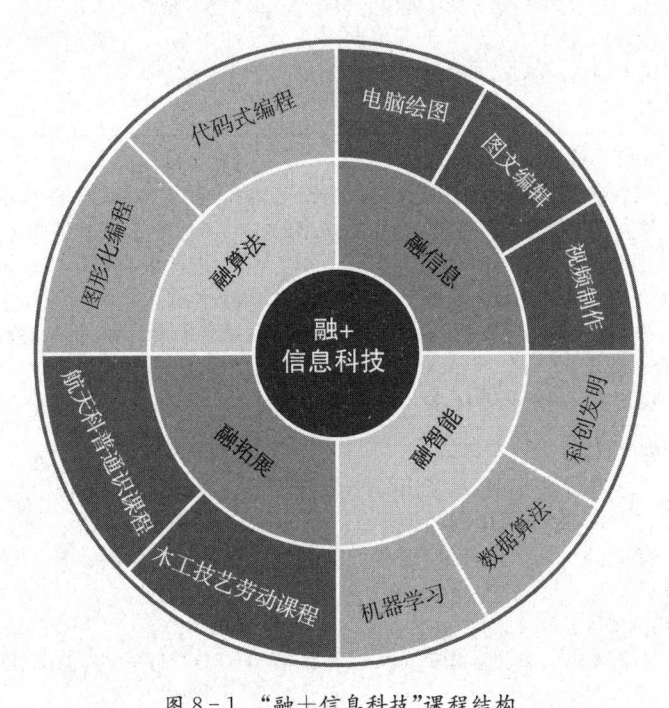

图 8-1 "融＋信息科技"课程结构

图中各板块内容如下。

（一）融算法

融算法主要为程序设计课，包括图形化编程与代码式编程。图形化编程课程主要针对零基础学生，通过使用源码编辑器或 Blockly 工具的可视化的块来表示代码结构，在不直接编写代码的情况下构建程序。图形化编程课程重点在于理解编程逻辑和算法基础，同时激发学生的创造力和解决问题的能力。代码编程课程适合有基础学生。通过 Python 编程语言，学习编写和调试代码，以及如何利用代码解决实际问题。此课程还涵盖数据结构、算法和软件开发的基本方法。

（二）融信息

融信息主要包括数据、网络、信息处理、信息安全，让学生使用现代技术工具来创建和编辑数字内容。课程内容涵盖从基础到高级的多种技能，主要包括电脑绘画、图文编辑和视频制作。在电脑绘画部分，学生将学习使用画图软件，掌握从简单的素描到复杂的数字绘画技术。图文编辑课程将教授如何有效使用 WPS Office 工具进行页面布局和设计。视频制作课程则使用剪映软件让学生学会剪辑技巧、音频编辑、特效制作和色彩校正。

（三）融智能

融智能主要为人工智能课，旨在深入探索机器学习、数据算法和科技创新发明三大核心领域，通过理论学习与实际操作相结合的方式，使学生掌握 AI 技术的应用与发展。在机器学习模块，学生将学习监督学习、无监督学习和强化学习等方法，使用 Python 及其库进行模型建立和训练。数据算法部分将重点教授数据结构、算法设计与优化，帮助学生理解如何处理和分析大规模数据集。科创发明模块则鼓励学生运用所学知识解决现实问题，进行项目设计和原型制作，涉及机器人技术、自动化系统等领域。课程的综合性和前瞻性配置旨在培养学生的技术能力、创新思维和解决复杂问题的能力，为未来在人工智能领域的研究或职业生涯奠定坚实基础。

（四）融拓展

融拓展主要为跨学科融合课，我们将航空航天科普与木工技艺结合，旨在提供给学生广泛的知识体验和实践技能。在航空航天科普课程中，学生将学习基本的航空航天原理，包括航天器的设计、火箭发射原理及卫星技术，通过模型制作和模拟实验加深对空间科技的理解。木工技艺劳动课程则教授学生使用各种木工工具和机械,进行实际的制作项目,如建造小型用具或木制模型,让学生能够将理论知识与手工技能相结合,促进创新思维和解决问题能力的提升。

二 学科课程设置

基于学校"航天与科创"特色课程发展方向,并紧密结合信息科技国家义务教育阶段及学校特色校本课程计划,我们将"融+信息技术"课程具体设置如下(见表8-2)。

表8-2 "融+信息科技"课程设置

学段		融算法	融信息	融智能	融拓展
第一学段 (1—2年级)	上学期	积木小卫士	鼠标小达人	AI小助手	航天科普员
	下学期	数字故事讲述者	彩色绘画家	智能工程师	星际探索者
第二学段 (3—4年级)	上学期	源码精灵王	故事拼图手	数字伙伴创造者	木工小新星
	下学期	小小探索家	动画小新星	聊天Rob开发者	木工小匠人
第三学段 (5—6年级)	上学期	逻辑小达人	数码艺术家	数据科学家	轨道飞行家
	下学期	创意编程师	图文设计师	艺术创作者	木工设计师
第四学段 (7—9年级)	上学期	数据小侦探	多媒体创造者	机器制作员	太空科技创新者
	下学期	网络建筑师	小小导演家	未来科技领袖	跨学科设计师

第四节 活动激活学识，塑造突破可能

信息科技要以学生已有的知识、技能和经验为起点，系统设计学习活动，突出用信息科技解决学习、生活中的问题，为学生创设自主、合作、探究的学习情境和知、情、意、行融合发展的成长环境。我们从构建"融＋课堂"、开发"科技融课程"、创设"融创新社团"、举办"科技创新节"、激活"融创空间"等五条途径开展实施。

一 构建"融＋课堂"，提升知识增长

（一）"融＋课堂"的内涵

"融＋课堂"是一种创新的教学理念，旨在将信息科技国家课程与多种特色课程进行融合，如人工智能实验课、航天科普通识课、木工技艺劳动课程等。在这样的课堂上，学生不仅能够掌握各自学科的基础知识和技能，还能通过科技发明筑梦团、编程体系创意团和3D打印物化团等团队活动，学习如何将这些知识应用到实际问题的解决中。此外，科创节庆活动课程和跨学科融合赛事队为学生提供了展现其创造力和协作能力的平台，不仅加深了学生对科学知识的理解，也锻炼了他们的实践和创新能力。

（二）"融＋课堂"的实施

"融＋课堂"通过深度融合信息科技手段，为学生提供了多样化的数字化学习资源。这些资源不仅极大地丰富了学生的学习体验，还有效地提升了他们的学习效率，促进了学习效果的全面优化。通过人工智能和编程课程的学习，学生能够培养计算思维，提高解决问题的能力。航天科普和木工技艺等课程则通过实践活动促进学生的动手能力和空间想象力的发展。教师在"融＋课堂"中扮演着重要角色。他们不仅是知识的传递者，还是引导者和协作者，帮助学生在探索中学习，在实践中进步。"融＋课堂"实施中同时要求教师们不断地进行专业拓展，以适应教育技术的更新换代，并在教

学中有效地运用这些技术。对于学生而言，"融＋课堂"不仅是学习知识的场所，还是他们个性化学习路径的起点。我们鼓励学生发表自己的看法，参与到跨学科项目中，并带领学生积极参赛，在赛事和节庆活动中展示自己的成果。这种教育模式的目的在于培养学生的创新意识、批判性思维和生活技能，为他们未来的学习和职业生涯打下坚实的基础。

二 开发"科技融课程"，强化特色发展

（一）"科技融课程"的内涵

"科技融课程"旨在强化学科特色，特别是在人工智能教育领域，项目式学习成为课程的核心，课程也倡导跨学科的学习方法。这一课程模式重视将前沿的人工智能技术融入教学过程，以培养学生的科学探究能力和实践创新能力。"科技融课程"不仅强化了学科特色，还为学生在人工智能时代的学习和生活打下了坚实的基础。

（二）"科技融课程"的实施

借助信息科技的最新成果，如编程软件和智能分析工具，课程设计深化了学生对数学、物理等基础学科的理解，更激发了他们探索如何运用这些知识解决真实世界问题的浓厚兴趣。学生在解决如自动化系统的设计挑战时，不仅涉足技术领域，也跨入生物学和环境科学等其他学科领域。在这样的课程设计中，尤为注重培养学生的创意与创新能力，我们积极鼓励学生运用人工智能技术探索新颖的解决方案，并鼓励他们参与到学校和社区的科技创新实践中，将所学知识转化为推动社会进步的实际力量。

为了支持"科技融课程"的实施，教师专业发展被放在优先位置。教师不断更新自己的技术知识和教育理念，以便更有效地指导学生进行探索和创新。此外，评价体系也随之变革，更加注重对学生创新过程和作品的全面评价，而非单一的考试成绩。学生的自我评估、同伴评估以及作品的展示均成为评价的重要组成部分。

此外，家庭和社区资源的整合对于"科技融课程"的成功实施同样不可或缺。通过邀请家长和社区专家参与课程设计和实施，不仅提升了课程的实践性和社会相关性，还增强了学生的学习动力和实践能力。

三 创设"融创新社团",激发学习动力

(一)"融创新社团"的内涵

"融创新社团"是为了在学生中激发学习的内在动力,通过社团活动的形式,补充和延伸课堂学习,特别是在信息科技、人工智能和其他 STEM 领域。这些社团不仅为学生提供了一个实践和应用所学知识的平台,还鼓励他们发展创新思维和解决问题的能力。

(二)"融创新社团"的实施

"融创新社团"以深入探索对科技和工程的兴趣为主要目标,鼓励学生参与实际的项目制作,如编写小游戏、拼装模型飞机、利用 3D 打印制作学习物品等。社团活动促使学生在寓教于乐中学习新技能,同时也培养了团队合作和领导能力。社团中的学生被鼓励设立目标、规划项目、分配任务,并在活动结束时反思所学和总结经验。这些过程对于学生的综合素质提升有着不可忽视的影响。

此外,创新社团活动通常是学生主导的,教师和专家的角色更多的是指导者和顾问。这种模式鼓励学生在探究和学习过程中发挥主动性和自主性。学生被鼓励提出问题、寻找解决方案、测试假设和分享结果。这样的经历无疑增强了他们的批判性思维和科学沟通技能。同时,"融创新社团"也积极寻求与外部科技企业、学术机构的合作,组织校外访问和专家讲座,以拓宽学生的视野,并将学习与现实世界紧密联系起来。这些活动不仅帮助学生了解当前科技的最新发展,还可能激发他们对未来职业生涯的兴趣和热情。

四 举办"科技创新节",营造课程氛围

(一)"科技创新节"的内涵

"科技创新节"是为了营造一个积极主动学习的课程氛围,为了能够鼓励学生在信息科技和人工智能等学科领域展示他们的成果,并与同伴进行知识和经验的交流。通过科技创新节,我们可以强化学科特色,同时激发学生的探究欲望和创新精神。

(二)"科技创新节"的实施

科技创新节的活动通常包括项目展示、讲座、竞赛和互动体验区等多种形式,旨在展现学生的学习成果,并提供一个互动学习的平台。在节日活动中,学生不仅有机会向校内外人士展示他们的项目,还能够从中得到反馈,这对于他们自信心的提升和创造力的培养非常重要。通过展示他们自己的作品,学生能够获得认可和鼓励,同时也能从其他同学的项目中获得启发。这种活动不仅仅是一个成果的展示会,还是一个学习的过程——学生在这个过程中可以学会如何更好地呈现自己的想法,如何与他人沟通交流,以及如何接受他人的建议和批评。

另外,科技创新节还引入行业专家和学者的参与,他们的专业知识和现实经验能为学生提供更广阔的视角,帮助学生将理论与实践相结合,激发学生对未来科技发展趋势的深入思考。这种行业与教育的结合也能帮助学生了解科技领域的职业道路,为他们未来的学习和职业选择提供指导。

五 激活"融创空间",激发学生潜能

(一)"融创空间"的内涵

"融创空间"是一个集合了多种先进工具和技术的学习环境,目前我校已建设航空航天科普中心、人工智能实验室、3D打印教室、木工技艺教室、计算机机房等,为学生提供了一个可以自由探索、设计、制作和实验的场所。在这个环境中,学生不仅能够学习信息科技、人工智能、编程等硬核技能,还能够在项目制作的过程中,培养解决问题、团队合作和自主学习的能力。

(二)"融创空间"的实施

为了最大限度地发挥"融创空间"的作用,学校确保空间的开放性和资源的可获取性。学校制定相应的开放时间表,允许学生在课余时间自由进入和探索。此外,学校还会定期举办研讨会,邀请外部专家进入"融创空间",与学生交流分享,提供专业的技术支持和创意指导。这样的交流活动,不仅增加了学生的实践机会,也拓宽了他们的视野,使他们意识到自己所学知识与现实世界的紧密联系。

(执笔人:黄韵豪　侯亚鑫　莫怡琳)

第九章
走创新路,解构万物追问机理

物理学科是一门深邃唯美的科学,它用精确的数学语言揭示着宇宙的奥秘,探索着自然界的无尽规律。在这里,每一个实验都是对真理的追求,每一次发现都拓宽了人类视野的边界。物理学习是知行合一的过程,它以理论为基、实验为证,坚定追求真理之光的步伐,点燃永不熄灭的探索之火。

第一节 ｜ 剖析生本律动，孕育创新机遇

一 学科课程性质

义务教育物理课程肩负人类科学事业的传承与发展使命，在帮助学生形成科学的自然观、养成科学思维习惯、形成科学态度和正确价值观等方面具有不可替代的作用。义务教育物理课程是激发学生爱党、爱国的重要阵地，能为培养德智体美劳全面发展的社会主义建设者和接班人奠定基础。

二 学科课程理念

为了体现义务教育物理课程的基础性与实践性等特点，我们结合学校"尊重的教育"办学理念，注重培养学生的动手能力和思维能力，鼓励学生积极参与学科课程活动，帮助他们在活动中建立自信，激发对学习物理的兴趣和动力，因此提出了"知行物理"的课程理念——知行合一，学以致用。

（一）"知行物理"是以生为本的物理

教育要面向每一个生命。我们注重培养学生的物理观念、科学思维、科学态度与责任、科学探究能力，引导学生在课程学习中发现自我、发展自我、成就自我，最终形成正确的价值观，培养适应未来发展的必备品格和关键能力。

（二）"知行物理"是贴近生活的物理

以学生生活经验为基础，结合深圳地域特点，借助比亚迪等企业优势和马峦山自然资源优势，引入富有时代性、地域性的鲜活案例，引导学生在物理课程的学习中，感受源于自然的物理魅力和用于社会的物理魔力，体会物理知识对人类发展的促进作用。依托学校博物空间，引导学生认识我国科技成就，横向丰富学生视野，纵向提升学生对物理的兴趣。

(三)"知行物理"是多元实践的物理

学以致用,学用并重。我们结合学生身心发展特点,建构多元实践路径。一是基于真实情境,选取兼具独立性与发展性的学科主题活动;二是开展跨学科实践活动,提炼升华学科知识;三是开展项目化学习活动,围绕项目组建团队,设计方案解决问题,训练学生思维能力及小组合作能力。

(四)"知行物理"是评价育人的物理

注重评价多元化、艺术化。根据主题教学活动,制定具有针对性的学生评价量表和作品评价量规,引导学生积极参与教学活动,有目的、有方向地发展自我。学生评价量表设置自评、他评和师评,引导学生学会发现自我、肯定同伴。纸笔测试与实验探究活动紧密相连、渗透学科实践活动,有助于学生建立自信、成就自我。

"知行物理"坚持知行合一,学以致用,向下主动承接小学科学,注重趣味性;向上主动衔接高中物理课程,紧扣思维性。它引导学生经历知物理、明物理、悟物理、用物理的过程,主动探索物理规律,从而发展思维能力,强化物理观念,践行科学态度与责任。

第二节 ｜ 畅游素养深海，追寻灵魂私语

我们从课程标准出发，梳理出符合我校校情的学科课程目标。

一　学科课程总体目标

依据课程标准和学科特点，从物理观念、科学思维、科学探究、科学态度与责任四个方面确立课程总体目标，以学科育人为导向，目的是培养学生形成适应社会发展需求和终身发展目标的关键能力与必备品格。

(一) 物理观念目标

通过多元化教学方法和手段，让学生从生活案例、生活现象中，自主探索物理规律，建构物理概念，形成物理观念，从而加深对物理知识的理解和掌握。从物理学视角，认识声、光、热、力、电、磁等模块中的核心概念，解释相关现象，解决简单的生活问题。

(二) 科学思维目标

学生通过实验、观测、模拟等方式，亲身经历和感受物理现象，培养学生的观察能力、实验设计能力和逻辑思维能力，以及发展创造性思维和开拓性思维；使学生形成科学态度，不轻信迷信、偏见与伪科学，具有批判性思维和科学文化素养，成为能自主探究的时代英才。

(三) 科学探究目标

组织学生参与探究过程，能明确认识实验目的和实验原理，并认真观察实验过程，及时记录相关信息，最后分析实验数据得出结论。在小组讨论交流中，鼓励学生充分发表自己的见解，体验科学探究的乐趣和意义。

(四) 科学态度与责任目标

通过小组讨论、项目合作等活动开展合作学习，使学生亲近自然、崇尚科学、乐于思考与实践。学生也将对环境、能源等社会问题进行关注，增强自身的社会责任感和

形成可持续发展观念,满足各行各业的人才建设需求,从而推动行业的进步以及社会的发展。

二 学科课程具体目标

依据学科课程总目标,结合不同学段学生身心发展特点,我们参考教材、教师用书,制定了学科课程分年段的具体目标。现以八年级为例进行阐述(见表9-1)。

表9-1 学科课程具体目标(以八年级为例)

章节	上学期	下学期
第一章	【共同目标】 1. 会使用适当的工具测量时间和长度,知道测量有误差,了解误差和错误的区别; 2. 知道机械运动的概念,会选择适当的参照物描述物体的运动,知道运动和静止具有相对性; 3. 经历速度概念建立过程,能用速度描述物体的运动,能用速度公式进行简单的计算; 4. 知道匀速直线运动的概念,会粗略研究变速直线运动,能用平均速度描述变速直线运动的快慢; 5. 学会使用秒表、刻度尺测出物体运动的平均速度。 【校本目标】 1. 学会利用人体身上的"尺子",估测某个物体的长度; 2. 会设计方案,写出具体步骤,估测从学校到家里的路程。	【共同目标】 1. 认识力的作用效果,知道力的三要素; 2. 会画力的示意图,知道物体间力的作用是相互的; 3. 了解弹力产生的原因; 4. 经历使用弹簧测力计的过程,会正确使用弹簧测力计; 5. 经历探究重力的大小跟什么因素有关的实验过程,了解重力大小跟物体质量的关系;知道重力的方向。 【校本目标】 1. 查阅资料,了解我国航天事业的发展过程; 2. 利用简易器材,制作一个弹簧测力计。
第二章	【共同目标】 1. 知道声音是由物体的振动产生的; 2. 知道声音的传播需要介质,声音在不同介质中传播的速度不同; 3. 知道声音的音调跟发声体的频率有关,	【共同目标】 1. 通过实验,了解阻力对物体运动的影响; 2. 通过实验和科学推理,认识牛顿第一定律;

（续表）

章节	上学期	下学期
	响度跟发声体的振幅有关,不同发声体发出声音的音色不同; 4. 了解现在技术中与声有关知识的应用; 5. 了解噪声的来源和危害,知道控制噪声的途径。 【校本目标】 1. 利用声音的特性,制作一件小乐器; 2. 运用声音的相关知识、查阅资料,写出生产生活中利用声音的事例。	3. 知道一切物体都具有惯性,能运用惯性解释生活和自然中的有关现象; 4. 认识平衡力和平衡状态的概念,通过实验探究归纳、总结出二力平衡条件,会利用二力平衡的知识分析解决实际问题; 5. 认识摩擦力,经历实验探究,知道影响滑动摩擦力大小的因素及关系。 【校本目标】 能运用物体的惯性解释生活和自然中的有关现象。
第三章	【共同目标】 1. 知道温度及摄氏温度的规定,了解温度计的结构及工作原理; 2. 会用温度计、体温计测量温度; 3. 通过"用温度计测量水的温度"的实验,学会温度计的使用方法,体会观察和测量的意义; 4. 能区分物质的固态、液态和气态,知道物质的各种状态之间是可以相互转化的; 5. 通过实验探究,了解固体熔化和液体凝固时温度随时间变化的规律,能用熔化和凝固的知识解释生活中的现象,知道晶体和非晶体的区别; 6. 知道熔化曲线和凝固曲线的物理含义; 7. 知道物质的液态和气态之间是可以转化的,了解汽化和液化现象; 8. 能通过实验观察水的沸腾现象,了解沸点的概念; 9. 能区别汽化的两种方式:沸腾和蒸发,知道汽化吸热,液化放热; 10. 了解物质的固态和气态之间是可以直接转化的; 11. 知道升华和凝华的概念和特点,知道升华吸热和凝华放热。	【共同目标】 1. 能通过实验,正确得出压力的作用效果跟压力的大小和受力面积的关系; 2. 理解压强的概念,能熟练写出压强公式、单位,并能用压强公式进行简单计算; 3. 会分析增大或减小压强的具体方法,并能解释与压强有关物理现象; 4. 能准确陈述液体压强的特点,会利用液体压强的特点解释有关现象;能熟练写出液体压强公式,并能进行简单计算; 5. 能说出连通器的特点,并能举出一些常见连通器的实例; 6. 通过观察、实验,检验大气压强的存在;能通过实例说出大气压在生产、生活中的应用; 7. 能利用流体压强与流速的关系解释升力产生的原因,进而解释飞机在空中飞行的原因。 【校本目标】 1. 查阅资料,了解活塞式抽水机的工

第九章 走创新路,解构万物追问机理

(续表)

章节	上学期	下学期
	【校本目标】 1. 根据温度计的原理,能自制一个简易的温度计; 2. 查阅相关资料,能分析坎儿井是如何减少水的蒸发。	作过程和原理; 2. 能利用流体压强与流速的关系解释生活中的有关现象。
第四章	【共同目标】 1. 了解光在同种均匀介质中的传播特点,能举例光的直线传播在生活中的应用; 2. 知道光在真空中的传播速度; 3. 认识光反射的规律,了解法线、入射光线和反射光线以及入射角和反射角的含义; 4. 了解反射现象中光路的可逆性,能区分镜面反射、漫反射; 5. 了解平面镜成像的特点,了解平面镜虚像及虚像是怎样形成的; 6. 了解日常生活中平面镜成像的现象; 7. 初步了解凸透镜、凹透镜及其应用; 8. 了解光的折射现象,通过实验探究光折射时的特点; 9. 知道光在发生折射时,光路是可逆的; 10. 知道光的色散,了解可见光谱以及红外线和紫外线的应用。 【校本目标】 1. 利用生活中简易材料,制作小孔成像并解释小孔成像的原理; 2. 查阅相关资料,举例说明生活中利用红外线、紫外线的事例。	【共同目标】 1. 能认识浮力产生的原因,会用弹簧测力计测量物体在液体中所受浮力的大小; 2. 经历浮力大小跟哪些因素有关的实验探究过程,认识物体所受浮力的大小跟它浸在液体中的体积和液体的密度有关; 3. 能复述阿基米德原理并书写其数学表达式,能应用阿基米德公式计算简单的浮力问题; 4. 能描述物体的浮沉条件,知道密度计、潜水艇、飞艇、气球、轮船的浮沉原理。 【校本目标】 运用物体的浮沉条件解释生产、生活中的一些现象,认识浮力知识在生产、生活中的应用价值。
第五章	【共同目标】 1. 认识凸透镜和凹透镜,知道透镜的焦点、焦距; 2. 认识凸透镜对光的会聚作用和凹透镜对光的发散作用; 3. 了解透镜在日常生活中的应用,知道凸透镜在三种常见仪器上所成像的不同,	【共同目标】 1. 能说出做功包含的两个必要因素,明确计算功的大小的表达式; 2. 知道功率的物理意义,能应用功率的定义式进行简单的计算; 3. 能通过实例从做功的角度描述能量,说出能量与做功的关系;

(续表)

章节	上学期	下学期
	能初步区分照相机、投影仪、放大镜的成像特点; 4. 能简单描述凸透镜成像和虚像的主要特征; 5. 通过实验探究,知道凸透镜成像的规律; 6. 了解眼睛的构造,了解晶状体的调节过程,知道人眼观察远处和近处物体都能看清楚的原因; 7. 通过分析近视和远视眼形成的原因,了解眼镜是怎样矫正视力的; 8. 了解显微镜、望远镜的基本结构、作用及成像原理。 【校本目标】 1. 尝试应用已学的透镜成像知识来解释生活中的物理现象,获得初步的问题解决能力; 2. 了解望远镜和显微镜的发展历程,关注人类探索宇宙的重大活动,体会科学技术对社会发展和人类生活的影响。	4. 初步认识动能、势能的概念,能通过实验探究,了解动能、势能的大小跟哪些因素有关; 5. 知道动能、重力势能和弹性势能统称为机械能,认识动能和势能是可以相互转化。 【校本目标】 1. 查阅资料,了解生产生活中利用风能和水能的事例; 2. 利用简易器材,制作一个神奇的魔罐。
第六章	【共同目标】 1. 通过分析一些实例了解质量的初步概念,知道质量的单位及其换算; 2. 通过实际操作,掌握天平的使用方法,学会用天平测量固体和液体的质量; 3. 探究同种物质的质量与体积的关系,体会利用比值不变反映的数量关系来定义物理量的方法; 4. 知道密度的定义、公式和单位,理解密度的物理意义; 5. 会利用天平和量筒测量不同形状固体和液体的密度,体会等量替换的方法; 6. 在测量固体和液体密度的过程中,熟悉天平、量筒的使用技能,规范实验操作步骤,培养严谨的科学态度; 7. 通过分析实例,理解密度是物质的一种性质;会利用密度公式进行简单的计算。	【共同目标】 1. 能识别出杠杆,并能准确找出杠杆的五要素; 2. 通过实验探究,能得出杠杆的平衡条件,并能利用杠杆的平衡条件进行相关计算; 3. 认识定滑轮和动滑轮的特点,并能根据需要选择合适的滑轮解决实际问题; 4. 能结合实例分析什么是有用功、额外功和总功,能说出机械效率的含义,能利用机械效率的公式进行简单的计算。 【校本目标】 1. 利用简易器材,制作一个杆秤,并说明测量物体质量的原理; 2. 观察自行车,能找出涉及的简单机

(续表)

章节	上学期	下学期
	【校本目标】 1. 设计如何测量一个大头针质量的实验方案,结合方案进行实验测量; 2. 将密度与生活相联系,并能运用密度知识鉴别物质,如1角硬币是否是铝制材料。	械并说出它们发挥的作用。

第三节 ｜ 解构实践天地，探究知识神秘

物理作为一门基础自然科学，其学科课程结构和学科课程内容设置对于学生掌握科学思维方法和实验技能至关重要。因此，我们设计了"知行物理"学科课程体系。

一 学科课程结构

《义务教育物理课程标准(2022年版)》指出："义务教育物理课程内容由'物质''运动和相互作用''能量''实验探究''跨学科实践'五个一级主题构成。'物质''运动和相互作用''能量'主题不仅包含物理概念和规律，还包含物理探索过程、研究方法，以及科学态度与价值观等；'实验探究'主题旨在强调物理课程的实践性，凸显物理实验整体设计，明确学生必做实验要求；'跨学科实践'主题侧重体现物理学与日常生活、工程实践、社会发展等方面的联系。"[①]据此，我们将"知行物理"学科课程分为"必修类课程""拓展类课程""探究类课程""实践类课程"等四大板块，课程结构图如下(见图9-1)。

图中各板块内容如下。

(一) 必修类课程

本课程主要包括声、光、热、力、电、磁等模块的基本知识，旨在帮助学生认识物理世界的基本规律和现象，增加对自然界的认识和理解，培养逻辑思维能力，掌握科学的思维方式和研究方法。通过实验探究课，锻炼学生的动手操作和解决问题的能力，从而促进学生的全面发展。

(二) 拓展类课程

本课程主要包括培优课程和竞赛课程。培优课程帮助学生进一步深化对物理知

---

① 中华人民共和国教育部. 义务教育物理课程标准(2022年版)[S]. 北京：北京师范大学出版社，2022：7.

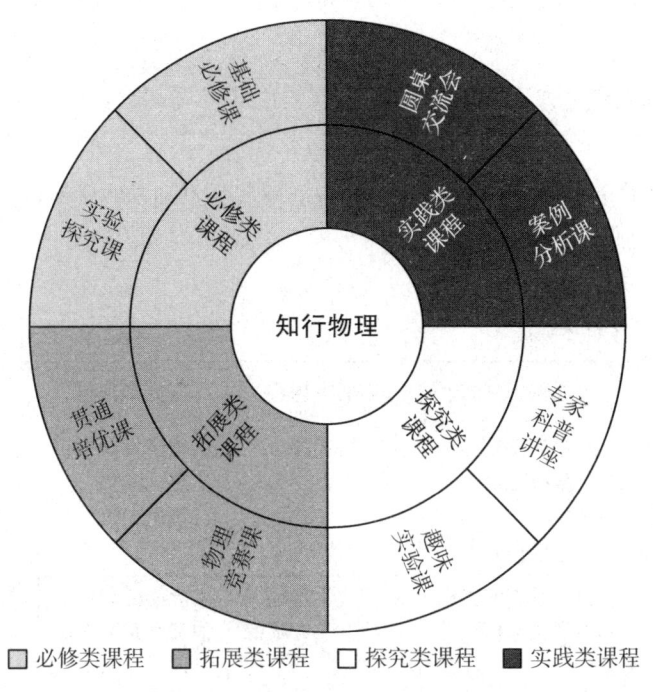

图 9-1 知行物理学科课程结构

识的理解,培养科学思维、科学探究等学科素养,为更高阶段的物理学习打下坚实基础。竞赛课程为更具潜力的学生提供发展平台,拓宽学生物理学视野,引领学生站在人类发展的视角思考和探索,培养创新意识和创新能力。

(三)探究类课程

本课程主要包括趣味实验课和专家科普讲座。趣味实验课设置了物理实验制作系列课程,如"自制照相机""水火箭的制作""伯努利系列实验""电动机、发电机的制作"等,帮助学生在有趣的实验中感受物理的魅力,提高对物理学科的兴趣,同时能够更好地理解相关物理概念和规律。专家科普讲座结合本校特色优势,开展"航空航天系列讲座",帮助学生拓宽视野,树立远大理想和目标。

(四)实践类课程

本课程主要以项目式学习方式进行,引导学生在真实情境中,利用物理学知识分析问题、创造性地解决问题,在应用中更好地理解物理概念、规律和原理,在实践中更好地培养学生思考问题、解决问题的能力和创新思维,真正做到学以致用。

二 学科课程设置

基于核心素养内涵、初中阶段学生的身心发展特点和基本学情,将上述四大板块课程具体设置如下(见表9-2)。

表9-2 "知行"学科课程设置

		必修类课程	拓展类课程	探究类课程	实践类课程
八年级	上学期	声学、光学、热学基础必修课 声学、光学、热学实验探究课	光学培优课	物理学发展史讲座 自制照相机	物理学习方法交流会 拍照中的物理知识
	下学期	力学基础必修课 力学实验探究课	基础力学培优课 基础力学竞赛课	水火箭的制作 伯努利系列实验课 航空航天系列讲座	体育运动中的力学
九年级	上学期	内能与电学必修课 电学实验探究课	电学培优课 电学竞赛课	电动机、发电机的制作	新能源电池的发展和应用 电磁炉工作原理的分析
	下学期	电学、能源与可持续发展 电与磁实验探究课	电与磁初高衔接课程	万有引力与航天	揭秘"饮水鸟"

第四节 ┃ 追问万物机理,播撒知行思维

我们从"知行课堂""知行课程""知行社团""知行之旅""知行分享会"等五条途径开展,培养学生核心素养。

一 建构"知行课堂",提升学科教学质量

(一)"知行课堂"的内涵

"知行课堂"是一种来源于生活、应用于社会的课堂,它注重知行合一、学以致用,将国家课程和物理在生活中的应用相结合,突破传统分科教学的壁垒,将不同领域的知识融合在一起,形成学科的整体性。

(二)"知行课堂"的实施

首先,教师明确教学目标,即学生需要掌握哪些知识和技能,以及如何将这些知识和技能应用到实际生活中。例如课堂上进行自行车和汽车的结构和运动原理分析,对自行车和汽车进行力学分析,让学生在具体的场景中学习抽象的知识,教师在学生的探讨中达到教学目标。其次,教师设计好教学活动,多用启发式的教学方法,开展小组合作学习,鼓励学生参与讨论和实验设计等活动。如在学习电路时,让学生小组合作设计一些小实验,学生亲自动手操作,观察电流的变化情况,从中体会电路的基本原理,最后让学生进行汇报展示。

教师要营造一个积极主动的学习氛围,为学生提供尽可能多的实践机会,让学生能够将所学的知识和技能应用到实际生活中。例如,在课堂上创设一个问题"为什么游泳池里的东西看起来扭曲了?"来让学生自主探索、实践和解释。在学生完成实践操作之后,教师需要及时给予反馈和评价,让学生知道自己的优点和不足之处,以便进一步提高。

在"知行课堂"中,初中物理学习变得更加富有趣味和挑战性。学生们不再是被动

的接受者,而是积极参与者和主动学习者。他们从拥有知识到运用知识,从被动思考到主动思考,真正掌握物理学科的核心概念和解决问题的方法。

二 开发"知行课程",强化学科课程特色

(一)"知行课程"的内涵

"知行课程"是以实验为基础,注重学段衔接、学科融合的课程。它具有基础性、实践性、趣味性、发展性等特点。学生在"知行课程"的学习中,经历科学探究过程、学习科学研究方法、养成科学思维习惯、建构自身独特的物理学知识体系。

(二)"知行课程"的实施

"知行课程"的实施以内容确定为先,与学生的生活实际相结合,既包括理论知识,也包括实践操作。在开发"知行课程"的过程中,要注意强化物理学科特色。例如,在拓展课程中,创设真实的生活情景,引导学生对汽车运动和制动距离等问题进行研究,让学生通过计算和推理判断是否发生追尾,帮助学生将物理知识与日常生活相联系。

在实践类课程中,加入物理模型的设计与构建,结合电磁学知识,引导学生动手制作电动机、发电机等学具。此外,还可引导学生根据生活需求设计不同功能的电路,如声控灯等。通过实际操作和改进设计,培养解决问题的能力和创造思维。

在课程结束后,要对课程效果进行评价。评价可以采用多种方式,如考试、作业、小组项目等,以了解学生对课程内容的掌握程度和实践能力的提高情况。只有在学以致用的过程中,学生才能真正领悟到物理学科的魅力和应用的意义,不仅促进学科特色的深入发展还帮助学生未来的科学探索及职业发展。

三 创设"知行社团",发展物理学科学习兴趣

(一)"知行社团"的内涵

"知行社团"为学生创造一个多元互动、贴近生活的物理学习环境。通过组织丰富多样的活动,旨在激发学生对物理学的学习兴趣,帮助学生建立坚实的物理基础,并在实践中培养逻辑思维及创新精神。

(二)"知行社团"的实施

学校创建"知行社团",招募对物理学科感兴趣的学生加入社团,社团成员来自不同年级和班级,让学生充分发挥朋辈影响力,便于学习和交流。社团活动包括"小小牛顿""木桥梁承重比赛""猫咪喂水器的设计与制作"等活动。学生搭建简单的物理实验装置,自主探究运动学、力学等领域的基本概念和规律,在团队合作过程中,培养沟通能力与实践能力。举办物理讲座,邀请资深物理教师、比亚迪等企业的研发团队、知名高校的专家教授开展科学讲座,为学生呈现精彩的知识盛宴,体会物理学对社会发展的作用。在实践的基础上指导学生参加"中学应用物理综合实践活动",在层层选拔的竞赛活动中,激发学生内驱力,引导学生积极主动地学习、思考和拓展。

"知行社团"坚持兴趣与实践相结合,鼓励学生探索思考,引导学生树立正确的物理学科学习态度,发掘并培养富有创新精神的物理人才。

四 开启"知行之旅",落实学科研学活动

(一)"知行之旅"的内涵

"知行之旅"是对课本知识的延伸与实践,将学科知识与研学实践相结合,使学生在研学过程中体会物理学与社会发展的联系,增强学生的安全意识,引导学生践行健康生活,最终使其成为具有节能意识和可持续发展意识的物理英才。

(二)"知行之旅"的实施

"知行之旅"选择比亚迪等企业和马峦山等自然资源作为研学基地,让学生直观感受物理知识在生产生活中的应用,挖掘自然资源中蕴含的物理规律。例如,带领学生参观比亚迪的研发基地和生产基地,近距离地观察研发人员将理论知识物化为成果的过程。组织学生参观科技展览,了解物理研究的现状与前沿,以观察、测量和记录等方式,围绕运动、能量、电磁等方面进行深入学习,提高对物理学原理的理解。以假期作业的方式,指导学生参观"妈湾电厂""深圳湾大桥""深中通道"等惠民工程,从海洋生态、桥梁建筑等领域帮助学生拓宽物理学的知识视野,感受到国之工程中蕴含的可持续发展观和创新观,引导学生树立"科技兴国,强国有我"的远大抱负。

五 开办"知行分享会",营造学科课程氛围

(一)"知行分享会"的内涵

"知行分享会"是一种理论与实践相结合的学术交流形式,旨在提升学生的学科兴趣、学科素养,培养科技与创新思维,为未来的科学研究和社会发展打下坚实基础。

(二)"知行分享会"的实施

利用信息技术资源,在全校发布物理主题。学生通过网络平台收集信息、提出问题、形成观点。接着举办的"知行分享会",让不同学生围绕同一主题发表见解,展开讨论,通过展板、演讲、科技作品等形式,向全校师生展示自己在物理学习中的收获和成果。例如,发布民俗谚语中"小小秤砣压千斤""破镜不能重圆""水火不相容"等物理主题,激发学生的讨论热情,从物理视角解读民俗谚语中的物理原理,培养学生的处理信息的能力;注重传统文化的传承与发展,增强学生文化自信,提升学生民族自豪感,选取《天工开物》《齐民要术》《梦溪笔谈》《考工记》等古代科技著作,以"古代科技中的物理学"为主题举办"知行分享会",提升学生学习兴趣。

(执笔人:王　晶　章莉莎　刘　妍　张亚辉　王　韧)

第十章
用真语言,搭建英汉文化之桥

学习语言,就是学习一种文化,不仅要学习语言的功能,还要体验其丰富的人文性。我们鼓励学生置身于真实的英语语境中,去品味英语的独特韵味,感受跨文化交流的深邃魅力,使他们在知识、文化、思维、情感等多维度激发创造力和想象力,增强自信心和成就感,进而培养他们的全球视野和大国情怀。

第一节 Ⅰ 以一言为媒介，传播中国文化

一　学科课程性质

义务教育英语课程体现工具性和人文性的统一，具有基础性、实践性和综合性特征。学习和运用英语有助于学生了解不同文化，比较文化异同，汲取文化精华，逐步形成跨文化沟通与交流的意识和能力，学会客观和理性地看待世界，树立国际视野，涵养家国情怀，坚定文化自信，形成正确的世界观、人生观和价值观，为学生终身学习和适应未来社会发展奠定基础。

二　学科课程理念

基于英语学科特点，注重语言的真实性和实用性，结合《义务教育英语课程标准（2022年版）》中的课程性质和课程理念，我们提出了"原味英语"课程理念：让每个孩子在原汁原味的英语学习中感受语言魅力，提升英语语言运用能力和跨文化交流能力。

(一) "原味英语"是兼具中国心国际眼的英语

"原味英语"让学生在学习过程中，不仅掌握英语语言知识，还了解英语国家的文化和社会，同时保持对祖国文化的热爱和认同。如此，学生可以更好地适应全球化时代的需求，成为具有国际视野和跨文化沟通能力的人才。

(二) "原味英语"是关注综合语言技能的英语

"原味英语"落脚在学生的英语听、说、读、看、写等实际运用能力，拓展语言的实际运用和交流，让学生在学习中真正掌握英语这门语言，并能够在实际生活中运用自如。

(三) "原味英语"是融合学做用为一体的英语

"原味英语"是一种将学习、实践和运用融为一体的英语。它强调在原汁原味的真

实语境或在真实场景的模拟和实践中学习英语,并将所学的英语知识运用到实际交流中,不断提高学生的语言实际运用能力和跨文化交流能力。

(四)"原味英语"是倡导点燃内在潜能的英语

"原味英语"将教学评价与教学活动的目标和学生的学习活动紧密联结,与学生的学习过程良性互动,发挥学生的主观能动性,引导学生成为评价活动的设计者、参与者、合作者和组织者,并能在教师的指导下自觉运用评价结果反思和优化自己的学习,从而实现评价主体多元化和评价手段多样化,促进教师改进教学,促进学生的学习真正发生。

总之,"原味英语"以其独特的语言魅力、真实的语言环境、丰富的学习内容和深厚的文化内涵,为每个学生提供原汁原味的语言学习体验,促进他们主动学习、个性发展、健康成长。

第二节 ┃ 以四力为奠基,铸就辉煌人生

我们从课程标准出发,梳理出符合我校校情的学科课程目标。

一 学科课程总体目标

基于《义务教育英语课程标准(2022年版)》的总目标和学科特点,我们从语言能力目标等四个方面阐述"原味英语"课程目标。

(一)语言能力目标

能够在感知、体验、积累和运用等语言实践活动中,认识英语与汉语的异同,逐步形成语言意识,积累语言经验,进行有意义的沟通与交流。

(二)文化意识目标

能够了解不同国家的优秀文明成果,比较中外文化的异同,发展跨文化沟通与交流的能力,形成健康向上的审美情趣和正确的价值观;加深对中华文化的理解和认同,树立国际视野,坚定文化自信。

(三)思维品质目标

能够在语言学习中发展思维,在思维发展中推进语言学习;初步从多角度观察和认识世界、看待事物,有理有据、有条理地表达观点;逐步发展逻辑思维、辩证思维和创新思维,使思维体现一定的敏捷性、灵活性、创造性、批判性和深刻性。

(四)学习能力目标

能够树立正确的英语学习目标,保持学习兴趣,主动参与语言实践活动;在学习中注意倾听、乐于交流、大胆尝试;学会自主探究,合作互助;学会反思和评价学习进展,调整学习方式;学会自我管理,提高学习效率,做到乐学善学。

总之,"原味英语"彰显英语的实践性特征,通过学习和运用英语,培养学生跨文化沟通与交流的意识和能力,了解不同文化的特点和精髓,从而更好地理解和欣赏不同

文化之间的差异。这种跨文化交流的能力有助于学生形成客观、理性的世界观,增强国际视野,培养家国情怀,坚定文化自信,为其终身学习和社会适应奠定坚实的基础。

二 学科课程具体目标

为更好地实现课程目标,结合英语教学内容及我校学生实际情况,我们制定了各年级具体目标。下面以小学二年级为例说明(见表 10-1)。

表 10-1 "原味英语"二年级具体课程目标

单元	上学期	下学期
第一单元	【共同目标】 1. 学生能运用"Good morning/afternoon/evening/night."这个句型来问候他人并做出相应的反应; 2. 学生能熟练掌握两个大小写字母 Aa 和 Bb 的听读,并会读诵字母儿歌。 【校本要求】 学生能够了解不同文化背景下的社交礼仪和问候习惯,增强文化意识,更好地适应不同的社交环境。	【共同目标】 1. 能够正确听读单词 white、purple、pink、orange、brown、black;能够运用特殊疑问句"What colour is...? What can you see?"进行提问,并做相应的回答; 2. 能正确朗读和书写 26 个大小写字母。 【校本要求】 1. 学生能够完成颜色实验,研究颜色的性质和调色规律,培养学生的科学探究精神和实证精神; 2. 学生能够了解不同文化背景下的颜色知识和含义。
第二单元	【共同目标】 1. 学生能掌握词汇:big、small、boy、girl;能正确听读并表达句型:"I'm... You're..."; 2. 学生能熟练掌握两个大小写字母 Cc 和 Dd 的听读,并会读诵字母儿歌。 【校本要求】 通过课程中的模拟社交场景和角色扮演活动,运用"I'm... You're..."介绍自己与他人,帮助学生提高他们的社交	【共同目标】 1. 在 Kitty's birthday party 和 Birthday present for Kitty 的语境中,学习并理解运用本单元的核心词汇:watch、bag、soft、hard、rough、smooth; 2. 在语境中,感知、理解和运用一般疑问句"Is this/that...? Yes, it is./No. It's..."来谈论对物体的感觉。 【校本要求】 通过结合科学实验,学生能够运用句型

(续表)

单元	上学期	下学期
	技能。	"Is this/that…? Yes, it is. /No. It's…",识别和描述不同物体的硬度和软度。
第三单元	【共同目标】 1. 学生能正确听读词汇:seven、eight、nine、ten;学生能用句型"Are you…?"询问对方年龄、姓名和其他信息,并能运用肯定或否定形式给予回答; 2. 学生能熟练掌握两个大小写字母 Ee 和 Ff 的听读,并会读诵字母儿歌。 【校本要求】 学生能够尊重他人的隐私,避免询问他人的私人信息,如年龄、家庭情况、宗教信仰等。	【共同目标】 1. 能够听懂并且整体认读和朗读单词:train、bus、car、van bicycle、ship;能读并理解单词 road station 以及词组 bus stop 的意思; 2. 能根据图片内容及声音媒体,运用重点句型:"What can you hear? I can hear a…"辨认不同的交通工具。 【校本要求】 1. 学生能够了解各种交通工具的特点和优势,例如摩托车、汽车、火车、飞机等,并知道它们各自的利弊; 2. 学生能够根据实际情况和需求,选择正确的交通工具。
第四单元	【共同目标】 1. 学生能正确听读词汇:run、write、swim 和 fly,学生能表演对话,并掌握句型:"Can you…? Yes, I can. /No, I can't."; 2. 学生能熟练掌握两个大小写字母 Gg 和 Hh 的听读,并会读诵字母儿歌。 【校本要求】 通过学习 run、swim 和 fly 等运动技能,鼓励学生能够锻炼身体,提高自己的运动能力。	【共同目标】 1. 在故事情境中能够学习并运用 run、skate、hop、skip、ride;能了解掌握和运用动名词:running、skating、hopping、skipping、riding; 2. 能运用"Do you like…? Yes. /No, I like…"等句型进行喜好的问答。 【校本要求】 学生能够运用所学英语词汇和句型,拍摄与运动相关的小视频,记录自己的运动经历和感受。
第五单元	【共同目标】 1. 学生能正确听读词汇:young 和 old;学生能表演对话,并掌握句型:"Who's she? She's… Is she…? Yes, she is. No, she isn't."; 2. 学生能熟练掌握两个大小写字母 Ii 和 Jj 的听读,并会读诵字母儿歌。	【共同目标】 1. 能初步感知、理解和运用相关的食物类词汇,如:chicken、fish、carrot、banana、salad 等; 2. 能进一步运用"Do you like eating…? I like eating… It's… They're…"来描述相关的食

(续表)

单元	上学期	下学期
第六单元	【校本要求】 学生能够了解不同文化背景下的年龄观念和社交礼仪。 【共同目标】 1. 学生能正确听读词汇：hair、head、face；学生能使用"My... is/are..."和"Your... is/are..."介绍自己或他人的脸部等特征，特别注意正确使用单复数 is/are 的用法； 2. 学生能熟练掌握两个大小写字母 Kk 和 Ll 的听读，并会读诵字母儿歌。 【校本要求】 学生能够自信地表达自己或他人的脸部特征，并能够接受他人的评价和建议，培养学生的自信心。	物并作出合理回应。 【校本要求】 学生能够运用"Do you like eating...?"询问来自五湖四海的同学；学生能够了解并尊重不同地域的饮食习惯与文化。 【共同目标】 1. 在语境中学习野生动物的词汇 giraffe、snake、elephant、zebra，掌握音、形、义，并能在一定的情境中运用； 2. 在语境能学习使用 wh- 的特殊疑问句，用"What are they?"来询问动物名称。 【校本要求】 学生能够通过运用所学英语词汇和句型，讨论和设计保护野生动物的方案或活动，激发创造思维和想象力。
第七单元	【共同目标】 1. 学生能正确听读词汇：slide、swing 和 seesaw；能表演对话，并表达句型："What can you see? I can see..."； 2. 学生能熟练掌握两个大小写字母 Mm 和 Nn 的听读，并会读诵字母儿歌。 【校本要求】 学生能够了解 slide、swing 和 seesaw 这三个词所代表的活动和游戏，并能够理解它们的基本规则和玩法。	【共同目标】 1. 学习词汇 ride a bicycle、fly a kite、make a snowman 并掌握其音、形、义； 2. 用"It is..."句型描述不同季节的气候特征，用"I like (doing)... in (spring/summer/autumn/winter)."来表达自己在各个季节喜欢的活动。 【校本要求】 学生能够制作与四季相关的小绘本，绘画不同季节的特点和人们在季节中的活动，并写一些简单的相关单词与句型。
第八单元	【共同目标】 1. 学生能够正确听读词汇：bag、box、desk 和 chair；学生能表演对话，并掌握句型："Put... in/on..."； 2. 学生能熟练掌握两个大小写字母 Oo 和 Pp 的听读，并会读诵字母儿歌。	【共同目标】 1. 学生能听、说、认读单词 go、stop、wait、light； 2. 学生能熟练掌握和应用句型"Look at..."和"Let's..."，能正确辨别交通信号灯所传达的交通信息。

(续表)

单元	上学期	下学期
	【校本要求】 学生能够通过运用句型："Put ... in/on ..."收拾自己的个人物品，养成良好的收纳习惯。	【校本要求】 学生能够运用所学单词与句型，拍摄过马路的交通安全小视频，培养学生的安全意识。
第九单元	【共同目标】 1. 学生能正确听读词汇：bowl、plate、spoon 和 chopsticks；能表演对话，并掌握句型："... , please." "Thank you. /No, Thanks." ； 2. 学生能熟练掌握两个大小写字母 Qq 和 Rr 的听读，并会读诵字母儿歌。 【校本要求】 学生能够了解并掌握一些基本的餐桌礼仪，如正确使用餐具 bowl、plate、spoon 和 chopsticks，不要用手直接抓取食物等。	【共同目标】 1. 能在语境中学习、理解词汇：shirt，sweater, coat, trousers； 2. 能在语境中初步感知并尝试运用句型："I have ..." "It's ..." "I like my ..."来说说自己所拥有的美丽衣物的特点，以及表达对美好事物的喜爱之情。 【校本要求】 学生能熟练运用句型表达自己在不同季节对不同衣物的诉求，感知四季变化中不同衣物的变化。
第十单元	【共同目标】 1. 学生能正确听读词汇：sun、moon 和 star；学生能表演对话，并掌握句型询问看到的事物："Can you see ... ? Yes, I can. /No, I can't."； 2. 学生能熟练掌握两个大小写字母 Ss 和 Tt 的听读，并会读诵字母儿歌。 【校本要求】 结合学校航空航天特色，学生能够了解太空和天文学知识，增强对航天航空的兴趣和热情。	【共同目标】 1. 学生能用本单元核心词组，play football、play basketball、play ping-pong，进行询问、应答及讲述，掌握其音、义、形； 2. 学生能用下列核心句型结构来进行询问和应答："Can he/she ... ? Yes, he/she can. /No, he/she can't." 【校本要求】 结合乒乓球特色校本课程，学生能用本单元核心句型"Can he/she play the ping-pong?"调查班级学生会打乒乓球的比例。
第十一单元	【共同目标】 1. 学生能正确听读词汇：fox、hippo、meat、grass；学生能表演对话，并掌握句型："Look at ..." "It likes ..."； 2. 学生能熟练掌握三个大小写字母 Uu、Vv 和 Ww 的听读，并会读诵字	【共同目标】 1. 学生能够正确听读单词与短语 letter、carnation、balloon、make a card, a kiss and a hug； 2. 学生能够熟练掌握句子"It's Mother's Day! I can ... for Mum. What can I

(续表)

单元	上学期	下学期
	母儿歌。 【校本要求】 学生能够了解狐狸、河马、肉和草的基本特征和用途,并能够理解它们在自然界中的重要性和作用。	do for Mum?";能够感谢妈妈并知道庆祝母亲节的方式。 【校本要求】 让学生能根据所学单词和句型"It's Mother's Day! I can ... for Mum. What can I do for Mum?"就母亲节礼物提出自己的建议和想法,并在母亲节当天付诸行动。
第十二单元	【共同目标】 1. 学生掌握词汇:flower、tree;学生能表演对话,并掌握劝诫他人的相关句型:"Don't ..."; 2. 学生能熟练掌握三个大小写字母Xx,Yy和Zz的听读,并会读诵字母儿歌。 【校本要求】 学生能够在公园里拍摄"Don't ..."的爱护环境宣传片,能够了解如何保护植物和环境,并能够在日常生活中付诸实践。	【共同目标】 1. 学习并能运用有关感受类、食物类词汇,如:hungry、thirsty、tired、bread、milk、kind。并能运用"I want ..."表达自己想要的物品; 2. 能用简单的句型表述故事的基本情节,并在故事表演中培养团队合作意识。 【校本要求】 学生能够掌握角色形象的塑造和表达方式,能够运用语言、动作、表情等手段表现故事情节和人物性格,能够与同伴配合默契,共同完成"A girl and three bears"舞台表演。

第三节 ┃ 以五原为根本,体验英语魅力

"原味英语"注重培养学生的英语综合运用能力,课程设置体现系统性与层次性、实用性与趣味性、跨学科性与综合性,能够全面培养学生英语核心素养。

一 学科课程结构

我校"原味英语"学科课程分为"原味听说""原味阅读""原味写作""原味视听""原味探究"五大板块。各板块课程内涵如下。

(一)原味听说,畅谈英语交流之境

原味听说课程是一门致力于提高学生听力和口语表达能力的课程。课程涵盖了基础构建、技能提升、情境模拟、跨文化交流、策略技巧培养以及自主学习探索等多个方面。通过这些内容的学习和实践,学生将能够逐步掌握英语听说技能,提高跨文化交际能力,为未来的英语学习和发展打下坚实的基础。该课程包含快乐英语小嘴巴、趣味英语探索营、流利表达小能手、英语世界奇遇记、日常对话小达人、英语剧场小演员、英语演讲小明星、英语新闻小主播、英语辩论小勇士、跨文化交流小使者、英语综合运用小专家、英语视听探索者、口语交流实践家、英语演讲与表达艺术、英语辩论精英班、英语新闻与评论、英语综合应用与创新。

(二)原味阅读,领悟英语文学之美

原味阅读课程是一门致力于提升学生的阅读能力和理解能力的课程。该课程涵盖了文本理解与语言学习、阅读策略与技巧、批判性思维与文化意识、文学欣赏与审美能力以及自主学习与探究等多个方面。通过这些内容的学习和实践,学生将能够提高自己的英语阅读能力和综合素养,为学生的全面发展奠定坚实的基础。该课程包含快乐字母乐园、短句故事小屋、趣味词汇花园、简单段落探险、短篇故事奇遇、信息提取小侦探、经典童话之旅、非虚构阅读初探、长篇章节阅读、主题阅读探索、文化阅读广角、

深度阅读解析、青少年文学赏析、议论文阅读入门、历史与传记阅读、多体裁阅读挑战、英语时文悦读、学术英语悦读。

(三) 原味写作,抒发英语创作之情

原味写作课程是一门致力于培养学生的英语书面表达能力的课程。该课程包含语言技巧、写作思维、逻辑组织能力、创造性表达以及跨文化交流能力等多个方面。通过系统性的训练,激发学生英语写作兴趣,使学生能够清晰、有条理地表达自己的思想,全面提高学生的英语写作能力。该课程包括创意字母故事坊、短句奇遇记、我的日常小日记、小小故事家、奇妙想象岛、情感表达工坊、探索自然笔记、历史小故事家、说明文小能手、议论文初探、创意写作实验室、深度故事挖掘、书写校园生活、非虚构写作探索、跨文化交际写作、奇思妙想写作、高级写作工作坊、个人作品集。

(四) 原味视听,感受英语语音之韵

原味视听课程是一门融合了视觉与听觉双重感官体验的语言学习课程,旨在通过丰富的视频和音频材料以及多样化的教学活动,为学生提供沉浸式的英语学习环境。该课程包含对话、短剧、文化、英语视频拍摄等方面。通过课程学习,学生在学习地道语言的过程中,进一步提高独立的审美能力和人文素养。该课程包括字母乐园探险、日常对话奇遇、词汇王国游记、短篇故事剧场、时态追踪、情景对话秀、英语国家风情画、初级视听与写作工坊、生活技能大挑战、逻辑思维训练营、小升初英语视界拓宽、小学生活 vlog、初中英语探索之旅、经典文学作品赏析、故事里的中国、非遗里的中国、公共演讲与辩论技巧、初中生活 vlog。

(五) 原味探究,畅想英语学习之旅

原味探究是一门致力于培养学生的创新思维能力,帮助学生在体验中学习、在实践中运用、在迁移中创新的课程。该课程包含词、句、讲故事、戏剧表演、演讲、辩论、思维训练等多个方面的探究学习。通过学习,学生的语言能力、文化意识、思维品质、学习能力会得到大幅提升。该课程包括字母与基础词汇探险、句子构建与日常对话、词汇扩展与情景模拟、故事讲述与初步阅读、基础语法探索、多元文化体验、英语戏剧社、劳动小能手、口语表达与公众演讲、辩论小达人、英语小记者、英语探索之旅、启航英语梦、英语奇遇记、英语思维训练营、环球视野课程、英语巅峰挑战、未来英语领航员。

二 学科课程设置

依据建构基于分级体系的课程结构的思路,基于听、说、读、看、写等语言技能,将"原味英语"课程具体设置如下(见表10-2)。

表10-2 原味英语课程设置

		原味听说	原味阅读	原味写作	原味视听	原味探究
一年级	上学期	启蒙英语小耳朵(幼小衔接课程)	快乐字母乐园(幼小衔接课程)	创意字母故事坊(幼小衔接课程)	字母乐园探险(幼小衔接课程)	字母与基础词汇探险(幼小衔接课程)
	下学期	快乐英语小嘴巴	短句故事小屋	短剧奇遇记	日常对话奇遇	句子构建与日常对话
二年级	上学期	趣味英语探索营	趣味词汇花园	我的日常小日记	词汇王国游记	词汇扩展与情景模拟
	下学期	流利表达小能手	简单段落探险	小小故事家	短篇故事剧场	故事讲述与初步阅读
三年级	上学期	英语世界奇遇记	短篇故事奇遇	奇妙想象岛	时态追踪	基础语法探索
	下学期	日常对话小达人	信息提取小侦探	情感表达工坊	情景对话秀	多元文化体验
四年级	上学期	英语剧场小演员	经典童话之旅	探索自然笔记	英语国家风情画	英语戏剧社
	下学期	英语演讲小明星	非虚构阅读初探	历史小故事家	初级视听与写作工坊	劳动小能手
五年级	上学期	英语新闻小主播	长篇章节阅读	说明文小能手	生活技能大挑战	口语表达与公众演讲
	下学期	英语辩论小勇士	主题阅读探索	议论文初探	逻辑思维训练营	辩论小达人
六年级	上学期	跨文化交流小使者(小初衔接课程)	文化阅读广角	创意写作实验室	小升初英语视界拓宽	英语小记者

(续表)

		原味听说	原味阅读	原味写作	原味视听	原味探究
	下学期	英语综合运用小专家(小初衔接课程)	深度阅读解析	深度故事挖掘(小初衔接课程)	小学生活vlog	英语探索之旅
七年级	上学期	英语视听探索者(小初衔接课程)	青少年文学赏析(小初衔接课程)	书写校园生活(小初衔接课程)	初中英语探索之旅(小初衔接课程)	启航英语梦(小初衔接课程)
七年级	下学期	口语交流实践家	英语诗歌伴我行	非虚构写作探索	经典文学作品赏析	英语奇遇记
八年级	上学期	英语演讲与表达	历史与传记阅读	跨文化交流写作	故事里的中国	英语思维训练营
八年级	下学期	英语辩论精英班	多体裁阅读挑战	奇思妙想写作	非遗里的中国	环球视野课程
九年级	上学期	英语新闻与评论(初高衔接课程)	英语时文悦读(初高衔接课程)	高级写作工作坊(初高衔接课程)	公共演讲与辩论技巧(初高衔接课程)	英语巅峰挑战(初高衔接课程)
九年级	下学期	英语综合应用与创新(初高衔接课程)	学术英语悦读	个人写作作品集(初高衔接课程)	初中生活vlog	未来英语领航员

第四节 ┃ 以六径为通道，领略世界风采

结合学科课程内容，英语科组创新教学方式，践行学思结合、用创为本的英语学习活动观，秉持在体验中学习、在实践中运用、在迁移中创新的学习理念，通过建构"原味课堂"、开发"原味课程"、创设"原味社团"、探索"原味之旅"、创意"原味英语节"以及打造"原味空间"六大途径实施。

一 建构"原味课堂"，提升学科教学质量

（一）"原味课堂"的内涵

在"原味课堂"中，教师将结合教材主题，创设原汁原味的学习情境，帮助学生系统地学习、理解、运用所学语言知识，并通过及时的反馈，帮助学生巩固所学，激发学生学习的兴趣和积极性，提高语言能力，形成核心素养。

（二）"原味课堂"的实施

创设原味情境。英语教师通过道具、视频及背景介绍等形式创设原味情境，让学生仿佛置身于真实情境中，成为其中的一个角色，自然地思考和表达。另外，引导学生模仿并思考角色的语调、音调、语气、语感和音感；通过模仿和表达来准确地传达角色的情绪和意图。

品味原味文字。通过独立阅读、小组讨论、阅读报告、文本分析和阅读测试等方式训练学生的阅读技巧，如速读、精读、推理、理解上下文等，以提高他们的阅读理解和分析能力。在品味原味文字中，了解题材形式与风格特点、语言与意象解读、主题与情感表达等。

训练原味表达。在教师的指导下，模仿原味的语调、音调、语气、语感和音感，传达不同的情绪和意图，提高口语表达能力；通过观察和分析原味表达，理解和运用各种英语单词和短语，扩大词汇量，提高语言表达能力。

欣赏原味文化。帮助学生深入了解英美文化背景下的文化内涵和价值观念,提高英语语言运用能力,拓展跨文化视野,增进对中西方传统文化的理解和尊重,培养跨文化交际能力和国际视野。

二 开发"原味课程",强化学科课程特色

(一)"原味课程"的内涵

"原味课程"是尊重学生身心发展规律、基于九年一贯制学校的学生培养目标而整体设计的课程。课程内容丰富,分布合理,难度螺旋上升,紧扣学生学习和生活。通过课程学习,全面培养学生的英语核心素养。

(二)"原味课程"的实施

"原味课程"遵循预备级、初级、中级、高级的分级课程实施。

预备级(1~2年级)。针对低年级学生,英语教学应聚焦视听说,营造沉浸式学习氛围,确保语言输入地道自然。课堂须激发兴趣,选取生活主题,通过多媒体、实物等直观手段,让学生在愉悦的氛围中听故事、唱歌谣、做游戏,促进多感官学习。评价上,采用正向激励,如表扬与点赞卡,鼓励学生积极参与,增强自信与成就感。

初级(3~4年级)。针对三、四年级学生,英语教学应构建积极课堂生态,强化互尊互爱师生关系,营造宽松和谐氛围,鼓励学生倾听、表达、不怕犯错。教学中,突出听说与模仿,培养良好学习习惯,借助多媒体及教具,结合语境学习词汇与语法,避免机械记忆。围绕语篇主题,设计逻辑关联的语言实践,如体验、模仿、理解及应用活动,帮助学生建构结构化知识,通过任务单、板书、讨论等形式内化语言与文化,最终用英语表达新认知。

中级(5~6年级)。针对五、六年级学生,英语教学应关注学生差异,采用多元教学法,设计差异化任务与活动,如对话、短剧、歌曲等,激发学习兴趣,体验成功,增强自信。减少统一要求,提供个性化选择,助力困难学生设定并达成目标。基于有意义素材,通过感知、体验、运用,发展拼读和语音能力,避免机械记忆。融入学习方法指导,帮助学生形成学习策略,如预习、复习、课外阅读等。开展英语综合实践活动,结合学生兴趣与现实问题,促进核心素养发展,强调整体评价,涵盖知识技能、合作、问题解决

及创造力。

高级(7~9年级)。七年级英语教学要做好小初衔接,通过评估学生语言基础,制定个性化教学计划,培养学生良好学习习惯与策略,如查词典、记笔记等,并鼓励反思总结,形成个人学习方法。教学应依托真实语境,整合语言知识,利用语篇教学促进思维发展、培养正确的价值观。鼓励学生自主建构新知,通过英语学习活动,利用工具建立信息关联,重视内化过程,促进独立思考与合作解决问题能力。提供适宜读物与资源,营造良好氛围,发展学生阅读素养。同时,围绕真实主题,结合生活经验与跨学科知识,开展英语综合实践活动,实现学以致用。

三 创设"原味社团",发展学科学习兴趣

(一)"原味社团"的内涵

"原味社团"是学生课堂学习的延伸和补充,教师积极利用和开发学校的各种资源,为学生提供丰富、真实的学习语言和使用语言的机会,引导学生尽可能通过更多渠道、以更多形式学习真实、鲜活、实用的英语,直接体验和运用语言。通过创建形式多样的社团,丰富校园文化生活,提高学生的英语应用能力、团队协作能力和组织协调能力,增强跨文化交流的能力,培养学生的文化自信。

(二)"原味社团"的实施

"原味社团"除了社团应有的内容,更多关注在实施过程的原味资源引入、迁移和表达。在英语戏剧社中,引入专业的戏剧教师指导和丰富的戏剧资源,学生学习如何理解角色、塑造人物、掌握台词,以及如何在舞台上展现自信和专业素养。学生在实践中锻炼英语口语、听力和表演技巧,同时戏剧的独特魅力激发学生对英语学习和多元文化的热爱。此外,通过社团学习汇报等观摩活动、工作坊和讲座,学生能更深入地了解戏剧艺术的魅力。

英语口语角多层级的递进实施,使口语基础不同的学生都有提升和使用语言的平台。低年段从基础发音、日常对话开始,帮助初学者建立英语口语的基础。通过角色扮演、情景模拟等方式,学生在实际应用中掌握英语口语。中年段深入探讨更复杂的口语表达,包括讨论、辩论等,提高学生的沟通技巧。高年段通过分析经典英文电影、

文学作品等，培养学生的高阶英语思维能力和文化理解能力。

四 探索"原味之旅"，落实学科研学活动

(一)"原味之旅"的内涵

秉持英语学习活动观组织和实施教学，有助于学生获取新知、学习探究与运用实践，从而达到提高学生核心素养的目的。"原味之旅"旨在通过开展学科研学活动，让学生在实践和体验中学习语言知识，深化语言理解并在真实情境中运用，从而提高探究问题与解决问题的能力。

(二)"原味之旅"的实施

"原味之旅"主要通过走出教室走入校园，走出校门走入社会，线上出国原味交流等方式开展研学旅行。我们融合语言、文化、思维和学习能力发展，鼓励学生主动参与、合作探究、解决问题。例如在低年级开展"Animals 原味之旅"，在确保安全的前提下，组织学生以小组形式参观动物园，观察动物园中的动物名牌中是否配有英文部分，并进行记录；课堂上运用所学描述自己所见到的动物名称、外貌等，以及针对在参观的过程中遇到的问题，共同探究讨论，在"原味"真实的语言情境中学习语言知识，加深学习理解，并强化运用。

高年级开展"My pen-pal 原味之旅"，通过教师海外留学或国际交流姊妹校资源找到外国笔友，通过征集交友问题，搜集整理笔友信息，选择合适的笔友，笔友之间彼此书写 email 等活动，使学生在体验中学习，在实践中运用，在迁移中创新，落实对语言能力、文化意识、思维品质和学习能力的培养。

五 创意"原味英语节"，营造学科课程氛围

(一)"原味英语节"的内涵

通过英语广播用英语讲中国故事、英语国家文化游园等文化节日活动，开阔视野，树立全球意识，跨文化意识和人类命运共同体意识，在学习和使用英语的过程中感知、体验、认识、比较、思考、评判不同文化传统和思维方式，了解国际关系，增进国际理解

和跨文化底蕴,同时培养家国情怀,形成正确的世界观、人生观和价值观。

(二)"原味英语节"的实施

在"原味英语节"中结合不同学段学生的年龄特征和认知特点,开展丰富多彩的比赛及体验活动,如低年段创意字母绘画、英语儿歌韵律诗歌唱比赛、中年段英语书写比赛、英语歌曲合唱比赛,高年段英语板报创意大赛、英语演讲比赛、英语歌曲演唱比赛等。培养学生的学习兴趣,激发学生的学习欲望,调动学生学习的积极性和主动性,指导学生爱学习、会学习,发展学生终身学习的能力。

六 打造"原味空间",布置学科学习环境

(一)"原味空间"的内涵

打造"原味空间"包括模拟真实语境、提供丰富的学习资源、创造互动交流机会、提供个性化的学习支持以及营造积极的学习氛围等。学生沉浸在英语"原味"的空间中,有助于在潜移默化中体验英语学科特色,提高学习兴趣。

(二)"原味空间"的实施

在布置学科学习环境时,我们致力于从以下几个方面来打造"原味空间"。其一,在学习环境中尽可能模拟真实的英语语境,让学生感受到英语的实际应用,例如,可以布置一些英语国家的文化元素,如英文海报、英文报刊、英文歌曲等,以增强学生学习英语的氛围感;其二,为了提高学生的听说读写能力,提供丰富的学习资源是必不可少的,教师可以准备各种类型的英语资料,如电影、电视剧、英语新闻、英语小说等,以便学生根据自己的兴趣和需求进行选择和学习;其三,在学习环境中创造互动交流机会,让学生有机会使用英语进行实际交流,可以组织一些小组讨论、角色扮演、模拟对话等活动,鼓励学生积极参与,提高他们的口语表达和听力理解能力;其四,每个学生对于英语的需求和学习方式都有所不同,提供个性化的学习支持是必要的,可以根据学生的实际情况,提供不同的学习材料和学习方式,以满足他们的个性化需求;最后,在学习环境中营造积极的学习氛围,让学生感到舒适和自信。

(执笔人:富金晖 张峻诚 张一鸣 闫成铭 王业鑫 陈静怡 张君羽 孙静娴 熊丽娟 黄雯 焦洁 刘佳玲 陈敏盈 张凯君)

第十一章
溯史料源,洞察时光学史明智

历史,是深邃的时光隧道,引领我们探寻人类文明的瑰宝。在探源历史中,孩子们将揭开历史面纱,领略古人的智慧与勇气,感受文明演变、民族兴衰。学习历史,如明镜照见智慧,如探索世界渊源,助力学生构建更加广阔的视野,涵养深厚的文化底蕴。

第一节 ▍ 探源内蕴素养,以史为鉴明志

一 学科课程性质

历史学科是一门重要的人文社会科学课程。它以人类社会过去的发展历程、文化和遗产为研究对象,通过系统地传授基本的历史知识、技能和观点,培养学生的历史意识、文化素养和公民素质,具有基础性、思想性、人文性和综合性。

基础性是指为学生提供必要的历史知识和技能,为其未来的学习和生活打下坚实的基础。思想性是指学生形成独立思考和判断的能力,正确认识和评价历史事件和人物,更好地认识现实社会和未来发展。人文性是指注重人类优秀文化传统的传承和弘扬,培养学生的人文素养和审美情趣,提高文化修养和社会责任。综合性,要求注重跨学科学习,以适应学生全面发展的需要。它们相互关联、相互渗透,共同构成了义务教育历史课程的完整体系,为学生的全面发展和终身发展奠定了坚实的基础。

二 学科课程理念

"源"原指水的发源和归宿,可引申为事情的本末和底细。《旧唐书·儒学传序》解字以"启生人之耳目,穷法度之本源"之意。我们提出"探源历史"的课程理念,即以"探源"作为历史学习过程中的目标与手段,遵循中外历史发展的规律性线索,树立以生为主的教学观念,着重培养会学习、会发现、善解决的创新型人才。

(一)"探源历史"是育人为本的历史

"探源历史"致力于从多种渠道、多个维度发掘人类优秀文化遗产的育人功能,设置体现正确历史观、民族观、国家观、文化观的"源"目标,引导学生形成正确的历史观、世界观和价值观,培养他们的批判性思维和对历史的尊重与理解。学生通过了解和掌握历史的基础知识,把握中外历史发展的基本线索和规律,同时具备分析、评价和解释

历史事件、人物和现象的能力。"探源历史"同时强调历史学习中的创新精神与实践能力,培养学生运用所学知识解决实际问题的能力,鼓励独立思考和自主探究。

(二)"探源历史"是立足时空的历史

"探源历史"的课程内容既包括古今中外人类历史发展的时序的历史,也包括体现历史发展阶段性特征的专题的历史。在教学过程中,"探源历史"选取具有代表性的、能反映中外历史发展进程和基本线索的内容,强调内容的经典性和时代性;注重历史发展中的重要转折点和关键事件,强调历史发展的阶段性特征;以传授历史基础知识为主,同时渗透对历史发展规律的探究和对历史事件、人物的多角度思考。课程还设置跨学科主题学习板块,通过其他学科在文学、艺术、社会科学等内容上的交叉融合,加强学生对历史进程及其发展特征的总体把握和比较认识,以期全面提高学生的综合素质。

(三)"探源历史"是学生为本的历史

提倡以生为本,注重学生的自主学习和合作探究。"探源历史"充分考虑学生学习历史、认识历史的特点,通过学生自主探究的学习活动,体现学生主体地位,实现育人方式变革。通过教学资源多元化与教学方法多样化,坚持将现代信息技术与历史教学深度融合,以教材、图片、文物、影视资料等资源丰富学生的学习体验,以讲授、讨论、角色扮演、实地考察等方法激发学生的学习兴趣和主动性,进而培养学生学会学习、发现和解决问题的能力,为创新型人才成长奠定基础。

(四)"探源历史"是知训同行的历史

"探源历史"课程评价以考察核心素养的发展情况为目标,将评价融入教学设计,采用多种评价方式,如作品评定、口头表达、自我评价等;尊重学生的个体差异,针对不同学生的特点进行差异化评价;发挥评价的激励和导向功能,既关注学生的学习过程,也重视学习结果,最终实现"教—学—评"一体,通过过程评价促进学生的学习进步。学生在自评与互评的过程自我反思、自我改进。

综上所述,"探源历史"致力于培养学生对历史知识的深度理解和敏锐感知,强调学生的主体性、自主性和合作性,倡导多元化的评价方式和方法,以全面提升学生的核心素养、历史意识和社会责任感。

第二节 遍览古今中外，学史育人启智

我们从课程标准出发，梳理出符合我校校情的学科课程目标。

一 学科课程总体目标

（一）唯物史观目标

从唯物史观的角度出发，引导学生认识到劳动在人类社会进步中的重要作用，它是推动社会变革与发展的根本力量。理解物质生产作为人类生存和发展的基础，其发展直接关联着社会形态的更迭。认识到人民群众是社会历史的主体，他们的实践活动构成了社会历史发展的真实动力。引导学生理解生产力与生产关系之间的矛盾，以及经济基础与上层建筑之间的相互作用，是社会基本矛盾运动的体现，它们共同推动着社会历史的发展。引导学生意识到阶级矛盾与阶级斗争的客观存在，并理解这些矛盾与斗争直接促进了历史的演进。

在学习历史的过程中，学生能够自觉地运用唯物史观作为指导原则，将理论与历史事实紧密结合，进行深入地分析与阐述，从而更加全面、准确地把握历史的本质与规律。

（二）时空观念目标

通过对历史的深入探究，学生能够理解历史发展的基本线索和规律，形成完整的历史知识体系；初步掌握计算历史时间和识别历史地图的方法，并能够在历史叙述过程中运用这些方法；能够将时间、人物、文化和制度还原到历史时空当中。

（三）史料实证目标

学生能够了解史料的主要类型，初步学会从多种渠道获取历史信息，提高对史料的识读能力；能够运用所学史料说明历史事件、人物和现象，形成独立思考和判断的能力，初步形成重证据意识和处理历史信息的能力。

(四) 历史解释目标

培养学生对历史的尊重与理解,能够初步辨识历史叙述中史实与史论的界限;能够秉持客观立场,对历史事件进行叙述与分析,并以充分的论据支撑个人观点的表达;在深入理解并辨析各类史料的基础上,勇于探索并发掘新的研究视角或问题,进而通过严谨的论证过程,构建出个人独特且深刻的历史认知体系。

(五) 家国情怀目标

学生能够深入历史脉络审视中国国情,理解中华民族多元一体、在历史长河中和谐共生的演进趋势,从而深刻激发对家乡与祖国的热爱之情,进一步树立中华民族共同体意识;充分认识到社会主义先进文化、革命文化以及博大精深的中华优秀传统文化,是中华民族精神的重要载体,它们的历史价值与现实意义深远且重大,是我们民族自尊、自信与自豪的坚实基石。

总之,"探源历史"课程的总体目标是培养学生的核心素养,使他们具备扎实的历史知识基础、良好的历史思维能力以及跨学科整合能力,引导学生形成正确的历史观、世界观和价值观,培养他们的批判性思维和对历史的尊重与理解。

二 学科课程具体目标

依据学科课程总体目标,结合"探源历史"课程特色及我校学生实际,我们制定了"探源历史"各年级具体目标。下面以八年级为例说明(见表11-1)。

表11-1 学科课程具体目标(以八年级为例)

单元	上学期	下学期
第一单元	【共同目标】 能够了解中国近代历史的基本线索,以及中国近代历史上重要的事件、人物、现象等,知道这些史事发生的时间和地点、原因和结果,初步养成历史时序意识和历史空间感。	【共同目标】 能够了解中国现代史发展的基本线索和重要事件、人物、现象;能够理解中国走社会主义道路的历史必然性和探索这条道路的艰巨性和曲折性。

(续表)

单元	上学期	下学期
	【校本要求】 绘制晚清以降中国大事纪年表,并用课本知识,配图文说明。	【校本要求】 1. 以"交通的历史:水陆交通与国家基础建设"为主题展开研究,探索社会主义建设的艰辛历程; 2. 围绕"国防力量发展"开展小组项目式学习,形成报告并集中汇报。
第二单元	【共同目标】 1. 能够初步阅读和理解中国近代史的史料,并运用这些史料分析近代中国逐步成为半殖民地半封建社会的原因,认识中国近代史是中国人民对外反抗列强侵略、对内反对封建专制统治的历史; 2. 知道争取民族独立和人民解放是近代中国的历史任务。 【校本要求】 观察课本,选取主题,自主完成近代历史地图绘制。	【共同目标】 能够搜集、分析重要的历史文献资料,学会社会调查的方法,加强对所学内容的理解与解释。 【校本要求】 通过搜集资料、实地考察和访谈等多种形式,对改革开放以来人民生活和社会变化形成调查报告。
第三单元	【共同目标】 1. 认识捍卫国家主权和民族尊严是中华民族的优良传统; 2. 认识和感悟"五四"精神、伟大建党精神、长征精神、抗战精神等,继承革命传统,培养优良作风。 【校本要求】 1. 通过走访、调查、搜集等方式,对某一革命遗址或纪念馆形成调查报告,并进行汇报交流; 2. 重走长征路:绘制红军长征历史地图。	【共同目标】 1. 能够知道中国社会主义初级阶段的基本国情,认识社会主义现代化建设是一个漫长而曲折的过程,了解"两个一百年"奋斗目标; 2. 认识毛泽东思想、邓小平理论、"三个代表"重要思想、科学发展观、习近平新时代中国特色社会主义思想对社会主义现代化建设和实现中华民族伟大复兴的重要指导意义。 【校本要求】 搜集整理伟大革命精神当中的一个案例,制作有图文资料的历史手抄报。

(续表)

单元	上学期	下学期
第四单元	【共同目标】 通过学习近代历史,知道民族民主革命的艰巨性,认识没有共产党就没有新中国,学习仁人志士为救国救民而英勇斗争的精神,坚定为中华民族伟大复兴而奋斗的信念。 【校本要求】 学习小组参照任务单,参观东江纵队纪念馆,完成文物主题调查,并作主题报告。	【共同目标】 能够通过改革开放以来中国在各个领域取得的成就、家乡的巨大变化和综合国力的不断提高,增强爱祖国、爱家乡的情感,培育和践行社会主义核心价值观,牢固树立中国特色社会主义道路自信、理论自信、制度自信、文化自信。 【校本要求】 参照任务单,参观"大潮起珠江:改革开放主题展馆",分组完成事件调查,作主题报告。

第三节 ｜ 追根发展全貌，注重思辨创新

《义务教育历史课程标准（2022年版）》的颁布，为历史教育赋予了新的时代内涵与崇高使命。"探源历史"课程注重培养学生的时空观念和家国情怀，让学生在理解历史时空背景的过程中，深刻把握历史发展的脉络，形成对历史全面、客观、深入的认识。

一 学科课程结构

《义务教育历史课程标准（2022年版）》提出："历史课程以马克思主义唯物史观的基本观点为指导，按照历史时序，展示中外历史发展的基本过程。"[①]学生学习不同历史时期的史实，对人类社会的了解，经历了从分散到整体、从低级到高级的认识过程。据此，我校"探源历史"学科课程立足时空观念，将课程内容分为探源中国史的"古代融合""近代觉醒""现代复兴"以及探源世界史的"古代多彩""近代巨变""现代发展"共六大板块。各板块内容如下。

（一）探源中国史

中华文明是世界上历史最悠久的文明之一，其历史源远流长、博大精深。

古代融合板块主要内容是中华文明发源、演进以及统一多民族国家不断巩固和发展的历史进程。学生通过深入了解古代的政治制度、哲学思想、科技成就、文化艺术等成就，理解中华文明的独特价值和智慧，进而培养对中华文化的自豪感和认同感，强化家国情怀。

近代觉醒板块是一部民族屈辱与抗争的历史，重点介绍鸦片战争至中华人民共和国成立期间，中华民族对外反抗列强、对内反对专制统治，在争取民族独立的英勇斗争中逐渐觉醒，走上民族复兴的道路。通过学习民族英雄的事迹、中国人民救亡图存的

[①] 中华人民共和国教育部. 义务教育历史课程标准（2022年版）[S]. 北京：北京师范大学出版社，2022：9.

探索历程,以及中国共产党领导人民夺取新民主主义革命胜利的历史,强化民族精神,培养爱国主义精神。

现代复兴板块主要内容是自中华人民共和国成立至今,全国各族人民在中国共产党领导下努力为社会主义现代化建设而奋斗。通过学习社会主义革命、社会主义建设、改革开放、走中国特色社会主义道路、开创中国特色社会主义新时代等历史,感悟中华民族从"站起来"到"富起来""强起来"的伟大飞跃,进而了解中国在全球舞台上的崛起,以及中国对世界发展的贡献。本板块学习使学生更加理解中华民族伟大复兴的内涵和意义,培养对国家未来的信心和期待,塑造积极向上的人生观。

(二) 探源世界史

古代多彩板块主要内容是世界古代文明相继产生、多元发展。在古代世界相对孤立闭塞的情况之下,国家与地区之间出现了包括战争与和平多种形式的交流往来。这些交往,创造了古代世界辉煌灿烂的多元文化,也诞生了古代世界的主要宗教。通过学习,学生了解古代文明的源起、交流与差异,进而理解、尊重各文明之间的差异。

近代巨变板块主要内容是随着资本主义的发展人类进入了相互联系和依赖的新阶段过程,其间,世界各地的历史、文化、社会和经济发展。学生通过了解不同国家的传统、风俗、价值观和生活方式,体会国际交流与合作的重要性,培养对多元文化的尊重和理解,拓展国际视野,为成为未来的全球化发展背景下的新型人才作好准备。

现代发展板块主要内容是随着两次工业革命的发生与两次世界大战的爆发,人类历史进入了完全意义上的全球史阶段,这一时期的全球重大事件对当今世界格局产生了深远的影响。重点介绍全球历史上的诸多转折点,阐述战争与和平的深刻意义,深化全球化与区域化并存等多方面内容。学生通过了解这一时期世界历史的重要事件、国际关系的发展和演变,以及全球性问题如气候变化、贫困、恐怖主义等的挑战和应对措施,理解全球化的复杂性和多样性,培养对国际事务的关注和理解,了解构建人类命运共同体理念的重要意义。

二 学科课程设置

基于"探源历史"学科课程,依据《义务教育历史课程标准(2022年版)》,除了基础课程,"探源历史"拓展类课程具体设置如下(见表11-2)。

表11-2 "探源历史"学科课程设置表

探源历史	立足时空	七年级		八年级		九年级	
		上	下	上	下	上	下
探源中国史	古代融合	绘制中国历代王朝年代尺	如果文物会说话:古代钱币手工制作	趣玩传统节日:传统节日主题手工艺品制作	如果文物会说话:简牍造型书签手工制作	中华英雄谱:古代杰出历史人物故事会	模拟考古:《大汉海昏侯》展品实证辨析
	近代觉醒	名家时代:鲁迅文集与生平	叶挺与深圳:东江游击队指挥部旧址探访	抗争的记忆:东莞虎门威远炮台调查报告	远方的国宝:海外中国文物背景调查研究	探寻红色基因:采访东江纵队革命老兵	东江纵队纪念馆文物主题调查报告
	现代复兴	在身边发现历史:社区现代生活变迁调查	在身边发现历史:改革开放与家乡变化调查	大潮起珠江:改革开放主题展馆参观与报告	钢铁长城:人民解放军军队历史调查与报告	交通的历史:社会主义建设时期的交通建设调查	口述史调查:改革开放以来家族成员人物史叙述
探源世界史	古代多彩	图说世界:古代文明图片搜集与分类展览	模拟考古:上古文明考古发掘研究	中外交流探索:丝绸之路沿线国家调查报告	图说世界:古代军事装备主题图片展	图说世界:古代世界大帝国版图识别	世界伟人:为一位外国古代历史名人撰写小传
	近代巨变	图说世界:世界近代历史图片辨识竞赛	发现人的价值:近代西方音乐艺术赏析	列强的由来:八国联军侵华国家背景调查报告	绘制新航路开辟和"三角贸易"示意图	辩论比赛:工业革命带来的利与弊	唱响《国际歌》:感悟马克思与国际共产主义运动
	现代发展	主题手抄报:中国与联合国	中国革命中的国际友人调查报告	主题手抄报:21世纪"一带一路"合作伙伴	中外交流探索:中国对外援助项目调查报告	两次世界大战前后世界历史地图分析概括	辩论比赛:经济全球化的利与弊

第四节 ┃ 谋划自我未来，力行学以致用

"探源历史"学科课程从建构"探源课堂"、创设"探源课程"、培育"自主探源"、推动"探源之旅"等四条途径实施，最终实现历史教学"立德树人"的根本任务。

一 建构"探源课堂"，提升学科教学质量

（一）"探源课堂"的内涵

"探源课堂"旨在带领学生探寻历史真相，总结历史经验，认识历史规律，认清历史发展趋势，培养历史核心素养。教师利用历史故事，系统、全面、深入地讲解历史知识，引导学生探究不同时期历史的本源和规律，提高学习兴趣，体验历史情境，了解史事的基本情况，加深对历史的思考和理解，培养其历史意识和文化素养。

（二）"探源课堂"的实施

教师以唯物史观为指导，围绕历史主线，基于单元主题，运用创设历史情境以及将现代信息技术与历史教学进行融合等方法开展教学。通过展示考古材料、历史文献及影像，回到时代背景下创设衣食住行、言语谈话等日常生活情境，以及组织学生扮演历史人物或事件的角色，亲身体验历史的演变过程，感受与之相关的历史由来，拉近与历史之间的距离。通过运用现代信息技术手段，将信息技术与历史课堂深度融合，从而在课堂上提出更为明确、更加自主的学习任务，提升学生整体参与度与积极性，激发学生的学习兴趣和主动性。

"探源课堂"采用观察、记录学生学习过程，以及对学生参与当下课堂学习活动中的状态、进展及成效作出激励和评价。对于学生在课堂学习，尤其是课堂活动参与中的表现，我们依托"希沃白板"的丰富功能优化课堂活动参与方式，以及利用"班级优化大师"平台实施实时的、有区分的激励统计，及时对学生在单位课程中参与学习活动的状态、进展和成效等作出精准的、有参考价值的评判。

二 开发"探源课程",拓展多元学习渠道

(一)"探源课程"的内涵

"探源课程"基于教材而又高于教材、深于教材、宽于教材。我们突出学生在学习中的主体地位,基于教材构建以学生为主体、再现或探究历史问题为主题的策略课程,主要包括:历史剧编排演出、历史剧本杀、历史音视频内容鉴赏感悟、历史故事交流会等。通过这些课程,学生在亲身参与、表达观点、交流碰撞中,学习如何整合归纳、完善认知,最终掌握以"探"为手段学习历史的能力。

(二)"探源课程"的实施

在探源中找准课程切入点。教师依据相应课程主题需要,以探究历史问题为目的,围绕大单元主题、核心概念,找准适切的课程切入点。如将历史钱币与语文相结合,开发钱币制作与分享课程,带领学生了解古今中外钱币的发展历程,同时契合不同的节令古诗词进行阐述,拓宽更多的史料分析视角。

在实施中找准学生兴奋点。学生亲身参与活动,在活动中表达自己的观点,思维交流碰撞,吸纳合理的意见,从而完善认知。教师则及时引导概括总结,通过教学活动引导学生探究不同时期历史的本源和规律。

在评价中找准素养生长点。我们注重探源过程和探源结果相结合,从学生参与活动表现和学生在活动中体现出的历史素养两大维度展开评价。针对学生历史学习活动偏向感性表达、学科专业程度有限的实际情况,将评价工具与教学内容相结合,找准学生历史素养的生长点。

三 创设"自主探源",用问题引领探究性

(一)"自主探源"的内涵

"自主探源"是历史主题的调查研究,主要包括典型历史事件、历史人物、历史现象等诸多对象。我们以问题引领探究,以任务导向学习,将实际操作转化为学生解决实际问题的过程,最终在"探"求历史之"源"的过程中,实现对学生问题意识和批判性思

维的培育。

(二)"自主探源"的实施

鉴于初中生的历史学科素养和学习能力,"自主探源"的有效开展,依赖于教师所设置的正确思想统领和正确目标导向,以及在开展教学过程中向学生充分展示的教学内容逻辑层次。同时,为提升学生学习效率、促进思维碰撞,"自主探源"的探究项目一般以学习小组为单位开展研究,合作完成。综上,在"自主探源"的学习中,学生主要依照学习任务单开展学习活动。

结合"自主探源"小组合作、任务导向和探究为主的学习特性,在进行教学评价时,其评价对象主要为学生完成调查研究后所呈现的文字成果。因此,在开展本环节教学评价时,采取"教—学—评"一体的方式,将学习任务单与评价量表进行结合设计,评价形式包含文字评价与量化评价,自评、互评与教师评价结合。具体方式参照示例(见表11-3)。

表11-3 "自主探源"探究性学习任务单

钢铁长城:人民解放军军队建设历史调查			
学习任务		自主评价	教师评价
任务分工	学生 A(组长)		
	学生 B		
	学生 C		
	学生 D		
	学生 E		
解决问题	1. 搜集史料,了解人民解放军军队建设的历史背景和历程、调查人民解放军军队建设的现状和发展趋势 2. 设计人民解放军建设历史和不同军种的思维导图 3. 制作演示内容,完成课堂展示		
课堂展示		自评分	互评分
史料搜集的全面性、准确性和适用性			
展示内容契合主题,适当拓展知识			
课堂展示大方得体,体现专业性和学术性			
分数汇总			

四 推动"探源之旅",落实学科研学活动

(一)"探源之旅"的内涵

"探源之旅"就是学科研学活动,通过前往参观历史遗迹、历史博物馆、纪念馆(包括数字化资源)等方式,生动再现历史情境,拉近学生与历史的距离,从而在教学活动中更加直观地切入所需要认知的历史问题。

(二)"探源之旅"的实施

在开展"探源之旅",前往研学和参观之前,做好研学地点的选定、研学主题的设置和研学达成的目标等内容设置,在梳理教材、阅读史料、解析概念之前都对学生进行针对性的指导。如本课程中参观东江纵队纪念馆,参观地点属于乡土历史资源,契合本土历史,参观内容也与八年级国家课程内容相吻合,可以极大促进学生探寻历史之"源"的兴趣与动力,从而实现深度学习。在具体操作当中,学生开展"探源之旅"研学的主要目标达成途径和后文阐述的评价方式,最终的落实点仍旧是教师设计的任务单与评价表。

对"探源之旅"博物馆与文化遗产参观的评价,一方面注重学生的参与度和体验感受;另一方面则基于课程目标预先设计参观主题和参观任务,观察学生完成任务情况,最终通过专题报告的形式完成。

(执笔人:陈泽浩 岳江伟 王玉龙 慕羽珊 匡 希)

第十二章
聚万象彩,多样认知地球奥秘

地理,多彩的地球画卷,它引领学生从自然与人文两个方面探索地球家园的奥秘。通过地理课程的学习,我们一起探究多彩的地理环境差异,洞察多维的区域经济联系,在地理实践中提升学生的综合思维和区域认知能力,培养他们的全球视野和对地球家园的责任感,为构建和谐共生的世界贡献力量。

第一节 ｜ 纵览多彩地球，辨析地理万象

一 学科课程性质

地理学在关注自然环境的同时，也重视社会环境，体现出地理学科的多样性与丰富性，在现代科学体系中占据突出地位。

地理课程体现地理学特点，为落实立德树人根本目标贡献力量，为学生终身发展奠定一定基础。

二 学科课程理念

为了凸显地理学科的多样性和丰富性，以及其贴近生活，关注自然与社会的实践性，我们提出"多彩地理"课程理念——为多彩世界增添一抹亮色，即以落实地理核心素养为宗旨，引导学生关注生活中的地理现象，学习对终身发展有用的地理，带领学生在多姿多彩的地理世界里遨游。

（一）"多彩地理"是坚持育人为本的地理

"多彩地理"为培育具有社会担当和生态文明理念的时代新人打下基础。我们聚焦地理课程所要培养的核心素养，体现"多彩地理"课程独特的育人价值；引导学生探究关注身边的地理，树立人类命运共同体的全球观，形成关心家乡、关心祖国、关心世界的思维方式，进而产生保护地球家园的观念。

（二）"多彩地理"是融合生活与社会的地理

"多彩地理"涵盖了自然地理和人文地理的各个领域，强调地理学科的多样性。它不仅关注地球的自然环境和地理现象，还关注人类活动和社会问题对地球的影响，更关注满足学生的发展需求。我们构建了具备科学性、时代性、生活性和实践性特点的课程内容体系，加强内容之间的关联性和综合性。

(三)"多彩地理"是倡导以学生为主的地理

学生是学习的主体,多彩地理课程注重培养学生的主动学习能力和自主思考能力。根据学生的认知水平与规律,考虑学生的个体差异和共性,结合现代化的手段,创设情境,在任务驱动中解决问题,让学生经历深度学习并获得高阶思维,完成有意义的学习。通过地理学科的学习,学生能够理解和分析地球上的各种现象和问题,形成全面的地理思维,包括空间思维、系统思维和综合思维等。

(四)"多彩地理"是实施全程评价的地理

"多彩地理"课程强调综合性的评估方式,不仅注重学生的知识掌握情况,还注重评估学生的思维能力、实践能力和合作能力。我们结合定量评价与定性评价、过程性评价与结果性评价,探索"教学评"的一致性。

总之,我们秉承用多彩地理绘就多彩成长的追求,组织丰富多样的活动,激发学生的学习兴趣,提升学生的参与度,培养学生的地理思维能力、地理信息素养和地理实践能力,帮助学生认识地理的"多彩",认识世界的"多彩",从而实现人生的"多彩"。

第二节 ｜ 导航众彩素养，引领多方成长

我们从课程标准出发，梳理出符合我校校情的学科课程目标。

一　学科课程总体目标

我们依据《义务教育地理课程标准(2022年版)》和地理学科特点，从人地协调观、综合思维、区域认知和地理实践力四个方面设立课程总目标。

(一) 人地协调观目标

提倡人与自然共同体，树立人地协调观。学生能理解人类和地理环境的关系：地理环境是人类赖以生存的基础，人类活动也会深刻影响和改变地理环境。

指导学生能够有知识、懂方法、用工具，关注世界、中国、家乡在发展中出现的人口、资源、环境等人地矛盾，并将所学灵活运用。培养学生的辩证思维，有一定的判断能力，遵守相关法律法规，对人地矛盾和发展能作初步的分析和评价。培养学生的家国情怀，立足家乡、胸怀祖国、放眼世界，形成正确的人地协调观，树立人与自然和谐共生的观念。

(二) 综合思维目标

分析地理要素影响，培养学科综合思维。学生通过地理学科的学习，能够理解和分析地球上的各种现象和问题，形成全面的地理思维。学生能形成关注要素综合、时空综合、区域综合的综合思维，了解地理要素在不同时空条件下的相互作用，和因此形成的不同地理事物和现象。能通过观察、比较、整合、分析等方法，认识地理事物和现象的自然、人文特征及时空变化，形成地理综合思维，用地理综合的视角看待和分析人地发展矛盾。培养学生崇尚真理、独立思考、敢于创新等科学品质。

(三) 区域认知目标

探寻不同空间尺度，确定区域认知。从地理学角度思考问题，形成一定的空间思维，认识地球上存在不同的空间尺度：宇宙—地球—地表—世界—中国。理解不同的

空间区域既有各自的特征,又存在相互联系。能熟练掌握各种地理工具,借助地理工具获取区域信息,认识区域特征、区域差异和区域联系,培养学生的"空间—区域"视角和分析问题的能力。培养学生对家乡、祖国的深厚情感,并放眼地球村,树立人类命运共同体意识。

(四) 地理实践力目标

注重实践探究,培育地理实践力。学生能初步发展独立思考、敢于探索的人格,初步掌握地理实验、社会调查、野外考察等地理实践活动的基本方法;能借助所学的知识、地理工具,通过地理实践活动运用到真实的生活情景当中,体验地理环境并观察人们生产生活的状态;尝试通过地理的手段解决实际问题,增强信息运用、实践操作等能力。通过地理实践活动,培养学生的团队精神和勇于克服困难的品质。

二 学科课程具体目标

为了引导学生在地理深度学习过程中锻炼自主能动、克服困难的意识,在学习中体验快乐,收获自信,提升地理核心素养。我们依据课程标准及"多彩地理"课程总目标,结合教材、教参及我校学生实际情况,制定了学科课程各年级具体目标。下面以七年级为例说明(见表12-1)。

表12-1 学科课程具体目标(以七年级部分单元为例)

单元	上学期	下学期
第一单元	【共同目标】 1. 利用教材及鲜活的案例,学生通过观看视频、讨论交流,认识到地理能够帮助我们揭开隐藏在地理环境中的谜团。日常生活、生产建设和风土人情都离不开地理。学生能够从地理学的视角理解并欣赏我们所生活的世界,激发他们学习地理的兴趣; 2. 运用地图、多媒体和图文资料,学生通过自主探究、合作学习、游戏通关的方	【共同目标】 1. 运用地图等多种资源,学生通过读图、识图,自主探究、小组协作交流,能简述亚洲和欧洲的纬度和海陆位置,学会通过多种角度描述各大洲的地理位置; 2. 运用地图等资料,学生能采用自主探究、小组协作、游戏通关的方式,对亚洲和欧洲的地形、气候、水体特点进行归纳,简要分析大洲地形、

(续表)

单元	上学期	下学期
	式,在地图上辨认方向,并利用比例尺测量计算实际距离,理解图例和注记的含义,根据实际所需选取不同种类的地图,查询所需的地理信息,形成使用地图的良好习惯; 3. 利用图文资料并结合生活案例,学生通过自主探究、头脑风暴、合作交流,描述数字地图和卫星导航系统给人们生活带来的便捷,描述数字地图在城市管理、资源调查、灾害监测等方面的应用;通过观察和思考地理问题,逐渐养成在户外观察自然现象的良好习惯。 【校本要求】 1. 为学生初中阶段的地理学习作好情感上的铺垫,能起到帮助学生认识地理,亲近地理,进而热爱地理的作用; 2. 引入一部分地图基础知识,为后续章节难度较大的地图运用作铺垫。	气候、水系的相互关系; 3. 根据地图和图文资料,学生读图识图,通过小组合作学习、交流展示,能运用地图描述亚洲和欧洲的人口分布特点,并简要分析其主要原因。 【校本要求】 1. 进行多种探究性学习,学生通过学习能独立描述一个大洲的自然环境,初步学会、掌握研究区域地理的基本方法; 2. 掌握描述某大洲自然环境的方法,并利用地理位置、地貌特点、气候特性、水体特点等具体要素分析区域的自然环境,理解各种因素间的相互关系; 3. 能够将各大洲的自然环境和经济进行初步的对比和分析。
第二单元	【共同目标】 1. 使用地图、多媒体、科学故事、史实材料等,学生通过自主探究、合作讨论,能说出人类对地球形状的认知过程,并使用数据、类比等方式描述地球的大小; 2. 使用地图、地球仪、多媒体等教具,学生通过观察地球仪、自主学习、合作探究等方法,能够比较出经线与纬线、经度与纬度的特点,在地球仪上,可以比较熟练地判断某地方的经纬度;在经纬网地图上可以识别方向,判断经纬度;经过手工制作地球仪,学生进一步了解地球仪的基本结构; 3. 利用地球仪、多媒体等教具,通过课堂实验、情境演示、合作研究的方法,学生可以掌握地球自转和公转运动,并用简单的方式模拟演示地球自转和公转;	【共同目标】 1. 利用地图等图文资料,学生通过自主学习、合作探究,能说出东南亚地区地理位置的特点,了解东南亚地区的地形地势特征; 2. 利用地图等图文资料,学生通过自主学习、合作探究,了解东南亚地的气候类型、分布和特点,分析气候对当地农作物生长的作用,说出东南亚各国及首都分布,并说明河流对城市分布形成的作用; 3. 利用地图、多媒体、图文资料,学生观看视频,组内探究,合作交流,能知道西亚石油资源的地位、分布、生产和出口情况,分析石油开发对西亚社会经济发展的影响; 4. 利用地图、多媒体、图文资料,学生观看视频、合作交流,了解欧洲西

(续表)

单元	上学期	下学期
	4. 利用地图、图文资料、多媒体等工具,学生通过自主探究、合作学习、游戏闯关等学习方法,能在地图上辨别大陆、岛屿、大洲、海洋、海峡等地理概念,说明地球表面海、陆的比例,描述地表海陆分布特点,并说明七大洲、四大洋的分布; 5. 采用地形图、多媒体、地形图模型,学生通过观察地形图、观看视频、动手制作地形模型并进行交流展示,能区分山地、丘陵、高原、平原、盆地的形态特征; 6. 利用地形图等教具,学生通过阅读地图,合作探究,能在世界地形图上指出陆地的主要地形;通过看影视资料,学生可以了解海底主要地形地貌的分布; 7. 利用多媒体、图文资料,学生通过观看视频、头脑风暴、交流讨论,能认识地壳是变动的,并举例说明地球表面海洋和陆地处在不断的运动和变化之中; 8. 通过多媒体、图文资料,学生通过自主探究,合作学习,能说出板块构造学说的基本观点,说出全球火山、地震分布带和板块运动的关系;通过游戏闯关,学习防震抗灾的知识,提高应对自然灾害的能力。 【校本要求】 1. 初步了解和认识地理科学; 2. 学会使用地球仪。地理是研究空间的学科,学习地球及其运动必须具备良好的空间思维能力。使用地球仪,学生们能够直观地了解地表海陆位置及分布、还可以形象地演示地球的自转和公转,有助于学生理解地球运动的基本含义; 3. 学习使用地图;学生通过本章的地图学习,能在地图上辨别方向、判读经纬度、量算距离、识别地貌形态、判读坡面的陡缓等,逐渐认识地图的性质,为学习后面的分区地理作好铺垫。	部的工农业发展特点;了解欧洲西部的主要旅游资源,并分析旅游业繁荣的主要原因; 5. 利用地图等图文资料,学生们通过自主学习、合作探究,认识北极地区和南极区域的范围和地理位置特点,知道两极地区特有的自然环境特征并分析成因; 6. 利用多媒体等资料,学生通过观看视频,组内讨论,组间交流,了解两极地区淡水、矿产和海洋生物资源现状,认识到保护极地的重要性,了解人类的极地科考科研现状,感悟不畏艰险的科学探索精神,激发学生的爱国主义热情。 【校本要求】 利用案例的方法认识区域自然地理与人文地理的主要特点,初步掌握认识地区的一般方法。

(续表)

单元	上学期	下学期
第三单元	【共同目标】 1. 利用图文资料,学生通过描点绘图、合作探究,绘制全球人口数量的增长曲线,简要分析引起人口增长速度发生变化的原因,会计算人口自然增长率和人口密度; 2. 利用地图、世界人口分布图,学生通过自主探究、组内学习,能说出世界人口分布的特点,并简要分析成因; 3. 利用多媒体、图文资料,学生通过观看视频、交流讨论,能说出人口数量对环境、经济等的影响,形成科学的人口观念和可持续发展的社会价值观; 4. 利用地图、图文资料,学生通过自主探究、游戏闯关、合作交流,能了解世界三大人种的划分及特征,掌握不同人种的主要分布地区,了解人种与地理环境的关系;树立科学的种族观,各种族之间一律平等;了解世界三大宗教的基本特征、主要分布地区,树立尊重各宗教信仰的观念; 5. 利用多媒体、图文资料,学生通过观看视频、合作探究,了解聚落的形式、形成与发展,举例说明聚落与地理环境的关联;描述城镇和农村的自然景观特征及其变化,树立人地协调发展的环境观。 【校本要求】 1. 帮助学生正确地认识和看待人口和人种问题,学会辩证地看待人与自然环境的关系和人与人之间的关系,树立正确的人口观; 2. 通过学习不同民族的文化、文明及其生活方式,呈现世界文化的多样性,增进学生的全球意识; 3. 了解世界各国家、各地区、各民族的文化及其差异,各种文化的地位平等,学会理解和尊重其他文化。	【共同目标】 1. 培养学生认识所学国家自然地理和人文地理的主要特征,在学习全球尺度的大洲、地区范围内容的前提下,通过探究性学习,初步掌握学习国家地理的一般方法; 2. 了解一个国家,就必须了解其地理特征,包括自然地理、人文地理特性,自然地理通常从地理位置、地形、气候、水文、植物、土地、资源等方面来描述,人文地理特征一般从居民特征(人口、民族、宗教、语言)、经济特征(工业、农业、服务业、交通等)、城市特征、文化特征、人地关系等方面来描述; 3. 利用地图、多媒体和图文资料,学生通过观看视频、合作学习、交流展示,能联系一个国家自然环境特点,简要分析当地因地制宜发展工农业和旅游业的现状; 4. 通过多种探究性活动,培养学生自主学习地理的能力。 【校本要求】 1. 学会简要分析某区域的地理位置与气候、地形、水文等其他要素的联系,说明地理位置的地理意义及其对人类农业等生产活动和生活的影响,领悟综合思维的思想方法; 2. 通过地图和资料,说出自然地理环境影响人类活动的实例,说出区域自然环境如何奠定区域人类生产和生活的基础; 3. 通过具体案例,简要分析人类应该根据区域自然条件的差异因地制宜地发展经济。

第三节 ┃ 谋划亮彩布局，内容多元融合

我们依据《义务教育地理课程标准(2022年版)》的要求，为实现"多彩地理"的学科课程理念和课程目标，建构了"多彩地理"课程群。

一 学科课程结构

"多彩地理"课程即展现丰富多彩、包罗万象的地理世界，强调地理学科的多样性和广泛性，通过多种教学手段和资源，使学生能够全面了解和探索地理现象、问题和挑战。据此，"多彩地理"学科课程分为"多彩宇宙""多彩地球""多彩地表""多彩世界""多彩中国"五大板块，课程结构图如下(见图12-1)。

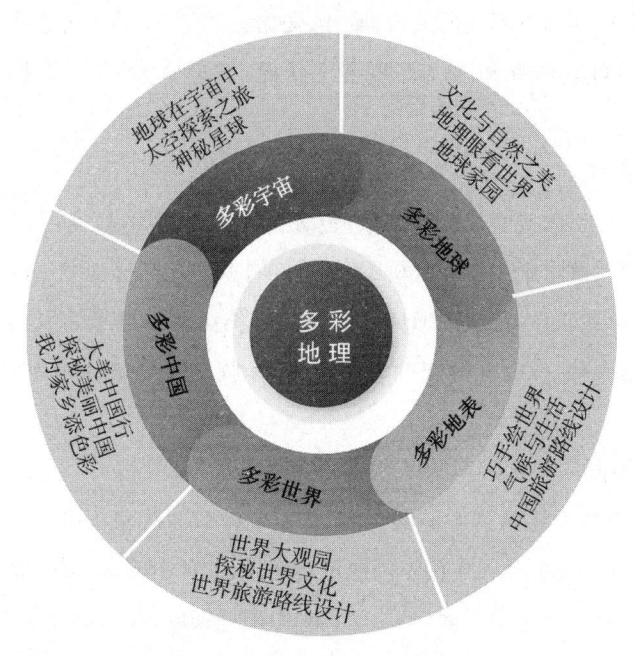

图12-1 "多彩地理"学科课程结构

图中各板块具体内容如下。

(一) 多彩宇宙

带领学生漫游宇宙,探索神秘的太空世界,认识地球在宇宙、银河系中的位置。帮助学生初步认识宇宙,形成科学的宇宙观,激发对科学探秘的兴趣,培养学生的科学精神。通过学习,学生能说出地球在宇宙中的位置、地球的大小,从而初步建立科学的宇宙观;领略中国儿女不屈不挠的科学探索精神,说出中国太空探索取得的成就,认识太空探索对于人类的重要性与价值。

(二) 多彩地球

关注人类赖以生存的星球——地球,将地球作为整体学习对象,开展不同部分的学习内容:认识地球所在的星系和宇宙环境的情况、地球的公转和自转运动、地球表层的自然及人文环境等。通过该主题的学习,学生能敬畏自然、尊重自然、顺应自然,树立人与自然和谐相处的观念,并初步形成人类命运共同体意识。

(三) 多彩地表

以地球的表层为学习对象,关注全球的陆地与海洋、地形、气候等自然地理内容,并认识在不同自然环境下形成的人口、城乡、文化、经济发展等人文地理。帮助学生了解全球尺度上的自然地理和人文环境基本状况,增进学生对于全球议题的认识和理解。

(四) 多彩世界

认识地球表层不同空间尺度的区域,走进世界大洲,深入探究不同国家和地区的地理事物及现象。要求学生学会分析不同区域的特征,在此过程中认识到不同区域间既存在差异,也存在联系,并从区域的视角说明人类活动与自然环境相互作用。培养学生用地理视角看待、探究并解决问题的能力,开阔学生全球性的视野,培养社会责任感。

(五) 多彩中国

聚焦中国,带领学生认识中国的全貌、认识中国的分区和认识家乡。引导学生掌握认识区域地理的方法,学习中国不同区域自然、人文环境的差异性,以及不同区域的经济社会发展特点。通过学习,学生能认识到中国辽阔的疆域、地理位置的优越性,强化学生的国家主权领土、国土安全意识。通过感受祖国山河的壮丽秀美,领略不同地区丰富多彩的人文生活,培养学生生态文明意识,增强学生对祖国和家乡的深切热爱之情。

二 学科课程设置

依据《义务教育地理课程标准(2022年版)》,结合"多彩地理",以课程目标的达成和核心素养的落实为出发点,将"多彩地理"课程具体设置如下(见表12-2)。

表12-2 "多彩地理"学科课程设置

		多彩宇宙	多彩全球	多彩地表	多彩世界	多彩中国
七年级	上学期	地球在宇宙中 神秘星球	认识地球家园 地球运动	气候与生活 山川地貌探秘	世界旅游路线设计	我为家乡添色彩 好地推荐
	下学期	旅游中的智慧 来自宇宙的星星	解密地球仪 南北半球探秘	巧手绘世界建筑模型	世界大观园 南北极历险记	多彩世界之美 美丽"一带一路"
八年级	上学期	太空探索之旅 中国太空成就	"水"之探秘 从世界看中国	中国旅游路线设计 海洋牧场设计	一颗苹果之旅 科技发展	探秘美丽中国 "母亲河"赞礼
	下学期	校园定向越野 天文观测	文化与自然之美 节气与农业	中国区域差异 情景剧 海绵城市	我的家在这里 文化多样发展	大美中国行 "南北方"之争

第四节 ｜ 明晰出彩路径，探索多维提升

我们细化"多彩地理"课程的实施路径，同时在实施过程中明确评价要求，确保科学、客观、准确和有效地测评学生核心素养发展的状况。"多彩地理"从"多彩课堂""多彩课程""多彩活动""多彩社团""多彩地理节""多彩空间"六条途径实施。

一 创建"多彩课堂"，保证学科教学质量

（一）"多彩课堂"的内涵

"多彩课堂"是教师主导学生主体的丰富多彩的课堂，在教学形式、方法、手段上融合传统与创新，让学生自主成长，提升核心素养的课堂。它不仅关注地理知识的传授，还注重培养学生的地理思维方式、地理信息素养、地理实践能力和解决问题的能力。

（二）"多彩课堂"的实施

学生的精彩才是真正的多彩，所以"多彩课堂"的关键是掌握学情。首先，分析"学情"，聚焦真问题。学习内容要基于学情需要，教学设计要基于学情侧重。其次，要尊重"学情"，探究真问题。创设真实问题情景，把握学生的认识规律和水平，选择合适且创新的方式，例如使用模拟动画推演等高线地形图的形成，将从立体的地理事物转变为平面的等高线地形图的过程可视化，从而突破等高线地形图中抽象的空间想象过程这一难点。最后，遵循"学情"，实践出真知。在日常教学中进行室内地理实验及室外观测、观察、记录的地理考察，让学生走近地理现象，感受地理现象，理解地理现象，掌握和使用相关方法，提高学生的地理实践力。

"多彩课堂"的落脚点是教师的引导。首先，采用多样化的教学方法引导，如案例分析、实地考察、小组合作学习、角色扮演、模拟实验等，以激发学生的学习兴趣和参与度，培养他们的地理思维和解决问题的能力。其次，利用多元化的教学资源引导，如地图、地球仪、卫星影像、多媒体资料、互联网资源等，以丰富的地理知识和现象，帮助学

生更好地理解和探索地理问题,培养地理信息素养;再次,开展实践性学习活动引导,引导学生经历实验、观测、考察、探究的过程获取地理知识,把真实的地理现象的过程还原到课堂之中,让地理教学的过程变得更加形象和直观。最后,设计开放性的探究性学习任务引导,鼓励学生自主选择和解决地理问题,通过实地考察、数据收集和分析、案例研究等探究性任务,培养他们的探究精神和创新能力。

二 实施"多彩课程",建构地理学科底色

(一)"多彩课程"的内涵

"多彩课程"是具有探索性和实践性的课程,是强调实践应用地理知识和培养创新思维的课程,是突出综合性和应用性的课程,是注重培养学生的多元视角和包容性思维的课程,是关注学生的个性化学习需求和差异性发展的课程。学生在"多彩课程"的学习中,经历地理探索过程,学习地理研究方法,养成地理思维习惯,建构自身独特的地理学知识体系。"多彩课程"主要包括地理实践技能类课程和地理综合应用类课程。

(二)"多彩课程"的实施

地理实践技能类课程分为地理工具使用类课程和地理实践探究类课程。七年级以地理工具使用类课程为主,具体内容是地理绘图、图表数据分析、地球仪等地理模型制作等实用实践技能,提高地理信息获取、处理和分析能力;八年级以地理实践探究类课程为主,具体内容是学生通过实地考察、野外调查等方式,亲身体验和探索地理现象,培养观察力和探索精神。

地理综合应用类课程分为地理区域认知类课程和地理环境与可持续发展类课程。地理区域认知类课程的实施贯穿于七、八年级,通过分析区域地理特征、对比区域差异、分析区域联系,强调地理与文化、社会现象的联系,培养国际视野和文化理解。地理环境与可持续发展类课程的实施贯穿于七、八年级,旨在培养学生对环境问题的敏感性、对可持续发展理念的认识,树立人地协调观。具体内容是通过案例分析,例如探讨全球和地方区域尺度的环境问题——如气候变化、资源枯竭等现实问题——分析不同地理环境中的生态过程和人类活动,分析地理要素如何相互作用。通过解决真实问题,学生将地理知识应用于解决实际问题。

三 开展"多彩活动",拓宽地理实践空间

(一)"多彩活动"的内涵

教学活动"多彩活动"是在真实环境中,学生通过地理实验、社会调查和野外考察等方式,经历体验式的深度学习。学生在此过程中,综合运用已学多学科知识和生活经验解决问题,提升综合实践能力。"多彩活动"凸显学生主体地位,关注学生个性化、多样化的学习和发展需求,着力提高学生核心素养。

(二)"多彩活动"的实施

"多彩活动"实施的路径主要通过地理实践性作业和地理项目化学习活动的开展来进行。

地理实践性作业是指教师以作业的形式布置、完成和讲评,一切校内外可开展的促进学生地理学科学习的实践性活动。地理实践活动的动手、动脑,培养学生学习地理的兴趣,激发学生地理思维。实践性作业要求学生自主或合作探究相关问题,最后以作品为载体呈现相关成果。具体设置如下(见表12-3)。

表12-3 "多彩活动"实践性活动

学期		地理实践性活动
七年级	上学期	1. 地理模型系列之地球仪 2. 地理模型系列之地形模型 3. "气候对生活的影响"实践性活动
	下学期	1. 传统民居系列实践性活动 2. 应对"气候变化"倡议书
八年级	上学期	1. "我的家乡所在省份地图名片"制作 2. "天气与气候"观测与记录 3. "我与水果"主题实践性活动
	下学期	1. "我心目中的江南"主题活动 2. 相关"旅游文创产品"设计

地理项目化学习是学生围绕学科项目主题,在教师的指导下以小组合作的形式参

与学习,通过考察、实验、调查等实践,完成一系列的项目任务,最终形成物化的项目作品的开放探究性实践活动。本课程中的项目化学习活动以学期为节点,开展短期和长期的项目化学习活动。按照学期进行具体项目的分配与设计,具体设置如下(见表12-4)。

表12-4 "多彩活动"项目化学习

学段		按课时计	按学期计
七年级	上学期	1. 绘制平面地图(地理考察) 2. 建筑与生活(地理调查)	野外考察与等高线地形模型制作(结合马峦山研学,地理考察)
	下学期	1. 旅游路线设计(地理调查) 2. 巴西热带雨林的开发与保护(地理调查)	"深圳植被大探秘"(结合深圳红树林,地理考察)
八年级	上学期	1. "美丽中国"系列(人口、民族、景点等) 2. "工业、农业"系列活动(地理调查)	"我的家乡在坪山"(地理调查、考察)
	下学期	1. 水土流失及其应对措施(地理实验) 2. 风向风速测量(地理考察)	"回南天"的秘密探究(地理实验、考察)

四 开设"多彩社团",拓宽学科学习视野

(一)"多彩社团"的内涵

社团课成为地理课程拓展学生视野的良好窗口。"多彩社团"是指一个以地理学科为核心,旨在促进学生地理兴趣和地理素养发展的学生社团。它提供了一个学生自主参与、探索和实践地理知识的平台,通过丰富多样的活动和项目,培养学生的地理思维能力、地理实践能力和团队合作能力。开设的社团主要有山水文化社团、地理电影赏析、我心目中的江南、"爱豆"故乡之旅、生活中的地理、吃遍中国、地理眼看世界、探秘世界文化等。

(二)"多彩社团"的实施

我们坚持"趣"字是社团活动的宗旨,让学生乐于参与地理社团的活动,真正享受地理兴趣,成为学习的主动者。另外,注意尊重个人创意,保护学生的个性发展,发挥地理学科特有的魅力,使学生有长足进步和发展。精心设计学生喜欢的社团活动,让学生在玩中学、玩中做,例如地理情景剧表演、地理知识科普、地理视频观看、地理现象观测、地理现象解读、旅游文创产品设计等。让学生在每次活动中都乐于参与,能充分发挥自己的优点,绽开缤纷多彩的地理之花。

具体实施有以下步骤,首先,明确地理社团的目标和定位,促进学生对地理学科的兴趣和理解,培养地理思维能力和实践能力,提高地理素养等;其次,成立社团,通过宣传和招募活动,吸引对地理感兴趣的学生加入相应社团,可以在学校广播、班级通知、社交媒体等渠道宣传,并组织面试或选拔,确定社团组织,包括社长、副社长、部门负责人等职位,以及相应的职责和权责分配;然后,制定活动计划,根据地理社团的目标和定位,制定年度或学期的活动计划,活动可以包括信息交流、作品展示等多种形式;再次根据活动计划,组织和实施各类地理相关的活动,确保活动内容与学生的兴趣和需求相匹配,注重活动的多样性和实践性;最后,定期评估地理社团的运行情况和活动效果,收集学生的反馈意见,及时调整和改进社团的工作方式和活动内容。

五 活化"多彩地理节",创新学科课程内容

(一)"多彩地理节"的内涵

我们以"多彩地理节"推动育人方式变革,既凸显学生的主体地位,又关注学生的个性化和多样化的学习与发展需要,增加课程的适宜性。

我们每年定期策划并开展既定主题的地理学科节系列活动,如校园定向越野活动、地理知识竞赛、地理作品展示、地理情景剧展演等。校园定向越野活动设置不同关卡,包括"地图寻宝""谈天说地""拼凑国家""猜摄影角度""寻找中国"和"我与地理共成长"等,让学生发现生活中的地理乐趣,锻炼学生地理思维,考验学生的团队合作能力。地理知识竞赛,包括常识性地理知识、趣味地理知识、旅游地理、社会热点地理现象和身边的地理现象。地理作品展示、地理情景剧展演等活动,增强同学的绘图技能

和动手实践能力。学生的地理实践性作业、项目化学习的成果,都会在地理文化节上展出,活化"多彩地理节"。

(二)"多彩地理节"的实施

地理节是一种促进地理学科教育和学习的活动,为学生提供丰富的地理学习体验和交流机会,促进学生的地理素养提升,具体通过以下步骤来实施:首先,策划和准备。确定地理学科节的目标和主题,制定详细的策划方案;确定活动的时间、地点和参与人员,组建策划团队,并分工合作。其次,活动宣传。利用校园广播、海报、宣传栏等方式宣传地理学科节的活动内容和时间,吸引学生和教师的参与;然后,主题演讲和讲座:邀请地理学科的专家、教师或相关领域的专业人士进行主题演讲和讲座,介绍地理学科的重要性、发展趋势和实践应用。再次,学生展示和竞赛。组织学生参与地理学科的展示和竞赛活动,如地理知识竞赛、地理实践报告、地理作品展示等。鼓励学生展示自己的地理学习成果和创意作品;互动交流和讨论,安排学生和教师之间的互动交流和讨论环节,促进学生对地理学科的思考和探索,提高他们的地理思维和解决问题的能力。最后,总结和评估。地理学科节结束后,收集参与者的反馈意见和建议,为今后的活动改进提供参考。

六 巧设"多彩空间",完善学科学习环境

(一)"多彩空间"的内涵

《义务教育地理课程标准(2022年版)》中提到:"充分开发、利用地理课程资源,对于丰富地理课程内容、增强地理教学活力具有重要的意义。"[1]结合校本地理课程资源,我们充分利用校园内的史地教室、校园地理园、校园开放空间等区域打造"多彩地理"空间。

(二)"多彩空间"的实施

"多彩空间"可以帮助师生了解和利用校园内的地理资源和环境。首先,通过阅读

---

[1] 中华人民共和国教育部. 义务教育地理课程标准(2022年版)[S]. 北京:北京师范大学出版社,2022:45.

校园地图,熟悉校园内各个建筑物、设施和重要场所的位置和分布,有助于新生熟悉校园环境,方便校园导览和定位。其次,借助地理教室开展初中地理教学及实践,借助史地教室内多样化的现代教育技术、图像、标本、模型等课程资源,以呈现地理事物和现象的时空差异及其演变,落实地理观察、地理观测、地理演示、地理实验和制作等教学与实践的要求。最后,开设地理园,营造安全、实用、富有科技和文化内涵的地理学习环境,带领学生在校园内进行气象要素的观测、在校园里走进自然、亲近自然,体验人与自然和谐相处之道。

(执笔人:戴碧婷　罗楚仪)

"品质课程"阅读书目

学校整体课程规划 18 问
学校整体课程规划的七个关键
学校整体课程规划

课程治理现代化丛书

阳光阅读的校本设计与特色创建
CIM 课程:创客教育的要素设计与实践探索
高品质学校课程体系
个性化学校课程体系
家校共育的 20 个实践模式
进阶式生涯教育
跨学科学习创意设计
美术特色课程设计与实施
体育,让儿童嗨起来:悦动体育课程的设计与实施
小剧场学校:激活戏剧课程的育人价值
小课题探究:激活学习方式
小切口课程设计:劳动教育的创意实施

新质课程文化丛书

实践性学习的七重逻辑
面向每一个生命的课程
多模态学科实践
大规模因材施教的课程模式
为未来而学:未来课程的校本建构与深度实施
面向每一个学习者的课程设计
可感的学习经历:习性教育课程体系探索
单元课程要素统整与深度实施
具身学习与课程育人
把学生放在心上:学校课程变革之道

课程治理新范式丛书

以学生为中心的教育治理
实践型学科课程设计与实施
共享式课程治理:集团化办学的课程治理方略
高具身性课程实施:路径、策略与方法

📖 特色学校聚焦丛书

让个性自然发荣滋长:"引发教育"的理论寻源与实践探索
面向每一个生命的教育
让每一个生命澄澈明亮:"小水滴"课程的旨趣与创意
新劳动教育:时代意蕴与实践创新
自信教育与个性生长
好学校的精神特质
教育,让个性舒展:"有氧教育"的模样与姿态
唤醒教育:触发生命的感动
生命的颜色与教育的意蕴

📖 特色课程建设丛书

幼儿园特色课程的框架与实施
课程是鲜活的:"大视野课程"的旨趣与活性
指向核心素养培育的学校课程图谱
让儿童生活在美的世界里:幼儿园全景美育的课程探索
核心素养与学习需求:学校课程建设导引
儿童自然探索课程
幼儿园视觉艺术创意活动设计与实施
连续性课程:特色课程发展的实践探索

📖 课堂教学新样态丛书

课堂,与美最近的距离:基于学科核心素养的课堂教学变革
协同教学:意蕴与智慧
决胜课堂 28 招
一百个孩子,一百个世界:基于差异的教学变革
课堂如诗:"雅美课堂"的姿态
在教室里眺望世界:基于 BYOD 的教学方式变革
课堂教学的资源设计与方式变革
境脉教学的实践范式与创意设计
任务驱动与学科实践
课堂教学的智慧属性与意义增值:"灵动课堂"的六个关键词

📖 "一校一策"课程体系建设丛书

课程坐标及其应用:教师专业视角